上村雄彦[編著]
Uemura Takehiko

望月 爾
津田久美子
伊藤恭彦
和仁道郎
兼平裕子
金子文夫
田村堅太郎
清水規子
森 晶寿
[執筆]

主権国家体制の限界を超えて

グローバル・タックスの理論と実践
Global Tax

日本評論社

はじめに

　急速にグローバル化が進展した現在、国際社会において四つの事象が明白になってきている。第一に、加速度を増す地球規模課題の深刻さである。特に目立つのが富の集中の問題である。国際 NGO のオックスファム（Oxfam）は毎年格差に関する報告書を出しているが、2014年に最富裕層85人が、世界人口の所得下位36億人分と同等の富を所有していることを公表して世間を驚かせた（Oxfam 2014: 2）。さらに驚くべきは、その最富裕層の数が、2017年には42人にまで減少しており、ますますほんの一握りの富裕層が世界の富を独占している状況が進行していることである（Oxfam 2018: 10）。オックスファムはその要因として、大企業や富裕層による租税回避、低賃金労働、ならびに彼らが自ら有利になるように政治に影響を与えていることを指摘している（Oxfam 2017: 3-5）。

　地球環境問題に目を転じてみると、たとえば気候変動による悪影響は誰の目にも明らかになってきた。実際に国連国際防災戦略事務局（UNISDR: United Nations Office for Disaster Risk Reduction）は、1995年以降20年間で、洪水や暴風雨などの異常気象事象により死亡した人の数は60万6000人、41億人が負傷、家屋喪失、あるいは緊急支援の対象となり、異常気象事象に起因する経済的損失は合計で1兆8910億ドル（213兆6830億円。1ドル＝113円で計算。以下同様）に上ったという報告を行っている（UNISDR 2015）。また、国連児童基金（UNICEF: United Nations Children's Fund）は、温暖化の影響で5億人以上の子どもたちが洪水や干ばつの危機にさらされていると警告している（UNICEF 2015）。

　気候変動の今後について、英国気象庁は2014年に、①ヨーロッパ、アジアのいくつかの地域および北米の一部で、年間最高気温が6℃またはそれ以上に上昇する、②アジア地域の70％では洪水発生のリスクが上昇する、③南米、オーストラリア、アフリカ南部のいくつかの地域で、干ばつが起こる日数が20％以上増加する、④中米でのトウモロコシの収穫量が12％まで減少する、⑤世界各地で海水温度が4℃まで上昇する、⑥海面上昇のため、特に東、東南、南アジア地域で、数百万人が浸水被害に合う、と予測している（Government of United Kingdom

2014)。

　高温、洪水、山火事、干ばつ、海面上昇などの気候変動による影響はいまや否定しがたいのみならず、現実に人々の生命を奪っている。そして、早急かつ大胆な手を打つことができなければ、気候変動はさらに悪化し、その悪影響は今後ますます大きくなるのみである。

　これらは地球規模課題のほんの一部にすぎない。地球環境問題一つを取ってみても、気候変動以外に、森林破壊、生物多様性の喪失、水資源の汚染と不足、大気汚染など数多存在する。その他、いまだに続く飢餓や貧困、年々拡大する感染症、世界で頻発するテロ、サイバーセキュリティ、人権侵害など、国際社会が緊急かつ徹底的に対処すべき課題は枚挙にいとまがない。

　このような地球規模課題を解決するためには、巨額の資金が必要となるが、昨今ますます浮かび上がってきた問題は、必要額が大幅に増大しているにもかかわらず、供給がまったく追い付いていない資金不足の問題である。これが第二の事象である。

　2010年の時点で、地球規模課題を解決するために必要な資金は、「国連ミレニアム開発目標（MDGs: Millennium Development Goals）」に、当時の政府開発援助（ODA: Official Development Assistance）額に加えて年間500億ドル、気候変動対策に年間1950億ドル（国際連帯税推進協議会 2010: 33）、途上国の食糧問題対策には年間150~250億ドル（1兆2000億円～2兆円）など、トータルで年間3240億ドル（36兆6120億円）から3360億ドル（37兆9680億円）と見積もられていた（Taskforce 2010: 4）。

　ところが、2015年末に期限を迎えたMDGsに代わる新たな目標として、「持続可能な開発目標（SDGs: Sustainable Development Goals）」が設定されたが、途上国全体での取組みに、年間3.3兆ドル（372兆9000億円）～4.5兆ドル（508兆5000億円）の資金を要すると試算され、その金額が大幅に増加している（UNCTAD 2014: xi; オックスファム・ジャパン 2017: 1）。

　2010年時点での試算が36兆6120億円から37兆9680億円であったのに対し、その5年後の2015年頃の試算では、372兆9000億円～508兆5000億円と10倍以上に増加している。この状況は、よく"From billions to trillions（「億単位から兆単位へ」）"と表現される。その増加の理由の一つは、MDGsが途上国に的を絞り、8つの目標、21のターゲットであったのに対し、SDGsは先進国も射程に含め、

17の目標、169のターゲットと大きく目標とターゲットが拡大したことが挙げられる。また、年々地球規模課題が悪化していることに伴い、対策費用が増大していることも考えられる。しかし、いずれにしても、地球規模課題を解決するためには、これほどまでに巨額の資金が必要なのである。

他方、資金の供給サイドは、2010年の世界のODAの総額は1290億ドル（14兆5770億円）で（OECD 2011）、2015年の総額は1316億ドル（14兆8708億円）と（外務省 2016）、わずかにしか増えていない。もっとも現在は、ODAのような公的資金より、民間資金の方が援助資金の中で大きな割合を占めているので、それを考慮に入れると、2015年～2030年に生じる不足額は、およそ年間2.5兆ドル（282兆5000億円）となると見込まれている（UNCTAD 2014: xi; オックスファム・ジャパン 2017: 1）。

今後国際社会は、世界のODA総額の20倍にも相当する資金を、どうやって調達していこうというのであろうか？

深刻化する地球規模課題、その対策のために必要な資金の不足が明らかになっているにもかかわらず、このような状況に効果的に対処できていない主権国家体制の限界。これが第三の冷厳な現実である。1648年に成立したいわゆるウエストファリア体制は、主権国家を単位とする国際秩序を形成し、今日まで長きにわたってその体制を維持してきた。それは、各国の主権を尊重するという近代的な価値を国際社会に普遍化させたが、グローバル化がますます進んで相互依存が深化し、「フラット化」する世界においては、むしろ主権国家体制こそが原因となってさまざまな問題が生じていることがいよいよ明確になってきたのである。

本書が扱うグローバル・タックスとの関連でもっともわかりやすい主権国家体制の限界は、タックス・ヘイブン（Tax haven）による税源の浸食と利益移転の問題であろう（第5章ならびに第9章参照）。タックス・ヘイブンとは「租税回避地」のことで、顧客に情報の秘匿を保証し、意図的に税を免除したり、低い税率を設定して、多国籍企業や富裕層が納税を回避する「抜け穴」となっている国または地域のことを指す。このタックス・ヘイブンは、各国の税源を侵食し、税制を機能麻痺の状態に陥れている。というのも、各国の課税主権を尊重する主権国家体制下においては、ある国が税率を著しく低く設定して自国を魅力的な租税回避先とすることに対し、本来税が納められる予定であった流出元の国家は、基本的にそれを直接防止することができないからである。また、タックス・ヘイブ

ンが主権で守られた正当な法域である以上、企業や個人にとって富や利益を最大化するためにタックス・ヘイブンを活用することは、合理的な選択肢となる。しかしながら、タックス・ヘイブンは、国際経済の背後に不透明かつ不安定な資金の流れを作り出し、それによって不平等や格差を助長させるという深刻な副作用を生じさせているのである。

たとえば、2016年4月に、国際調査報道ジャーナリスト連合（ICIJ: International Consortium of Investigative Journalists）が、パナマの法律事務所から流出した機密文書を公表した「パナマ文書（Panama Papers）」は、タックス・ヘイブンの深刻な実態を明らかにし、世界を驚愕させた。それらの文書によって、ロシアのウラジミール・プーチン（Vladimir Putin）大統領の側近、中国の習近平国家主席の親族、サッカー選手のリオネル・メッシ（Lionel Messi）、俳優のジャッキー・チェン（Jackie Chan）など著名な政治家や経営者、セレブが、タックス・ヘイブンを使って資産隠しや税金逃れをしている実態が白日の下に晒されたからである（上村 2016a; 2016b）。

さらに、2017年11月にはICIJが「パラダイス文書（Paradise Papers）」を公表し、流出した文書にはマドンナ、ボノ、F1界のスーパーレーサーのルイス・ハミルトン（Lewis Hamilton）、アメリカのウィルバー・ロス（Wilbur Ross）商務長官（当時）、カナダのジャスティン・トルドー（Justin Trudeau）首相の顧問、イギリスのエリザベス女王などの名前があった。企業としては、アップル、ナイキなどのよく知られた多国籍企業や、日本では大手商社などの大企業の名が散見された（奥山 2017）。

タックス・ヘイブンの問題がより深刻なのは、まずはその秘匿されている額である。それはおよそ5000兆円と推測されている（合田 2014）。そのために、世界全体で年間31兆9000億～57兆2000億円の税収が失われている（上村 2016a; 2016b: 4）。

さらにタックス・ヘイブンが問題なのは、その秘匿性とマネーローダリングの温床となっている点である。麻薬や犯罪などで稼いだお金であっても、タックス・ヘイブンを経由して通常の取引の形をとれば「きれいな」お金に変わる。また、そのお金がテロ、犯罪組織、紛争などに流れることになっても、追跡不能で外部からはわからない実態がある。

タックス・ヘイブンの問題は、基本的に各国の税務当局は自国の課税権を超え

て課税することが困難という現実から派生している。どれだけ違法であっても、国と国の法の間隙をくぐり抜け、法に抵触さえしなければ、「合法」で済ますことができるのである。ここに、各国の課税主権を前提とする課税面での主権国家体制の限界を見て取ることができるだろう。

他方、気候変動に関しては、2015年12月にパリ協定が採択され、気候変動の危機を回避するために、今世紀後半には二酸化炭素の排出をゼロにすることで世界が合意した。それでも気候変動の危機を避けるには不十分であるとの議論がある中、2017年6月、二酸化炭素の最大の排出国の一つであるアメリカのドナルド・トランプ（Donald Trump）大統領は、パリ協定からの離脱を表明した。そして、「アメリカ・ファースト」の自国優先の立場から、国内の石炭産業を擁護することを主張している。これでは二酸化炭素排出ゼロどころか、増加さえ見込まれ、危機的な状況が加速することは避けられない。しかし、主権国家体制の下、内政不干渉を原則としているがゆえに、他国や国際機関、ないしNGO（Non-Governmental Organization：非営利民間団体）などは、アメリカに対して気候変動政策を変えるよう強制することはできないのである。

このような状況を別の観点から捉えれば、経済、金融、情報、サイバースペース、企業、人の移動、環境問題などが、易々と国境を超えてグローバル化しているのに対して、政治や税制はいまだ国境の中に閉じこもり、加速化するグローバル化に対応できていないことを如実に表しているということもできよう。

ここまで深刻化する地球規模課題、増大する巨額の資金不足、そしてこのような状況にもかかわらず、効果的に対処できていない主権国家体制の限界を見てきた。これらの考察からますます浮かび上がってきたことは、主権国家体制の中で考案されてきた構想や政策を超え、グローバル化の歪みを正す革新的な構想や政策を打ち出す重要性である。

その主要なものの一つが、本書の主題であるグローバル・タックスである。詳細は第1章で検討するが、グローバル・タックスとは、大きく捉えれば、グローバル化した地球社会を一つの「国」とみなし、地球規模で新たな税制を制度化することである（上村 2016a; 2016b）。主権国家から成る国際社会において、そのような政策は夢物語にも思えるだろう。しかしながら、現体制の限界を超えた新しい手段を模索しないことには、地球社会が直面するさまざまな問題を解決する道は一向に拓かれない。そして実際、グローバル化の負の影響を緩和するため、

また新しい資金を創出するために、国境を超える新たな税制はさまざまに構想され、その一部は実際に具現化している。完全な地球規模でなくとも、グローバル・タックスの端緒とも言える試みは現実のものとなっているのである。

したがって本書は、まずグローバル・タックスとは何かという定義について、これまで蓄積されてきた先行研究やさまざまに模索されている新しい税制の試みを踏まえつつ、理論的な分析を行っていく。次に、グローバル・タックスがどのような形で実現されるべきか、その理念や理想型を検討する。そうすることでこそ、グローバル・タックスの導入の可能性とそれが抱える現実的な課題についても明らかにすることができるからである。あわせてグローバル・タックスが持つポテンシャルを考察することで、グローバル・タックスが地球規模課題解決の鍵となることが浮き彫りになるであろう。

本書は理論編、実践編、構想編の三部構成から成る。第1部は、グローバル・タックスの理論を扱う。グローバル・タックスは理念としても政策としても多面的な側面をもち、その価値や意義はさまざまな学問領域から多角的に論じることができる。そこで第1部では、グローバル・タックスをとりわけ哲学的、経済学的、法学的に基礎づけ、その学問的位置づけを明確にしつつ、それぞれの分野の研究領域におけるその意義を明らかにする。そうすることで、各分野から理論的発展を促進する契機を作ることが期待されるとともに、第2部で紹介する多様な実践的事例に対する基本的な認識枠組みを提供することになるだろう。

具体的には、まず第1章で、グローバル・タックスに関する先行研究やこれまでの研究蓄積を整理し、本書におけるグローバル・タックスの定義や射程を定め、課税根拠や税収のポテンシャルを検討することを通じて、グローバル・タックスをめぐる理論的枠組みの提供を試みる。その上で、第2章ではグローバル・タックスの哲学的基礎づけ、第3章で経済学的基礎づけを行い、第4章でグローバル・タックスと租税法律主義の関係の考察を通じて、グローバル・タックスの法学的位置づけを明確にする。

第2部は、グローバル・タックスの実践面に焦点を当てる。具体的には、現実問題として大きな課題となっているタックス・ヘイブンと多国籍企業、感染症、気候変動、金融・経済のグローバル化を取り上げ、グローバル・タックスの現状と課題を浮き彫りにする。まず第5章で、OECD（Organisation for Economic Co-operation and Development、経済協力開発機構）が進めている税源浸食と利

益移転（BEPS: Base Erosion and Profit Shifting）プロジェクトや自動情報交換（AEOI: Automatic Exchange of Information）の取組みを吟味した上で、多国籍企業に対する課税の可能性を検討する。

　次に、視点を気候変動に移し、第6章で国連気候変動枠組条約（UNFCCC: United Nations Framework Convention on Climate Change）におけるグローバル・タックスの議論と国内経済要因の比較分析を行い、両者の関係性を解析しながら、グローバル・タックス導入の課題と契機を模索する。第7章では、航空券連帯税の税収を主要な財源とするUnitaid（国際医薬品購入ファシリティ）と「クリーン開発メカニズム（Clean Development Mechanism）税」の税収を主要な財源とする適応基金（Adaptation Fund）を事例に[1]、それぞれ感染症対策を中心とする公衆衛生と気候変動の適応分野において、グローバル・タックスを財源とすることが組織運営とプロジェクトの実施や効果にどのような影響を与えているのかを考察する。

　続いて、金融・経済のグローバル化を制御する試みとして議論されてきたグローバル・タックスの諸構想について、政治的および法学的な観点から検討する。まず第8章で、1972年に提唱されたトービン税（通貨取引税）から現在欧州連合（EU: European Union）の10カ国間で検討が進む金融取引税へと連なる政治的議論の変遷を概観し、近年のEUにおける進展と停滞の両側面の原因を分析する。その分析を通じて、グローバル・タックスの一構想を具現化する試みにおいて表面化した政治的課題を明らかにする。そして、第9章で、OECDのBEPSプロジェクトやポストBEPSの取組み状況を中心に、多国間による国際課税のルールの見直しや税務行政協力の進展に触れた上で、国際課税における多国間主義が国家の課税権を越えたグローバル・タックスにつながる可能性とその課題を論じる。

　以上の理論編、実践編を経て、第3部は、構想編として、グローバル・タック

---

1) クリーン開発メカニズムとは、先進国と途上国が共同で、温室効果ガス削減プロジェクトを途上国において実施し、そこで生じた削減分の一部（認証排出削減量）を先進国がクレジットとして得て、自国の削減に充当できる仕組みのことを言う（コトバンク https://kotobank.jp/word/%E3%82%AF%E3%83%AA%E3%83%BC%E3%83%B3%E9%96%8B%E7%99%BA%E3%83%A1%E3%82%AB%E3%83%8B%E3%82%BA%E3%83%A0-182431　2018年6月18日閲覧）。

スの持つポテンシャルを検討し、グローバル・タックスこそが地球規模課題解決に欠かせない構想であることを浮き彫りにする。第10章では、グローバル・タックスのポテンシャルとして、その実施が主権国家体制の限界を超える新たなグローバル・ガヴァナンスを創造する可能性、そしてそれが究極的には世界政府論にまでつながることを示す。さらに、実はグローバル・タックスの導入こそが世界政府実現に必要不可欠なステップであることを論じる。これは、理論編の補完として、グローバル・タックスの国際関係論における基礎づけを行う試みでもある。

　グローバル・タックスは、その提言を実行に移すことさえ、現実的には困難を極めることに違いないが、本書の理論的、実践的、構想的な検討を通じて、それが今日のグローバル化する社会において早急に実現すべき構想であることを明確に浮かび上がらせたい。そして、本書を通じて、グローバル・タックスを学問的に位置づけ、学問としての発展を図るとともに、グローバル・タックスの全体像を広く、深く明らかにして、地球規模課題解決のための中心的な政策として役立てる一助となることをめざしたい。

2019年3月

上村雄彦・望月 爾・津田久美子

参考文献

上村雄彦（2016a）『不平等をめぐる戦争――グローバル税制は可能か』集英社。
上村雄彦（2016b）「格差・貧困の原因と解決策についての一試論――タックス・ヘイブン、マネーゲーム経済、そして世界政府？」『税経新報』648号、2016年10月、3-8頁。
奥山俊宏（2017）『パラダイス文書――連鎖する内部告発、パナマ文書を経て「調査報道」がいま暴く』朝日新聞出版。
オックスファム・ジャパン（2017）「SDGs 時代を迎えた日本の ODA とその課題――オックスファム報告書「サステイナビリティとオーナーシップ：ポスト2015の世界における援助の役割」の視点から」『オックスファム・ジャパン　ディスカッション・ペーパー』、http://oxfam.jp/whatwedo/201703%20Oxfam_SDGs_Japan_ODA_FNL2.pdf, last visited on 24 December 2017.
外務省（2016）「OECD 開発援助委員会による2015年の各国 ODA 実績（暫定値）の公表」『外務省プレスリリース』、http://www.mofa.go.jp/mofaj/press/release/press4_003209.html, last visited on 24 December 2017.

はじめに

グローバル連帯税推進協議会(2015)「持続可能な開発目標の達成に向けた新しい政策科学─グローバル連帯税が切り拓く未来」『グローバル連帯税推進協議会最終報告書』グローバル連帯税推進協議会。

合田寛(2014)『タックスヘイブンに迫る─税逃れと闇のビジネス』新日本出版社。

国際連帯税推進協議会(2010)「環境・貧困・格差に立ち向かう国際連帯税の実現をめざして─地球規模課題に対する新しい政策提言」『国際連帯税推進協議会最終報告書』国際連帯税推進協議会。

Government of United Kingdom (2014) "New Map Reveals Worldwide Impacts of Climate Change," https://www.gov.uk/government/news/new-map-reveals-worldwide-impacts-of-climate-change.ja, last visited on 19 December 2017.

OECD(2011)「2010年のODA: 開発援助は増加したものの、トレンドについては懸念が残る」『ニュースルーム』、https://www.oecd.org/tokyo/newsroom/development-aid-increases-but-with-worrying-trends-japanese-version.htm, last visited on 24 December 2017.

Oxfam (2014) *WORKING FOR THE FEW: Political capture and economic inequality*, https://www.oxfam.org/sites/www.oxfam.org/files/bp-working-for-few-political-capture-economic-inequality-200114-summ-en.pdf, last visited on 18 December 2017.

Oxfam (2016) *AN ECONOMY FOR THE 1%: How privilege and power in the economy drive extreme inequality and how this can be stopped*, https://www.oxfam.org/sites/www.oxfam.org/files/file_attachments/bp210-economy-one-percent-tax-havens-180116-en_0.pdf, last visited on 18 December 2017.

Oxfam (2017) *AN ECONOMY FOR THE 99%: It's time to build a human economy that benefits everyone, not just the privileged few*, https://www.oxfam.org/sites/www.oxfam.org/files/file_attachments/bp-economy-for-99-percent-160117-summ-en.pdf, last visited on 18 December 2017.

Oxfam (2018) *Reward work, not wealth: To end the inequality crisis, we must build an economy for ordinary working people, not the rich and powerful*, https://d1tn3vj7xz9fdh.cloudfront.net/s3fs-public/file_attachments/bp-reward-work-not-wealth-220118-en.pdf, last visited on 13 June 2018.

Taskforce on International Financial Transactions for Development (2010) "Globalizing Solidarity: The Case for Financial Levies," *the Report of the Committee of Experts to the Taskforce on International Financial Transactions for Development*, Leading Group on Innovative Financing for Development.

UNCTAD (2014) *World Investment Report 2014*, http://unctad.org/en/PublicationsLibrary/wir2014_en.pdf, last visited on 24 December 2017.

UNICEF (2015) "Children will bear the brunt of climate change," United Nations Children Fund Press release on 24 November 2015, https://www.unicef.org/media/media_86347.html, last visited on 20 December 2017.

UNISDR (2015) "20-YEAR REVIEW SHOWS 90% OF DISASTERS ARE WEATHER-RELATED; US, CHINA, INDIA, PHILIPPINES AND INDONESIA RECORD THE MOST," United Nations Office for Disaster Risk Reduction Press release, UNISDR 2015/39, http://www.unisdr.org/files/46793_2015no39.pdf, last visited on 20 December 2017.

目　次

はじめに（上村雄彦・望月　爾・津田久美子）　iii

第1章　グローバル・タックスとは何か
（上村雄彦・望月　爾・津田久美子）　1

　はじめに　1
1　世界の税務当局による金融口座情報の共有　2
　（1）なぜ税務情報の共有が必要なのか　2
　（2）具体的取組み　2
2　国境を越えた革新的な税の実施　4
　（1）定義とスケール　4
　（2）実施根拠と課税原則　5
　（3）税収のポテンシャル　7
3　課税・徴税・分配のための新たなガヴァナンスの創造　10
4　グローバル・タックスの歴史と潮流　12
　（1）地球規模課題とタックス・ヘイブン対策　13
　（2）グローバル・タックスの導入提案　14
　（3）グローバル・タックスとグローバル・ガヴァナンス　17
　むすびにかえて　18

第2章　グローバル・タックスの哲学的基礎
――私たち相互の倫理的関係とグローバル・タックス（伊藤恭彦）　23

　はじめに――税と規範　23
1　市場・政府・税　24
2　市場・搾取・税　30
3　グローバル・タックスの倫理的正当性　35
　おわりに――グローバル・ガヴァナンスへ　41

第3章　グローバル・タックスの経済学的基礎づけ
　　　――ナショナルな次元を超える論理の模索と現実の動向（和仁道郎）―― 47

　　はじめに　47
　1　グローバル公共財の基本概念　49
　2　グローバル・タックスの根拠をめぐる論理と類型　54
　3　ナショナル、リージョナル、グローバルな選択　60
　　おわりに　66

第4章　グローバル・タックスと租税法律主義（兼平裕子）――71

　　はじめに　71
　1　グローバル・タックスの根拠論　72
　　（1）グローバル・タックス構想　72
　　（2）グローバル公共財と国家主権　74
　2　政策基準のグローバル化が国内公法学にもたらす影響　77
　　（1）狭義のグローバル化とグローバル行政法　77
　　（2）正統性問題とグローバル・タックス　79
　　（3）国内租税法にもたらす影響――多国間調整と国会の規律密度　81
　3　グローバル・タックスと租税法律主義　84
　　（1）法律の留保原則と租税法律主義　84
　　（2）「立法準則」としての租税法律主義　85
　　（3）租税法律主義と国際機構　87
　4　分配の公平を求めて――グローバル・タックスの導入プロセス　89
　　（1）国内法化プロセスの厳格化　89
　　（2）グローバル・タックスの根拠論と租税法律主義　90
　　おわりに　93

第5章　グローバル・タックスと多国籍企業（金子文夫）――97

　　はじめに　97
　1　租税回避に関する諸推計　98
　　（1）BEPS報告書以前の推計　98
　　（2）BEPS11レポートの推計　100
　　（3）BEPS11レポート以後の推計　102
　　（4）ミクロレベルの推計　103

（5）不正な資金移動の推計　106
　　（6）格差の拡大の推計　106
　2　多国籍企業課税の方法　108
　　（1）多国籍企業課税に関する理論の系譜　108
　　（2）BEPSの歴史的位置　110
　　（3）「独立企業方式」から「ユニタリー方式」へ　112
　おわりに──「ユニタリー方式」とグローバル・ガヴァナンス　114

第6章　国際要因と国内要因からみたグローバル・タックスの課題と機会──パリ協定に向けた国連気候変動交渉における国際運輸部門への課税・課金提案を事例に（田村堅太郎・清水規子）────── 119

　はじめに　119
　1　グローバル・タックスと国際要因　121
　　（1）分析の対象　121
　　（2）国際気候レジームにおける国際規範の整理　123
　　（3）国際運輸における課税・課金提案と国際規範　125
　　（4）パリ協定における位置づけ　127
　2　グローバル・タックスと国内要因　129
　　（1）分析の対象　129
　　（2）分析結果　131
　3　ケーススタディー　131
　　（1）ケーススタディーの分析対象と分析方法　131
　　（2）海運セクター　136
　　（3）航空　138
　　（4）ケーススタディーのインプリケーション　140
　おわりに──国際規範と国内要因からみたグローバル・タックスの課題と機会　141

第7章　グローバル・タックス収入の支出の効果──国際医薬品購入ファシリティと京都議定書適応基金の事例（森　晶寿）────── 145

　はじめに　145
　1　成果の評価枠組みをめぐる議論　147
　　（1）多国間基金による支援がより大きな効果を発揮する要件　147
　　（2）Unitaidと適応基金による支援がより大きな効果を発揮できる要件　148
　2　Unitaid　149
　　（1）概要　149
　　（2）成果　151

（3）成果を上げた要因　151
　（4）課題　152
3　適応基金　154
　（1）概要　154
　（2）成果　157
　（3）成果を上げた要因　158
　（4）課題　160
4　グローバル・タックスの果たした役割　161
　結論　163

第8章　グローバル・タックスの政治過程
――EU 金融取引税の歴史的意義の考察（津田久美子）――― 171

　はじめに　171
1　本章の分析枠組み　173
　（1）トービン税研究の蓄積　173
　（2）通貨取引税と EU 金融取引税の比較検討　176
2　トービン税の提唱から通貨取引税の争点化へ　176
　（1）国際金融の車輪に砂をまく　176
　（2）「車輪に油」の潮流　178
　（3）通貨取引税の争点化　178
　（4）ヨーロッパにおける検討　180
3　金融取引税の再燃　183
　（1）金融セクターによる「公平な貢献」　183
　（2）グローバル金融取引税から EU 金融取引税へ　186
　（3）グローバル・タックスから EU 共通税へ　188
　（4）新しい実施枠組みの承認　190
　（5）最終合意を阻む諸要因　191
　おわりに――「部分的」グローバル・タックスの可能性と課題　194

第9章　国際課税における多国間主義とグローバル・タックスの可能性
（望月　爾）――――――――――――――――――― 199

　はじめに　199
1　国際課税をめぐる最近の状況　200
　（1）国際的租税回避の深刻化　200
　（2）一般的租税回避否認規定（GAAR）の導入　202
2　BEPS プロジェクトによる国際課税のルールの見直し　204
　（1）BEPS プロジェクトの意義　204

（2）BEPS 最終報告書の概要　206
　　（3）BEPS の実施及び「ポスト BEPS」の取組み　210
　3　多国間税務行政協力の進展　211
　　（1）多国間税務行政協力の意義　211
　　（2）税務行政執行共助条約　212
　　（3）自動的情報交換制度　213
　　（4）BEPS 防止措置実施条約　214
　4　多国間主義の意義とグローバル・タックスの可能性　216
　　（1）国家主権と課税管轄権　216
　　（2）国際課税における多国間主義の意義　217
　　（3）租税条約による国際的合意の形成　219
　　（4）国内立法による導入　221
　　（5）国際課税のガヴァナンス機関の創設　222
　おわりに　224

第10章　グローバル・タックスと世界政府論構想（上村雄彦）　229

　はじめに　229
　1　なぜいま世界政府論なのか　230
　2　世界政府論とは何か　231
　　（1）世界政府論の歴史　231
　　（2）世界政府論とは何か　233
　3　世界政府論に対する批判とそこから導かれる方向性　237
　　（1）世界政府論批判　237
　　（2）世界政府の方向性　238
　4　世界政府の実現に向けて　240
　　（1）グローバル・タックスが世界政府の実現につながるロジック　241
　　（2）グローバル租税機関、グローバル議会、そしてグローバル政府の創設へ　243
　　むすびにかえて─世界政府論の課題　245

おわりに（上村雄彦）　249
索引　255
執筆者一覧　260

第1章

グローバル・タックスとは何か

上村雄彦・望月 爾・津田久美子

はじめに

　先に述べたように、現在国際社会は四つの大きな課題に直面している。すなわち、第一に地球温暖化に代表される地球規模課題の深刻化、第二にその解決のために必要な巨額の資金不足、第三にそのような現状に対応できていない主権国家体制の限界、第四に従来の体制の中で考案されてきた構想や政策を超えた革新的な構想や政策の立案の必要性の四つである。そして、これらの困難を極める課題を乗り越えうる革新的な構想や政策の一つとして、グローバル・タックスを提示した。

　グローバル・タックスとは、大きく捉えれば、グローバル化した地球社会を一つの「国」とみなし、地球規模で新しい税を制度化することであり、具体的には以下の三本柱から構成される。①主としてタックス・ヘイブン対策で、世界の税務当局が、課税に関する口座や金融情報を共有すること、②国境を越えた革新的な課税を実施すること、③課税・徴税・分配のための新たなガヴァナンス（統治）を創造し、より透明で、民主的で、説明責任を果たすグローバル・ガヴァナンス構築に向けた改革に連動させることである。

　本章では、これらの三本柱を一つひとつ吟味して、グローバル・タックスの全体像を明らかにし、第2章から第4章まで展開されるグローバル・タックスの理論的土台（第一部）を確立するための基本的な枠組みを提供することをめざす。具体的には、まずグローバル・タックスに関するこれまでの研究蓄積に基づきながら、グローバル・タックスの定義、議論の範囲、課税原則、税収のポテンシャル、グローバル・ガヴァナンスの変革のロジックを明らかにする。続いて、先行研究の軌跡を辿りながら、グローバル・タックスの歴史的起源を探り、その後の構想の発展を上記の三つの柱に沿って考察を行う。

1 世界の税務当局による金融口座情報の共有

(1) なぜ税務情報の共有が必要なのか

　一国内で課税・徴税を行うためには、当該国の税務当局が課税対象となるアクターや行為について、正確な情報を持つことが求められる。そのような情報がなければ、課税の範囲を特定することができないし、そもそも課税すること自体が不可能となるからである。同様に、地球規模で新しい税を制度化するためには、世界各国の税務当局が同様の情報を持たなければならない。さもなければ、地球規模で租税回避や脱税が起こり、各国は得られるべき税収が得られないばかりか、不正な資金が犯罪や紛争に注がれることになる。その最も典型的な現象は、タックス・ヘイブンを利用した租税回避を見ればよく理解できる。

　タックス・ヘイブンとは、「租税回避地」のことで、顧客に口座情報などの秘匿を保証し、意図的に税を免除したり、低い税率を設定して、多国籍企業や富裕層が納税を回避する「抜け穴」となっている国または地域のことを指す。「はじめに」でも述べたとおり、タックス・ヘイブン自体が世界的な格差や不平等の温床となっていることに加え、グローバル・タックスの第二の柱である国境を越えた革新的な課税を導入する上でも、タックス・ヘイブンを利用した租税回避は大きな問題となる。なぜなら、タックス・ヘイブンによって隠された資金フローがあるかぎり、グローバルな徴税の実効性が著しく低くなるからである。したがって、徴税の実効性を高め、公正かつ民主的な税制をグローバルな規模で制度化するためにも、タックス・ヘイブンも含め国際的に税務情報を共有し、租税回避を防ぐことが、グローバル・タックスの第一の柱を構成することとなるのである。

(2) 具体的取組み

　タックス・ヘイブンを利用した租税回避を防止するために、近年各国の課税当局が金融口座情報を共有する政策が進み、いくつかの取組みが実施段階に入っている。その国際的な議論を牽引しているのは OECD（Organisation for Economic Co-operation and Development、経済開発協力機構）である。その発端は、2010年にアメリカが米国市民及び米国居住者によるオフショア口座を利用した租税回避を防止することを目的として、FATCA（Foreign Account Tax Compliance Act、外国口座税務コンプライアンス法）を施行し、国外の金融機関に対し、米

国市民及び米国居住者等が保有する口座を特定し、当該口座情報を内国歳入庁（IRS: Internal Revenue Service）に報告することを義務づけたことに始まる。

　これをモデルとしてOECDは、2014年に各国の税務当局がタックス・ヘイブンを含め各国にある自国民の金融口座情報を自動的かつ相互に交換する国際的な仕組み（AEOI: Automatic Exchange of Information、自動情報交換）を導入する方針を公表した。この仕組みは自動情報交換の対象となる非居住者の口座の特定方法や情報の範囲等を各国で共通化する国際基準である「共通報告基準（CRS: Common Reporting Standard）」に基づき、すでに2017年からOECD加盟国と一部G20諸国の間で実際に運用が始まっている（上村 2016a: 96-98）。

　またOECDは、主として多国籍企業による国際的租税回避によって、各国の税源が浸食され、利益が移転されていることに対して、2012年にBEPS（Base Erosion and Profit Shifting、税源浸食と利益移転）プロジェクトを立ち上げた。2013年7月にBEPSプロジェクトは、多国籍企業の国際的な課税逃れに対抗するための15項目の行動計画を示し、2015年10月にBEPS最終報告書を公表した（上村 2016a: 98-100）。現在もOECDに一部のG20諸国を加えた国際的な枠組みにおいて「ポストBEPS」として、最終報告書の提言に基づき、国際的租税回避の防止のための新たな国際課税制度を構築する取組みを進めている（以上二つのOECDの取組みについては第5章、ならびに第9章にて詳細を検討する）。このように、近年OECDは、国際的課税ルールの「抜け穴」をふさぐ包囲網の構築を精力的に進めており、ここにグローバル・タックスの第一の柱の具現化を窺うことができる（上村 2016a: 96-101）。

　自動情報交換、BEPSを通じて、各国の税務当局が課税にかかわる情報を交換することで、世界の課税情報を共有し、必要な規制や税をかける。さらには、タックス・ヘイブンを通じたマネーゲームに、後述の金融取引税を課すことにより、タックス・ヘイブンを利用する旨みを減少させる。そのことで、徐々にタックス・ヘイブンの利用価値を下げ、究極的にはなくしていこうとするのが、グローバル・タックスの第一の柱の要諦なのである（上村 2016a: 101）。

2　国境を越えた革新的な税の実施

(1) 定義とスケール

　第二の柱である国境を超えた革新的な課税の観点からグローバル・タックスを定義すると、「グローバルな資産や国境を超える活動に課税し、負の活動を抑制しながら、税収を地球規模課題の解決に充当する税制」となる（Uemura 2007; 上村 2009; 2012; 2013; 2015; 2016a; 2016b）。これは、グローバル・タックスの狭義の定義と置き換えてもよいだろう（上村 2009: 177-178）。

　さらに、グローバル・タックスは、大きく言って、次の二つの「極」の間に位置づけられる。一つは、「全面的 (full scale)」グローバル・タックスである[1]。これは、①グローバルに課税、②グローバルに徴税、③グローバルな活動の負の影響を抑制、④税収をグローバルに再分配、⑤特に税収を地球規模課題解決に充当、という五つすべての項目を満たす「極」である。言うなれば、地球社会に「世界政府」のような超国家機関が存在し、それが一元的に課税、徴税、分配を行っているイメージである（上村 2009: 177-178; 2016a: 101-102）。

　このうち特に重要なのは④、⑤で、税収を地球規模課題に充当するという中核的な要素がなければ、基本的にはグローバル・タックスとすることはできない。他方で、①、②の課税や徴税局面については、その実施主体が「世界政府」あるいは超国家的組織ではなくとも、④、⑤を満たす限り、グローバル・タックスとみなしてもよいと考えられる（上村 2009: 178; Schrazenstaller 2013: 284-285）。また、課税・徴税主体が従来どおり各国政府であったとしても、税収を何らかのかたちでグローバルな目的に活用する目的が掲げられていれば、各国政府は必然的に協調して税制を導入する必要性に迫られ、その実施は全体として革新的な形態をとることになるだろう。

　したがって、グローバル・タックスのもうひとつの極は、④、⑤以外の要素のスケールを狭めたものとなる。すなわち、主権国家の課税権の枠組みにおいて、①各国ごとに課税、②各国ごとに徴税、③各国ごとに納税、④税収を超国家機関に拠出、⑤税収は地球規模課題に充当される場合、これを「部分的 (partial scale)」グローバル・タックスと呼ぶことができる（上村 2009: 177-178; 2016a:

---

1) 「理念的」ないし「超国家機関型」グローバル・タックスと呼ぶことも可能であろう。

102)[2]。ただし、④については、税収のすべてではなくとも、その一部が超国家機関に拠出されたり、国際的な制度に基づき国庫以外にも納入されたりする場合には、同じく「部分的」グローバル・タックスとみなすことが可能である。

繰り返し述べているとおり、現在の国際秩序は、主権国家を単位としたウエストファリア体制のもとにあり、また政治や税制はグローバル化していないので、近い将来「世界政府」が創設され、一元的に課税、徴税、分配するということは考えがたい。したがって、今後構想・実施されるグローバル・タックスは、当面「部分的」グローバル・タックスの極に近いものとなる（上村 2016a: 102）。

さらに言うならば、本書において、グローバル・タックスは、⑤を満たす資金移転の手法であれば、厳密な意味での「タックス」としての租税に限定されず、賦課金や負担金、使用料、手数料なども含むことが可能としておく。たとえば、クリーン開発メカニズム（CDM: Clean Development Mechanism）事業から発生する削減相当量（クレジット）への課金を気候変動の適用基金の財源とする「CDM税」とも呼べるスキームがこれに当たる（第7章で詳述）。このスキームについては、国境を越えたグローバルな活動に対して国際機関が実質的に課税し、グローバル公共財に関する活動の財源とするという観点から、グローバル・タックスの一つとみなすことが可能であろう（上村 2016a: 92-93）。このように、厳密な意味での租税でなく、賦課金や負担金、使用料、手数料などであったとしても、その税収の再分配方法が国境を超えた革新的な手法であり、税収が地球規模課題の解決に用いられるのであれば、それらをグローバル・タックスとして本書の検討範囲に含め、広くグローバル・タックスの可能性を考察することとする。

（2）実施根拠と課税原則

グローバル・タックスの導入に当たっては、誰が、何のために、どのような原則で課税されるべきかを明確にする必要が生じる。この課税原則について、日本においてグローバル・タックスの実現をめざすグローバル連帯税推進協議会（通称第二次寺島委員会。座長：寺島実郎・多摩大学学長、日本総合研究所会長）は、2015年12月に最終報告書を公表し、グローバル・タックスの課税の目的を、

2）「現実的」ないし「主権国家型」グローバル・タックスと呼ぶことができるかもしれない。

グローバル化の負のコストを負担するためとし、以下の課税原則を明らかにしている（以下、グローバル連帯税推進協議会 2015; 上村 2016a: 103-105）。

①負荷者負担原則（DPP: Degrader Pays Principle）
　グローバルに負の影響を与えているセクターや組織が課税される。たとえば、世界金融危機を引き起こした金融セクター、温暖化や感染症の拡散にかかわる国際交通セクター、環境破壊などのコストを外部化している多国籍企業、租税回避を促進するタックス・ヘイブン、軍事、エネルギー産業などが挙げられる。

②受益者負担原則（BPP: Beneficiary Pays Principle:）
　グローバル化の恩恵を受けているセクターや組織が課税される。これには、金融、国際交通、多国籍企業、情報通信、エネルギーセクターなどが含まれる。

③担税力原則（CPP: Capacity to Pay Principle）
　税を支払う能力が高い人、組織、セクターが課税される。このカテゴリーには、金融、多国籍企業、情報通信、富裕層などが入る。

④消費税負担原則（VIP: VAT Inclusion Principle）
　国際的な活動の中で、消費税を負担していないセクターや組織が課税される。これには、金融、国際交通、情報通信などが含まれる。

⑤広薄負担原則（WTP: Wide & Thin Principle）
　グローバル化の恩恵は世界の多くの人々が受けているが、同時に彼らは地球社会に負の影響も与えていると見なすことが可能である。よって上記四つの原則に該当するセクターだけではなく、主としてこれらのセクターの利用者も、手数料や利用料等を通じて、負担を広く薄く分担すべきであるというのがこの原則の考え方である。

　以上の原則を踏まえると、グローバル・タックスの課税対象と種類は図表1-1のように整理できる。原則間の優先順位があるわけではないが、より多くの原則が当てはまるセクターを中心に、課税構想の実現にいち早く取組むべきという考え方はできるだろう。ただし実際にどの課税原則に重きがおかれるかについては、検討時点における経済的・社会的背景や政治的な意向に左右されることになると思われる。その場合は、実際の課税の仕組みを検討・設計する段階において、どの原則がもっとも強い導入根拠となるかをめぐる議論が再び行われることになるだろう。たとえば、航空券に課税し、その税収をHIV/AIDS、マラリア、

図表1-1　グローバル・タックスの課税対象と種類

課税対象	税
金融	金融取引税、グローバル通貨取引税、タックス・ヘイブン利用税
国際交通	航空券連帯税、航空燃料税、国際バンカー油課税
多国籍企業	多国籍企業税
情報通信	グローバル電子商取引連帯税
軍需産業	武器取引税、武器売上税
エネルギー産業	地球炭素税、天然資源税、プルトニウム生産税
富裕層	グローバル累進資産課税
その他	「CDM税」

出典：グローバル連帯税推進協議会 2015: 20

図表1-2　グローバル・タックスの課税原則と課税対象

分野　原則	金融	国際交通	多国籍企業	情報通信	軍需産業	エネルギー産業	富裕層
①DPP	○	○	○	○	○	○	
②BPP	○		○	○	○	○	○
③CPP	○		○	○	○		○
④VIP	○	○		○			
⑤WTP	○	○		○	○	○	

出典：筆者作成

結核対策を進めている Unitaid（国際医薬品購入ファシリティ）の財源にする航空券連帯税は、負荷者負担原則、受益者負担原則、消費税負担原則が強い導入根拠となったと考えることができる（図表1-2）。

（3）税収のポテンシャル

　第二の柱である国境を超えた革新的な税を徴収するという意味でのグローバル・タックスには、三つの効果が考えられる。それは、①政策効果（課税を通じて、負の活動を抑える効果）、②大規模の税収、そして③グローバル・ガヴァナンスの民主化、透明化、アカウンタビリティの向上である。ここでは、②の資金の創出を見てみることで、資金調達手段としてのグローバル・タックスがどれほどの潜在性をもっているのかを示しておきたい[3]。

図表1-3　グローバル・タックスによる税収の試算

租税名	仮定	税収（年間）
外国為替取引税	税率0.1％、課税ベースの50％に課税	1100億ドル
ポートフォリオ投資税	税率平均25％、投資量が33％減少	1900億ドル
外国直接投資税	税率平均15％、平均8000億ドルに課税	1200億ドル
多国籍企業利潤税	トップ1000の多国籍企業の利潤に25％を課税	2000億ドル
富裕税	5兆ドルに1％の固定税	500億ドル
炭素排出税	炭素1トン当たり21ドルの課徴金	1250億ドル
プルトニウム・放射能生産税	1トン当たり2400ドルの課徴金	150億ドル
航空税	チケットと積み荷に1％の課税 燃料1トン当たり3.65ドルの課税	20億ドル 740億ドル
ビット税	1000キロバイト当たり1セントの課税	700億ドル
合計		9560億ドル

出典：Landau Group 2004: 112; 上村 2009: 234; 2015: 21

「はじめに」で見たように、UNCTAD（United Nations Conference on Trade and Development、国連貿易開発会議）は、途上国全体で持続可能な開発目標（SDGs: Sustainable Development Goals）を達成するに当たり、2015年〜2030年に生じる不足額は、およそ年間2.5兆ドル（282兆5000億円）となると試算している（UNCTAD 2014: xi）。果たしてグローバル・タックスでどの程度の資金不足を補うことができるのだろうか。

航空券連帯税を現実化させる源泉となった「国際資金の新しい貢献に関する作業グループ」（Landau Group: groupe de travail sur les nouvelles contributions financières internationales、通称「ランドー委員会」）は、武器輸出に10％の課税で50億ドル、武器購入に10％の課税で200億ドル、多国籍企業所得税が年間1兆1619億ドルと試算し（Landau Group 2004: 69-72; 上村 2009: 233）、ATTAC（Association pour une Taxe sur les Transactions Financières pour l'Aide aux Citoyens: 市民を支援するために金融取引への課税を求めるアソシエーション）の幹部で、ランドー委員会のメンバーでもあったジャック・コサール（Jacques

---

3）グローバル・タックスの政策効果については、上村（2009; 2010）、Schulmeister（2009）を参照。

Cossart) はランドー・レポートの中で、図表 1 - 3 のような試算リストを作成している（Landau Group 2004: 112; 上村 2009: 233-234; 2015: 21; 2016a: 107）。

また、2010年 2 月に、潘基文国連事務総長（当時）が気候変動対策に必要な資金をいかに調達するかという課題を検討するために創設した気候資金に関するハイレベル諮問グループは、先進国が二酸化炭素 1 トン当たり20〜25ドルの炭素税を課し、税収の10％を気候資金に拠出すれば年間300億ドル、国際航空や船舶に課税し、税収の25〜50％を気候資金にまわせば年間100億ドル、金融取引税の税収の25〜50％を気候変動に充てるとすると、0.001％の税率で20億ドル、0.01％で270億ドルの資金調達が可能となると論じている（High-Level Advisory Group 2010: 5-6, 25; 上村 2014b: 32-33; 上村編 2014: 130; 上村・池田 2014: 254; 上村 2015: 21; 2016a: 108）。

国連も、2012年 7 月に『世界経済社会調査2012』を発表し、先進国が 1 トン当たり25ドルの炭素税で年間2500億ドル、税率0.005％の通貨取引税をドル、ユーロ、円、ポンド取引に課税することで年間400億ドル、現在実施に向けて検討されている欧州金融取引税が年間710億ドルと試算している（United Nations 2012; 上村 2014b: 33; 上村編 2014: 130; 上村・池田 2014: 254; 上村 2015: 21）。

さらに、オーストリア経済研究所のシュテファン・シュルマイスター（Stephan Schulmeister）は、仮に金融取引税を欧州に加えて、主要な国々で実施した場合、0.01％で2860億ドル、0.05％で6550億ドルという巨額の税収が得られると試算している（Schulmeister 2009: 12-15; 上村 2013: 250; 2014a: 83; 2014b: 71; 2015: 10-12; 2016a: 108; 上村編著2014: 130; 上村・池田 2014: 255）。

また、タックス・ジャスティス・ネットワークは、タックス・ヘイブンに秘匿されている個人資産に課税すれば、税収は年間1900億〜2800億ドルとなると推計している（Tax Justice Network, 2012）。同様に多国籍企業の租税回避に課税すれば、年間1000億〜2400億ドルの税収が得られるので（OECD BEPS 最終報告書）、個人資産と併せて年間2900億〜5200億ドルの税収が上がる可能性がある（上村 2016a: 109）。

以上の税収について、重複を避けるため、同様の構想は試算の大きい方を選択した上で、これらをすべて合計すると、理論上は 2 兆4379億ドル（275兆4827億円）の税収が得られることになる（上村 2015: 22; 2016a: 109）。これは、実にUNCTADが試算した2015年〜2030年に生じる不足額（年間2.5兆ドル）に相当

し、途上国全体でSDGsを達成するのに必要な資金不足をほぼ埋めることが可能となる。

しかも、グローバル・タックスの税収は公的資金に近く、民間資金と異なり、直接的な利益を要求しないことから、あらゆる分野に柔軟に充当させることも可能である。もちろん、上記の構想が一挙にすべて実現されるということはありえないが、資金創出の面で、グローバル・タックスほど大きな可能性を持つオルタナティブは他にないことは特筆されるべきといえよう。

3　課税・徴税・分配のための新たなガヴァナンスの創造

グローバル・タックスの三本目の柱は、課税・徴税・分配のための新たなガヴァナンスを創造し、より透明で、民主的で、説明責任を果たすグローバル・ガヴァナンス構築に向けた改革に連動させることである。ガヴァナンスに関する絶対的な定義は存在しないが、ここでは「多様なアクターによる課題設定、規範形成、政策形成・決定・実施を含めた共治」としておく（上村 2009: 45）。この第三の柱は、とりわけ、グローバル・タックスの導入が、現在の民主性、透明性、アカウンタビリティを欠き、少数の強者や強国に偏向した、いわゆる「1％のガヴァナンス」を変革する可能性をその議論の中核とする。さらには、その導入が、長期的に「世界政府」を創造する布石となる潜在性をも射程に入れている。世界政府の議論の詳細は第10章に譲ることにして、ここでは、その前提となるグローバル・ガヴァナンスの変革の論理について、簡単に触れておきたい。

初めに確認しておきたいのが、グローバル・タックスを財源とする国際機関と既存の国際機関との質的な相違である。その相違を一言でいうならば、従来の国際機関は、各国の拠出金によって運営されるため、大きな制約を受けることになるということである。それに対し、グローバル・タックスを財源とする超国家機関は、その制約を乗り越える潜在力を持つということである。現存の国際機関の制約とは以下のとおりである。

まずは、意思決定の面である。通常既存の国際機関の中核となるのは理事会であるが、これは各国の政府代表から構成される場合がほとんどである。各国代表の第一の関心事はまずは国益の最大化であり、地球益は二の次になることが多い。

次に、財源についても、各国から拠出金が出されなくなれば、特に大口の拠出金を出す大国から資金が来なくなれば、その機関は立ち行かなくなることから、既存の国際機関は財政面で大国の拠出金に大きく依存しており自立性が乏しい現状がある。また財政面での各国、特に大国への依存は、政策面でもこれらの国々に配慮せざるを得ず、自律的な政策立案ができないことを意味している（上村 2013; 2016a: 124-125; 上村編 2015: 172; 2016a: 124-125）。

これに対し、たとえば航空券連帯税というグローバル・タックスを財源とする国際機関である Unitaid の理事会は、政府代表だけでなく、市民社会、財団、国際機関も理事になり、意思決定に市民社会や現場の想いなど、多様な意見を反映させ、国益を超えた利益のための決定を試みている（Uemura 2007; 2012; 上村 2009; 2015; 2016a; Fraudorfer 2015; 詳細は第7章参照）。

グローバル・タックスを財源とする国際機関は、従来のそれとは異なり、財政的に自立性があり、主権国家、特に大国の「くびき」からもある程度解き放たれる可能性も有している。すなわち、拠出金に頼らず財政的な自立性を確保することで、各国の国益に縛られず、純粋に地球益の実現に向かって政策を策定し、活動を展開する可能性が開かれているのである（上村 2013: 251; 2016a: 125-126; 上村編 2015: 172-173; 2016a: 125-126）。

したがって、今後航空券連帯税に加えて、金融取引税、地球炭素税、武器取引税などさまざまなグローバル・タックスが導入され、それに伴って次々と独自の財源と多様なステークホルダーによる意思決定を備えた超国家機関が創設されることになれば、現在の強国・強者主導のグローバル・ガヴァナンスは、全体として大きく変革を迫られることになるだろう（上村 2013: 251; 2016a: 126; 上村編 2015: 173）。

このように、グローバル・タックスの実現は、単に地球規模課題の解決のための資金を創出するという次元を超えて、長期的にはグローバル・ガヴァナンスをより民主的で、透明で、アカウンタブルにしていく潜在性を秘めているのである。

グローバル・タックスとグローバル・ガヴァナンスの関係の詳細は、第10章にてさらなる分析を進める。

4　グローバル・タックスの歴史と潮流

　ここまで、グローバル・タックスについて、三本の柱に沿ってその定義と範囲、課税根拠、税収のポテンシャル、グローバル・ガヴァナンスとの関係を検討してきた。次に、グローバル・タックスがいつから構想され、どのような形で発展してきたのかをみておきたい。

　グローバル・タックスは、一般には比較的新しい構想と考えられがちであるが、その議論の歴史は19世紀まで遡ることができる。19世紀後半、エディンバラ大学の国際法学者ジェームズ・ロリマー（James Lorimer）が、「国際政府」の創設や軍縮の必要性を提唱し、その資金調達手段として国際的な課税の可能性に言及したことを起源とする（Frankman 1996; 望月 2009; 上村編 2016: 60）。また20世紀に入ると、世界恐慌や二度の世界大戦による国際的な混乱の中、現代経済学の基礎をつくったアルフレッド・マーシャル（Alfred Marshall）やジョン・メイナード・ケインズ（John Maynard Keynes）、ジェームズ・ミード（James Meade）といったイギリスの著名な経済学者たちも、国際的な平和と経済的安定のための国際機関の創設と、その運営に必要な財源調達を目的とするグローバル・タックスを構想していた。そして、そうした構想は、第二次大戦後もオランダの経済学者ヤン・ティンバーゲン（Jan Tinbergen）や国際労働機関（ILO: International Labour Organization）の第6代事務局長ウィルフレッド・ジェンクス（Wilfred Jenks）らに引き継がれていった（Frankman 1996）。

　1970年代に入ると各国の政府やNGOを中心に、南北問題や地球環境問題など国際社会に共通な課題への関心が高まり、こうした課題の解決のための財源としてグローバル・タックスの議論が本格化した。たとえば、パキスタンの経済学者マハブブ・ウル・ハク（Mahbub ul Haq）は、環境汚染や資源採掘、多国籍企業の活動、軍事支出、途上国よりの人材流出に課税して、国際的開発基金をつくることを提案した。また、国連でも開発資金不足問題や環境問題を背景に、経済財政委員会や国連貿易開発会議（UNCTAD）の貿易開発理事会などの場において、財源調達のため、たびたび国際的な課税が提案され議論されてきた（上村 2009: 185-188）。

　1970年代のグローバル・タックスの構想の中で、とくに重要なのは「トービン税」である。トービン税とは、1972年イエール大学の経済学部教授のジェーム

ズ・トービン（James Tobin）によって提案された国際的な通貨取引への課税の構想である。トービンは、当時増大しつつあった国際的な為替市場の過剰な流動性が、各国の自律的な経済政策を阻害することを問題視していた。そこで、過剰な取引を抑制し市場を安定化させるために、各国が国際的な合意に基づき「国際金融の轍にわずかばかりの砂をまく」、すなわち通貨取引に低率の税を課すことを提案した（Tobin 1974; 1978）。トービン税は、提案当初は実現可能性が乏しいものとしてほとんど注目されなかったものの、1990年代以降頻発する通貨危機や開発資金不足を背景に、国際社会の社会的・政治的な関心の高まりに合わせグローバル・タックスの中心的な構想に発展していった（金子 2006; 上村 2009; 山口 2013。詳細は第8章を参照）。

この発展過程にはさまざまな取組みが関係しているうえ、前述の国連の議論などトービン税の議論以前から存在していたグローバル・タックスの構想の潮流も交錯していることから、単純にその流れを追うことは難しい。そこで、以下ではグローバル・タックスの潮流を、前節で提示したグローバル・タックスの三本柱に沿って整理してみたい。

(1) 地球規模課題とタックス・ヘイブン対策

第一に、地球規模課題とタックス・ヘイブン対策については、前述のように近年、地球温暖化や国際的な貧困や格差の拡大、タックス・ヘイブン問題が深刻化していることを受け、その現状と解決策に関する多くの研究が公表されている。そのなかでも、もっとも重要かつ著名な研究は、フランスの経済学者トマ・ピケティ（Thomas Piketty）の国際的な不平等と格差の研究が挙げられるだろう。ピケティのベストセラー『21世紀の資本（*Le Capital au XXIe siècle*）』は、先進各国の税務統計の歴史的な分析からグローバルな格差拡大の現実を明らかにしたことで有名であるが、最終章ではその格差を是正するための具体的提案として、「グローバル資本税（Global Tax on Capital）」の導入を主張している。「グローバル資本税」は一種の富裕税として国際的に累進資産課税を行おうとするものであり、重要なグローバル・タックスの構想の一つといえる（Piketty 2014; 諸富 2014; 上村 2016b）。

このピケティの構想をタックス・ヘイブン対策の視点から具体化したのが、弟子のガブリエル・ズックマン（Gabriel Zucman）の提言である。ズックマンは、

グローバル資本税と同時に世界規模の金融資産台帳を作成することを主張している（ズックマン 2015）。また、21世紀の法人税として、多国籍企業に対し課税ベースを公式に基づいて各国に配分する定式配分法にもふれている（タックス・ヘイブン対策や多国籍企業に対する課税の詳細については第5章を参照）。

　また、本書と同様にグローバルな視点から国際的な課税問題を扱った直近の研究業績として、イエール大学のトーマス・ポッゲ（Thomas Pogge）とタックス・ジャスティス・ネットワークのシニアアドバイザーのクリシェン・メータ（Krishen Mehta）編の *Global Tax Fairness* がある（Pogge & Mehta 2016）。同書は現状の国際金融の不透明性や不公正な国際課税の仕組みの見直しを求める15編の論文を収録している。その中では、国際課税の研究者や専門家、NGOのリーダーなどがそれぞれの立場からさまざまな具体策を提言している。前述のBEPSの議論をふまえた多国籍企業への課税のあり方や金融口座情報の自動交換、金融取引税の導入、世界租税機関の創設など本書と問題意識を同じくする提言も多く含まれている。

（2）グローバル・タックスの導入提案

　第二に、グローバル・タックスは導入が実現したものは少ないものの、政策提言や法案の策定を通じ導入に向けた構想が発表されてきた。たとえばトービン税は、提案当初の構想には制度設計や導入・実施の方法は含まれていなかったが、90年代以降国連やIMF（International Monetary Fund：国際通貨基金）、EU、各国の議会は、その政策を議論するために研究委託するかたちで、通貨取引税の導入実現に向けた検討を始めた。たとえば、1995年IMFから委託をうけたフランクフルト大学のパウル・シュパーン（Paul B. Spahn）は、単一税率を想定していたトービン税を改良し、より実質的な投機抑制を狙う「サーキット・ブレーカー」機能をもたせる目的で、平時は税率を低く設定しておき、危機の際には税率を極端に引き上げる「二段階税課税」を考案した（Spahn 1995; 上村 2009; 2014）。そして、この二段階課税を採り入れた法案が実際にベルギー議会の下院に「トービン＝シュパーン法案」として提出され可決された[4]（Spahn 1995; ジュタン 2006; 金子 2006; 上村 2009）。そのほか、イギリスやフランス、カナダなどの議会や欧州議会においても同様の通貨取引税の導入法案が審議され、加えて国際的なNGOによるトービン税の導入に向けた活動の進展に伴い、この時期から

通貨取引税に関する多くの研究が公表されてきたのである（Patomäki 2001; Jetin 2002; 金子 2006; 上村 2009）[5]。

　他方、2000年代に入ると通貨取引税以外にも国際的な開発のための新たな資金調達の目的から、さまざまな形態のグローバル・タックスの構想が提案されるようになる。すでに触れたように、新しい開発資金調達手段として課税が一つの方法として言及されること自体は新しいことではなかったが、2000年代以降は単なる構想の提案公表に留まらず、諸構想のメリット・デメリットの比較検討といった具体的な分析を踏まえた政策提言がなされた。たとえば、取引抑制や市場の安定化という経済的な効果について疑念も多かった通貨取引税（和仁 2008）に代わって、極端に税率を低く設定することで取引抑制という目的をなくし、あくまで開発資金を調達することを第一目的に掲げる「通貨取引開発税」が提案された（Hillman, et al. 2006; 上村 2009: 206-216）。

　このような具体的な政策提言が出されるようになった背景の一つには、2000年の国連ミレニアム・サミットにおいて、「ミレニアム開発目標（MDGs）」が国際社会における公約として採択・公表されたことがある。MDGs を達成するためには従来の国際的／国家間の資金移転方法である政府開発援助（ODA）では大きく不足することになり、革新的な資金調達手段が求められたからである。2002年にはメキシコのモンテレイにおいて、国連の開発資金に関する会議が開催され、ODA の増額目標とそれを補完する新たな開発資金調達方法が議論された（上村 2009; 2016a: 89-90）。

　2003年にフランスのジャック・シラク（Jacques Chirac）大統領は、このような開発資金調達の調査のため、前述のランドー委員会を組織した。ランドー委員会は、あらゆる革新的な資金調達手段の実施可能性について検討する目的で設立され、会計検査院長（当時）のジャン・ピエール・ランドー（Jean-Pierre Landau）をリーダーに、関連分野の専門家や実務家らが参画した。同委員会は通貨

4）ただし、同法案は EU のその他の加盟国の通貨取引税の実施を施行条件としていたため、実際に実施されるには至らなかった。なおベルギーの他に議会で通貨取引税法案が可決した国に、フランスがある。詳細は第 8 章を参照。

5）このほかに、Kenen（1996）や Schmit（1999）の技術的な側面の検討、Patomäki & Denys（2002）の「グローバル通貨取引税条約草案」、ジュタンの「持続可能な開発のための連帯基金（Founds de solidarité pour le dévelopment durable: FSDD）」などがある。

取引税や航空券税、多国籍企業税、武器取引税などのグローバル・タックス構想の長所や短所、実現可能性の検討を経て、翌2004年に同グループは報告書「ランドー・レポート」をまとめ、もっとも実現可能性の高い構想として「航空券連帯税」の導入を提言した（Landau Group 2004）。この報告に基づき、2006年にはフランスを中心に国際連帯税として航空券連帯税の導入が6カ国によって合意され、同年、その税収を感染症対策に活用する国際機関 Unitaid が設立された（Uemura 2007; 2012; 上村 2009; 2012; 2014a; 2016a; 上村編 2015; Fraudorfer 2015）[6]。

さらに、ランドー委員会の理念は、2006年、グローバル・タックスを議論する国際的なフォーラム「開発資金のための連帯税に関するリーディング・グループ（Leading Group on Solidarity Levies to Fund Development）」の結成へとつながった[7]。同リーディング・グループは、開発資金の調達や金融、法律、租税に関する専門家から成るタスクフォースを立ち上げるなどして、今日に至るまで精力的な政策提言活動を展開している（上村 2009）[8]。

2010年以降、EU においてリーマンショックとその後の金融の不安定化を背景に、金融セクターに応分の負担を求める金融取引税の導入に向けた議論が進んでいった。欧州委員会は、2010年に「グローバル・レベルの革新的資金調達」に関する作業文書を発表し、革新的調達資金に関する多岐に渡る施策について、見込まれる資金調達額、経済的効果、実施する際の法的・行政的課題を検討した（European Commission 2010）。翌2011年9月には欧州委員会より EU 金融取引税指令案が公表された（European Commission 2011）。そして、2012年5月、欧州議会は金融取引税を導入する欧州委員会の提案を承認した。しかし、同年6月からの EU 財務相理事会では意見が分かれ、EU 加盟27カ国 による導入は断念された。結局、同年10月欧州委員会は、ユーロ加盟17カ国のうち11カ国による「強

6）Unitaid は設立からしばらくは UNITAID と表記していたが、現在は Unitaid と変更されたので、本書では以降 Unitaid と記す。

7）その後、リーディング・グループは、「革新的開発資金に関するリーディング・グループ（Leading Group on Innovative Financing for Development）」へと名称を変更している。

8）リーディング・グループの専門家委員会による具体的な提言としては、Taskforce on International Financial Transactions for Development（2010）; International Expert Report（2011）などがある。

化された協力（enhanced cooperation）」の適用を提案した。12月欧州議会はこれに同意し、翌2013年1月EU財務相理事会も承認、同年2月欧州委員会は、ベルギー、ドイツ、フランス、スペイン、イタリア、エストニア、ポルトガル、ギリシア、オーストリア、スロベニア、スロバキアの11カ国が2014年1月から金融取引税を導入する指令案を公表した（上村 2013; European Commission 2014; 上村編 2015: 23-25）。

　しかし、イギリス、スウェーデン等の国々や金融業界の反対、課税対象が広範なことや課税管轄のルールの合法性の問題などへの批判もあり導入は延期され、その後もドイツやフランスを中心に導入に向けた議論や調整が進められてきたが、EUの経済や政治状況の不安定化などもあり、いまだに導入には至っていない。このようなEUの金融取引税の現状に対しては、イギリスのEU脱退「ブレグジット（Brexit）」などもふまえ、今後の動向が注目される（詳細は第8章を参照）。

(3) グローバル・タックスとグローバル・ガヴァナンス

　第三に、グローバル・タックスの導入や徴収、管理とその主体の検討を通じたグローバル・ガヴァナンス論への示唆に関する研究蓄積がある。この検討が始まったきっかけもまた、1990年代の通貨取引税の争点化であったように思われる。たとえばヘルシンキ大学のヘイッキ・パトマキ（Heikki Patomäki）は、国際的な通貨取引税の議論の高まりを受け、同税を通じて投機的な取引を抑制するとともにグローバル金融に翻弄される途上国へその税収を再分配する正当性を論じ、この税の国際的な実施にはより民主的で透明性の高いガヴァナンスが必要だとして、「通貨取引税機関（CTTO: Currency Transaction Tax Organization）」という新たな国際機関の設立を提案した（Patomäki 2001; 上村 2009; 上村編 2015）。これを端緒に、グローバル・タックスの導入、徴収、管理手法を検討することを通じて、新たなグローバル・ガヴァナンスのあり方を模索する研究が蓄積されてきた[9]。

　この研究潮流の多くはあるべきガヴァナンスのあり方を検討、構想するものだ

---

9) グローバル・タックスとグローバル・ガヴァナンスの関連とその議論の系譜を分析した論考として、上村編著（2015）。

が、実際に運用が始まっている一部のグローバル・タックスのガヴァナンスの実態や課題を分析する論考もいくつか発表されている。たとえば航空券連帯税の税収を主要な財源としている Unitaid のガヴァナンスについては、Uemura（2007; 2012）、上村（2009; 2014a; 2016a; 上村編 2015: 163-166）、グローバル連帯税推進協議会（2015）、Fraudorfer（2015）が詳しく、CDM 税の税収の受け皿となっている適応基金のガヴァナンスは、同じくグローバル連帯税推進協議会（2015）や上村（2014c）が詳細に論じている。

　これら示唆に富む考察はすでに複数存在する上に、Unitaid ならびに適応基金に関しては第7章で考察を行うことから、本章ではこれらの事例を扱わないが、数少ないグローバル・タックスの実践例として、今後もそのガヴァナンスの実態を注視してくべきであろう[10]。

むすびにかえて

　ここまで、グローバル・タックスの三本柱を中心に、グローバル・タックスをめぐるこれまでの議論を概観してきた。続いて、グローバル・タックスの起源と同構想の歴史的生成について、論じてきた。これらの議論を通じて、グローバル・タックスをめぐって政策提言、ならびにその内容や過程を分析する研究が増えていること、国際連帯税や金融取引税を中心にさまざまな構想に対し国内外の研究者により、その歴史、定義、意義、税収、政策効果、実現に向けての現状と課題といった論点について詳細な分析や議論が進められつつあることが明らかになった。

　しかしながら、より理論的にグローバル・タックスをめぐる議論を基礎づける試みはまだ少ない現状がある[11]。それに対し本書は、個々の歴史的考察、現状

---

10) 最新の研究としては、Bird（2018）がある。そのほか、Jetin（2002）; Patomaki（2001）; Taskforce（2010）; 伊藤（2010, 2017）; Uemura（2007, 2012）; 上村（2009, 2010, 2011, 2012, 2013, 2014a, 2014b, 2015, 2016a, 2016b）; 兼平（2011）; 金子（2006, 2015）; 田村（2013）; 津田（2016）; 国際連帯税推進協議会（2010）; グローバル連帯税推進協議会（2015）; 望月（2009, 2014）; 諸富（2002, 2013）; 和仁（2012）; 山口（2013）などがある。

11) その例外として、哲学的見地からグローバル・タックスの再分配の正当性を論じる伊藤（2010, 2017）、グローバル・タックスの可能性を経済思想の新潮流として位置づける諸富（2013）などがある。

分析、将来展望に関する先行研究をふまえ、グローバル・タックスをめぐる議論を包括的に検討することを可能とする枠組みを、関連の分野の学問的見地から確立することを目的としている。また、タックス・ヘイブン対策や多国籍企業に対する課税構想、感染症や気候変動にかかわるグローバル・タックスのスキームや効果に関する実証的な分析、EUの金融取引税に関する政治過程についての考察などを通じて、グローバル・タックスの実践面に関する新しい知見を提示することを試みるものである。

なお、グローバル・タックスの課題と展望については各章での検討を経たのちに、「おわりに」で考察を試みる。

グローバル・タックスについて、あらためて関連の各学問分野から検討し、理論的に発展させ、理論武装を確固たるものとするとともに、その理論と実際をさらに精緻に検討することで、その実現と発展への道程を示していくことが、今後何よりも求められている。本章に続く各章により、そのための土台が一つひとつ築き上げられていくであろう。

参考文献

伊藤恭彦（2010）『貧困の放置は罪なのか―グローバルな正義とコスモポリタニズム』人文書院。

伊藤恭彦（2017）『タックス・ジャスティス――税の政治哲学』風行社。

上村雄彦（2009）『グローバル・タックスの可能性―持続可能な福祉社会のガヴァナンスをめざして』ミネルヴァ書房。

上村雄彦（2010）「地球環境税の可能性―気候変動レジームと国際連帯税レジームの交差の中で―」倉阪秀史編『環境―持続可能な経済システム』勁草書房、139-160頁。

上村雄彦（2012）「地球規模課題を解決するためには？―グローバル・タックスの可能性」戸田真紀子・三上貴教・勝間靖編著『国際社会を学ぶ』晃洋書房、2012年3月、155-169頁。

上村雄彦（2013）「金融取引税の可能性―地球規模課題の解決の切り札として」『世界』、6月号、248-256頁。

上村雄彦（2014a）「金融取引に対する課税とグローバル・ガヴァナンスの展望―グローバル不正義を是正するために」『横浜市立大学論叢』第65巻、人文科学系列、第2・3合併号、2014年3月、77-104頁。

上村雄彦（2014b）「グローバル金融が地球共有財となるために―タックス・ヘイブン、「ギャンブル経済」に対する処方箋」日本国際連合学会編『グローバル・コモンズと国連』（『国連研究』第15号）国際書院、2014年6月、57-85頁。

上村雄彦（2014c）「気候資金ガヴァナンスに見るグローバル・タックスと地球環境ガヴァナン

スの交差―グリーン気候基金の現状とゆくえを中心に」『グローバル・ガバナンス』第1号、45-70頁。
上村雄彦編著（2014）『グローバル協力論入門―地球政治経済論からの接近』法律文化社。
上村雄彦編著（2015）『グローバル・タックスの構想と射程』法律文化社。
上村雄彦（2015）「グローバル・タックスと気候変動―いかにして気候資金を賄うか」『環境研究』、No. 178、18-31頁。
上村雄彦（2016a）『不平等をめぐる戦争―グローバル税制は可能か？』集英社。
上村雄彦（2016b）「グローバル・タックスの可能性を求めて―ピケティの格差理論と格差縮小の処方箋を中心に」日本租税理論学会編『中小企業課税』財経詳報社、3-22頁。
上村雄彦編著（2016）『世界の富を再分配する30の方法―グローバル・タックスが世界を変える』合同出版。
上村雄彦・池田まり子（2014）「地球環境ガヴァナンス」吉川元ほか編著『グローバル・ガヴァンナンス論』法律文化社、244-257頁。
金子文夫（2006）「［解説］トービン税とグローバル市民社会運動」、ジュタン、ブリュノ（2006）『トービン税入門―新自由主義的グローバリゼーションに対抗するための国際戦略』（和仁道郎訳）、社会評論社、239-260頁。
金子文夫（2015）「タックス・ヘイブンとグローバル金融規制の動向」上村雄彦編（2015）、85-118頁。
兼平裕子（2011）「国際連帯税」『愛媛大学法文学部論集総合政策学科編』、第31巻、1-32頁。
ガブリエル・ズックマン（2015）『失われた国家の富―タックス・ヘイブンの経済学』（林昌弘訳）、NTT出版。
グローバル連帯税推進協議会（2015）「持続可能な開発目標の達成に向けた新しい政策科学―グローバル連帯税が切り拓く未来」『グローバル連帯税推進協議会最終報告書』。
国際連帯税推進協議会（2010）「環境・貧困・格差に立ち向かう国際連帯税の実現をめざして―地球規模課題に対する新しい政策提言」『国際連帯税推進協議会最終報告書』。
田村堅太郎（2013）「気候資金における資金源・資金調達手法を巡る議論―これまでの経緯と今後の展望―」『環境研究』、No. 171、33-41頁。
津田久美子（2016）「「車輪に砂」――EU金融取引税の政治過程：2009～2013年」（1）、（2・完）『北大法学論集』66巻6号、67巻1号（2016年3月、6月）。
望月爾（2009）「グローバル化と税制―グローバル・タックス構想を中心に」中島茂樹・中谷義和編『グローバル化と国家の変容』お茶の水書房、155-183頁。
望月爾（2014）「国際連帯税の展開とその法的課題―EU金融取引税を中心に」『租税法研究』42号、51-73頁。
諸富徹（2002）「金融のグローバル化とトービン税」『現代思想』30巻15号、142-164頁。
諸富徹（2013）『私たちはなぜ税金を納めるのか―租税の経済思想史』新潮社。
諸富徹（2014）「ピケティの『グローバル富裕税』論」、『現代思想』（1月臨時増刊号）、vol. 42-17、114-128頁。
山口和之（2013）「トービン税をめぐる内外の動向」『レファレンス』2月号、3-58頁。

和仁道郎（2008）「為替取引税の安定化効果をめぐる問題点―トービン税は有効か、有害か？」『横浜市立大学論叢（人文科学系列）』、第59巻第3号、227-265頁。

Bird, R.（2018）"Are Global Taxes Feasible?," *Rotman School of Management Working Paper*, No. 3006175.

Chavagneux, C. and R. Palan（2006）*Les paradis fiscaux*, Paris : La Découverte（クリスチアン・シャヴァニュー、ロナン・パラン（2007）『タックス・ヘイブン―グローバル経済を動かす闇のシステム』（杉村昌昭訳）、作品社。

EC（2010）"Communication from the Commission to the European Parliament, the Council, the European Economic and Social Committee and the Committee of the Regions: Taxation of the Financial Sector," 7 October, 2010（COM（2010）549 final）.

EC（2011）*Proposal for a COUNCIL DIRECTIVE on a common system of financial transaction tax and amending Directive 2008/7/EC.* 2011/0261（CNS）.

EC（2012）*TECHNICAL FICHE: MACROECONOMIC IMPACTS.*

Frankman, M. J.（1996, 2000）"International Taxation: The Trajectory of an Idea from Lorimer to Brandt," *World Development*, 24(5): pp. 807-820.

Fraundorfer, M.（2015）"Experiments in global democracy: The cases of UNITAID and the FAO Committee on World Food Security," *Global Constitutionalism*, 4: 3, pp. 328-364.

Dagan, T.（2018）*International Tax Policy*, UK: Cambridge University Press.

International Expert Report（2011）"How can we implement today a Multilateral and Multi-jurisdictional Tax on Financial Transactions?," *the Report of the International Experts*, Leading Group on Innovative Financing for Development.

Jetin, B.（2002）*La taxe Tobin et la solidarite entre les nations*, Paris: Descartes & Cie（ブリュノ・ジュタン（2006）『トービン税入門―新自由主義的グローバリゼーションに対抗するための国際戦略』（和仁道郎訳）、社会評論社）。

Landau Group（groupe de travail sur les nouvelles contributions financières internationales）（2004）*Rapport à Monsieur Jacques Chirac Président de la République*, retrieved from http://www.diplomatie.gouv.fr/actual/pdf/landau_report.pdf last visited on 24 December 2006.

Patomäki, H.（2001）*Democratising Globalisation: The Leverage of the Tobin Tax*, London・New York: Zed Books.

Paul, J. A. and Wahlberg,K.（2002）"Global Taxes for Global Priorities," Global Policy Forum〈https://www.globalpolicy.org/global-taxes.html〉（last visited on 15 May 2015）.

Piketty, T.（2014）*CAPITAL in the Twenty-First Century*, Cambridge, Massachusetts, London, England: The Belknap Press of Harvard University Press（トマ・ピケティ（2014）『21世紀の資本』（山形浩生、守岡桜、森本正史訳）、みすず書房）。

Pogge, T. & Mehta, K. eds.（2016）*Global Tax Fairness*, New York: Oxford University Press.

Rocha, S. A., Christians, A. eds.（2016）*Tax Sovereignty in the BEPS Era*, The Netherlands: Wolters Kluwer.

Schulmeister, S. (2009) "A General Financial Transaction Tax: A Short Cut of the Pros, the Cons and a Proposal," *WIFO Working Papers*, No. 344.

Spahn, P. B. (1995) "International Financial Flows and Transaction Taxes: Survey and Options," *IMF Working Papers*, 95/60.

Taskforce on International Financial Transactions for Development (2010) "Globalizing Solidarity: The Case for Financial Levies," *the Report of the Committee of Experts to the Taskforce on International Financial Transactions for Development*, Leading Group on Innovative Financing for Development.

Tax Justice Network (2012) "Revealed: global super-rich has at least $21 trillion hidden in secret tax havens," http://www.taxjustice.net/cms/upload/pdf/The_Price_of_Offshore_Revisited_Presser_120722.pdf , last visited on 10 November 2013.

Tobin, J. (1974) *The New Economics One Decade Older*, Princeton, NJ: Princeton University Press.

Tobin, J. (1978) "A Proposal for International Monetary Reform," *Eastern Economic Journal*, 4 (3-4): 153-159.

Uemura, T. (2007) "Exploring Potential of Global Tax: As a Cutting Edge-Measure for Democratizing Global Governance," *International Journal of Public Affairs*, Vol. 3, pp. 112-129.

Uemura, T. (2012) "From Tobin to a Global Solidarity Levy: Potentials and Challenges for Taxing Financial Transactions towards an Improved Global Governance," *Économie Appliquée*, Tome LXV-No.3, pp. 59-94.

United Nations (2012) *World Economic and Social Survey 2012: In Search of New Development Finance: Overview*, http://www.un.org/en/development/desa/policy/wess/wess_current/2012wess_overview_en.pdf, last visited on 24 July 2015.

Weber, D. ed. (2017) *EU Law and Building of Global Supranational Tax Law: EU BEPS and State Aid*, The Netherlands: IBFD.

第 2 章

グローバル・タックスの哲学的基礎
私たち相互の倫理的関係とグローバル・タックス

伊藤恭彦

はじめに——税と規範

　政治の世界に税は不可欠である。国家の存在を認めない立場から、租税の撤廃を主張する思想は、左派の中にも右派の中にも古くからあるが、ユートピアと言わざるをえないだろう。人間が「政治」という権力的に社会問題を解決する世界をもつ以上、税は必須である。現代国家（資本主義社会の国家）は自らの活動のために必要とする財を市場（民間）から調達している。民間からの財源調達が税であるから、租税をめぐる中心的な問いは「どのような基準で誰から調達するのか」であった。その問いへの回答が様々な課税原則として結実したことはよく知られている。最も有名な課税原則は、アダム・スミス（Adam Smith）が提唱した「公平性」「明確性」「便宜性」「最少徴税費」であった（スミス 1978）。

　スミスの4原則の中で正義や公正に関連している原則、すなわち租税の正義（タックス・ジャスティス）に関連している原則は「公平性（equality）」である。課税は効率的でなければならないが、それ以上に公平でなくてはならないと多くの人は考えている。歴史が示しているように不公平な課税は、それだけで政府を窮地に立たす場合がある。課税の公平性については、既に明確な基準がある。それは「水平的公平」と「垂直的公平」である。周知のように「水平的公平」は同じ経済状態にある人には同じ課税を求める基準であり、「垂直的公平」は異なる経済状態にある人には異なる課税を求める基準である。

　「水平的公平」と「垂直的公平」は正義の概念、すなわち「等しきものは等しく、等しからざるものは等しからざるように」という概念に忠実に従ったものといえる。しかし、すぐに理解できるように、正義の概念は重要だが形式的な規範にすぎない。差異に満ちあふれる世界の中で暮らす多様な人間を「等しい」「等しくない」と区別するためには、実質的な基準が必要になる。課税基準である

「水平的公平」と「垂直的公平」も同様である。後に本章で検討するように、実質的な課税基準を構築するためには、社会正義（分配的正義）の規範に依拠しなくてはならない。

さらに税は課税局面だけで、その公平さを判断することもできない。徴収された税は政府支出という形で社会に戻ってくる。言うまでもなく政府支出の質と量は極めて多様である。課税によって市場の結果は変化する。さらに徴収された税の支出（政府支出）を通しても市場の結果は変化する。税の正義が評価するのは、政府が課税と税の支出を通して起こしている変化についてである。この変化が正義にかなう場合に、その変化を引き起こしている租税体系は正義にかなうと言える。従来の租税論では、租税の公平性と税の正義の焦点が課税局面に限定されてきた。つまり、あれこれの課税が「水平的公平」や「垂直的公平」にかなうかとか、所得課税と消費課税はどちらが公平かとかいった問題が、税の正義の論点だとされてきた。課税の正義は税の正義を構成する重要な規範だが、税の正義の全てではない。それでは税の正義とは、どのような規範なのだろうか。

本章では現代市場社会における税の正義をどのように捉えたらよいのか、そして正義にかなう税とはどのような税なのかをまず明らかにしたい。ここでの対象は歴史上古くから存在してきた諸税を含む税一般ではなく、あくまでも現代の市場社会における税である点に注意してほしい。これは市場社会における税の倫理的根拠を探索する試みである。次に市場社会における税の倫理的根拠を拡張することで本章の主題である国境を越える経済活動に課税するグローバル・タックスの倫理的基礎を探求していきたい。最後にグローバル・タックスが今後の地球規模の政治に与える影響について簡単に考察することにする。

1 市場・政府・税

税を考える場合に、歴史上古くから存在する税も含めて税一般という形で議論を進めることはできない。国家が民衆から何らかの財を徴収する現象は古くからあったが、それぞれの時代や地域の税は個性的であるし、国家の歴史的な性格も異なるからである。現在、私たちが日常的に接し、社会の重要な制度になっている税は、今まで人類が経験してきた税とは異質のものである。すなわち、現代の税は市場社会という特殊な社会を前提に成立していることを踏まえなくてはなら

ない。現代の税を理解するためには、市場社会を規範的に把握した上で、市場社会における政府、政府と税という順番で考察を進める必要がある。

　それではまず市場社会から検討を始めよう。改めて述べるまでもなく市場とは財やサービスが貨幣と交換される場と定義することができる。これは初歩的な経済学の価値中立的な定義である。他方で近代市場が成立して以降、多くの人々が市場社会を規範的にも評価しようとしてきた。それは「市場が軸になった市場社会とは人間にとってどのような意義をもつのだろうか」や「市場社会が人間にもたらす善は何か、あるいは悪は何か」といった価値評価に関わる問いへの回答である。本章の課題はグローバル・タックスを含む税の規範的問題であるから、その前提として市場の規範的な評価をまず検討しておきたい。

　現代の市場を的確に理解するための出発点はスミスの市場論である。スミスが市場社会（スミスの言葉では「文明社会」）の基本的なメカニズムを分業と協業として把握したことはよく知られている。簡単にスミスの主張を追っておこう。

> よく統治された社会では、人民の最下層にまで広く富裕がゆきわたるが、そうした富裕をひきおこすのは、分業の結果として生じる、さまざまな生産物の巨大な増加にほかならないのである。　　　　　　　　　（スミス 1978: 20）

> 文明国の最も下層の者にたいしてさえ、何千人という多数の助力と協同がなければ、手軽で単純な様式だとわれわれが誤って想像しているような普通の暮らしぶりすら整えてやることができない、ということがわかるだろう。
> 　　　　　　　　　　　　　　　　　　　　　　　　　（スミス 1978: 22）

　市場社会は分業の網の目から構成されている。すなわち、各人の労働は孤立したバラバラの労働ではなく、相互に結びついた社会的労働として実現している。各経営体内部での分業と協業を前提に経営体間も分業と協業によって結合しているのである。スミスはそれを「多数の助力の協同（the assistance and co-operation of many thousands）」と表現している。さらにスミスは「多数の助力と協同」、すなわち社会的に結合された労働の成果を「共同の資材（common stock）」と呼んでいる（スミス 1978: 30）。言うまでもなく「助力と協同」は、例えば家庭内の人間関係とは異なり、自覚的なものではないし、かつて社会主義

が妄想した計画経済のように計画的なものでもない。各人を労働へと駆り立てるのは、それぞれの利己心である。自己利益を追求する行為が結果的に「共同の資材」という公益を実現する。このプロセスをスミスが「神の見えざる手」という比喩で説明したことは有名である。

　自由市場を強力に擁護しようとするリバタリアン（自由至上主義）は、このような市場メカニズムを十分に理解しているとは言えない。リバタリアンは自由という価値に至上性を与え、それを実現するのが自由市場であり、政府は市場を攪乱し結果的に人間の自由を侵害すると考えている。そのため政府規模の縮小を強く主張している。例えば現代リバタリアンの代表者であったロバート・ノジック（Robert Nozick）はジョン・ロック（John Locke）の自然状態における労働と交換をベースに自由市場の倫理的正当性を論じている（Nozick 1974）。ロック＝ノジックの市場社会論は市場社会において労働が価値を生み出すことを的確に捉えているが、複雑にネットワークされた社会的労働を理解できていない。市場社会を正しく理解するためには、個別労働だけでなく、その労働が社会的にどのような編成になっているかも踏まえなくてはならないだろう。その意味で市場社会理解の出発点はロックではなくスミスにおかれなければならない。

　現代リベラリズムの代表的政治哲学者であるジョン・ロールズ（John Rawls）は、自らの正義論の前提となる社会像をスミスから継承している[1]。ロールズは次のように述べている。

> 社会はお互いが有利になるための協同の事業であるが、それは概して利益の一致だけでなく利益の対立によっても特徴づけられる。社会的協同によって、各人は自分だけの努力で生活する場合よりも、全員がより良い生活をすることが可能になるから利益の一致が生じる。各人は自分の目的を追求するために分け前が少ないよりも多い方を選好するから、協力関係によって生み

1）ロールズがスミスから社会像を継承している点については、ディヴィッド・ジョンストン（David Johnstone）が以下のように把握している。すなわちロールズの「社会のこの構想は、複雑な分業が近代社会の偉大な富の主要な源泉であるというアダム・スミスの主張に根ざしている。ロールズにとって、社会正義をめぐる数々の問題は、おおまかに言えば分業によって可能になったものである生産性の帰結として生じてくる」（Johnston 2011: 208 = 226）。

出された利益がどのように分配されるのかに無関心でいられないことを理由に利益の対立が生じる。　　　　　　　　　　　　　　　（Rawls 1999: 4=7）

　ロールズは社会を「協同の事業（a cooperative venture）」と表現している。そしてこの社会では「自分だけの努力で生活する」ような孤立的労働ではなく、事実上の共同労働によって生産が遂行されるから、生産に携わった全員が「協力関係によって生み出された利益」、すなわち「共同の資材」のいわばステイクホルダーなのである。ステイクホルダー間での「共同の資材」分割をコントロールする規範が分配的正義であるが、各人が何をどのくらい最終的に所有するのかは分配的正義の規範内容によって変動する。それぞれの人の所有はロック＝ノジックの理解とは異なり、投下労働によって直ちに決定されるわけではない。社会的労働への参加によって各人は「共同の資材」へのステイクホルダーになるだけで、個別の人の所有量は全員が合意する分配的正義の原理によって決定されるのである[2]。それぞれの人が何をどのくらい所有するのかを根本的に決めているのは、投下労働と交換ではなく、分配的正義の原理だという点を忘れてはならないだろう。

　次に市場社会における政府の位置づけを検討しよう。現代の政府は「共同の資材」の生産に深く関わっている。時代や国によって、政府の関わり方は異なるが、現代市場社会は政府なくしては成り立たないと言っても過言ではない。リバタリアンたちが擁護する「小さな政府」がかりに成立したとしても、その政府が市場に対して行う活動は膨大なものとなるだろう。政府はいわゆる「市場の失敗」に対応し市場の効率性を維持する活動をおこなっている。また市場ではどうしても提供できない公共財の提供や生産活動の土台となる社会資本の整備、資源獲得や販路拡大のための外交活動なども推進している。さらには社会保障制度の整備や貧困、疾病、公衆衛生といった市場社会で暮らす人々の生活を守る活動も政府活動の重要な柱である。

2）ここには所有についての論争点がある。マーフィーとネーゲルは所有についての義務論的な見方と帰結主義的な見方を対応させ、所有を個人的主権によって決定されるというロックの義務論的立場ではなく、ディヴィッド・ヒューム（David Hume）の所有を「約束事（convention）」ととらえる見方を採用している（Murphy and Nagel 2002: 43=48）。その所有観に立つことで分配的正義による所有の調整が可能になるからだ。

もちろん政府が市場の円滑化に常に成功しているわけではない。政府活動が市場を攪乱したり、効率性を阻害したりすることは多々ある。そうした現象が起こった時には、民営化などによって政府活動を縮減することや政策を大きく革新することが求められるだろう。こうした政府の見直しを進めるとき、改革者は「政府は無駄だ」とか「政府は不必要だから市場に全てを任せよう」とかいった議論を展開する。政府改革のイデオロギーとしては効果的かもしれないが、政府が全くなくても市場社会がうまく回っていくということは幻想だと言わざるをえない。現代の市場社会は政府がなければ成り立たないのである。

　このような政府の多様な活動を支える資金が税である。次に市場社会の税を検討しよう。市場社会における政府と税の基本的な役割をリーアム・マーフィー（Liam Murphy）とトマス・ネーゲル（Thomas Nagel）は以下のように正確に把握している。

> 　政府なしでは市場は存在しないし、租税なしでは政府は存在しない。そして、どんなタイプの市場が存在するかは、政府がつくらなければならない法と政策とに依存している。租税によって支えられている法体系がなければ、貨幣、銀行、企業、証券取引所、特許、あるいは現代の市場経済——所得と富のほとんどすべての現代的形態の存在を可能とする制度——は存在しえないのである。　　　　　　　　　　　　　　（Murphy and Nagel 2002: 32＝35）

　政府がなければ市場は成り立たないが、政府も税がなければ成り立たないのである。注意しなくてはならない点は、政府は市場を成立させる活動を行っているが、その活動資金である税は一定期間の経済活動が終わってから回収されていることだ。徴税技術上、このことは避けがたいが、こうした徴税方法のために多くの納税者は自分が所有権をもつ財を政府が何らかの理由をつけて奪い取っていくことだと税を誤解する。自分の所有物を奪い取られるという感覚は、現代の税制上ある程度しかたがないことだろう。しかし、この誰もが感じる感覚が税の本質であると理解してはならない。政府なくしては市場は成り立たず、市場なくしては私たちの所得も発生しないのである[3]。ここが税を理解する最大のポイントである。

　政府は自らの活動資金である税を徴収するにあたって、それを社会の構成員数

で頭割りにすること、つまり形式的な平等基準に従って全員から同額を徴収することはまず行わない。こうした課税は人頭税（poll tax）と呼ばれるが、それが採用されることは極めてまれである。政府は何らかの基準に従って、特定の人や団体には重く課税し、別の人や団体には軽く課税している。言うまでもなく、こうした課税によって市場の分配結果は変化する。市場の分配結果を変更するので、どのような課税が公正なのかについての学問的探求が行われてきたし、政治的にも激しい議論が闘わされてきた。

しかし、先に述べたように課税局面だけで税の公正さは分からない。徴収された税は市場社会を成り立たせる政府の支出（財政支出）として社会に戻ってくる。政府支出によっても市場の結果は変化する。このように税は課税と政府支出の二つの効果によって市場にインパクトを与えている。租税の正義はこのインパクトを評価する規範であり、市場の結果を正義にかなう結果に矯正するための規範である。別の言い方をしてみよう。市場の変化を評価することは、市場社会で政府に何をやらせるのかに関する構成員の判断に依存している。そしてその判断は政府活動を通して現在の市場社会をどのように変えたいのか（変えたくないのか）に依存している。税の公正さはこのような政府の目的と私たちが目指す社会目標によってしか判断できないのである。

以上の点をスミス＝ロールズの言う「共同の資材」生産という観点から補足しておこう。前述のように「共同の資材」生産には政府が深く関与している。政府は民間では必ずしもうまく提供できない活動を、政府が実現すべきと考える目的に従って提供し生産を支えている。生産の結果できあがった「共同の資材」がステイクホルダー間で分割される。政府は自らが提供した活動にかかった費用を税として「共同の資材」から回収するが、回収（徴税）にあたっても政府が実現すべきと考える目的に従う。すなわち、どの経済活動から生まれた金にどれくらいの割合をかけて資金回収を行うのかを決める。これが課税であるが、ここでも課税の公正さは政府が掲げている目的に依存していることが分かる。

3）周知のようにマーフィーとネーゲルは、ここから「課税前所得に所有権はない」という主張を導き出し、大きな論争を巻き起こした。彼らは「人々が課税前所得にたいして何らかの種類の権原をもつべきだと主張することは論理的に不可能なのである。彼らが権原をもちうるすべては、正当な課税によって支えられた正当なシステムのもとで、課税後に残るものである」（Murphy and Nagel 2002: 32-33=35）と主張している。

まとめておこう。税の公正さは、税が市場の結果に与える変化の公正さに依存している。正義にかなう税は、市場の結果を正義にかなう結果に変化させるものである。何が正義にかなう結果なのかは、私たちが住みたい社会目標に依存している。このように理想的な社会目標やそれを規範化した正義の構想に依拠しなければ、どんな税が正義にかなうのかや公正な税とは何かに回答を出すことはできない。

2　市場・搾取・税

　今まで述べてきたように税の公正さは、政府が市場社会で何を行うかという政府の正当な目標に依存している。言うまでもなく民主主義社会であれば政府が行うべき活動は、国民の意思によって決められる。それでは国民の意思に従えば政府は何でも行えるのだろうか。さらには国民の意思に従えば、どのような課税も政府支出も認められるのだろうか。民主主義の下では国民の意思に従って何でも可能のようにも思えるが、市場社会において、どのような政策を行おうとも政府が実現すべき（あるいは擁護すべき）価値とそのために必要な役割があると思われる。政府の究極的な正当性に関わる問題であるが、それは市場社会において一人ひとりの人間が相互に負っているものから導き出される。税も究極的には、市場社会構成員相互の倫理的関係に従って正当化されなければならない。

　市場社会において私たちが相互に負っているものを考えるためには市場社会の負の側面に目を向けなくてはならない。先に述べたように市場は「共同の資材」という公益を実現している。さらには経済成長や経済繁栄といった、多くの人が望ましいと考える結果ももたらす。他方で利己的な活動を結合する市場は公共悪とでも呼べる問題も生み出す。市場のアクターたちは基本的に自己利益に基づき活動しているから、自らの利益の最大化を求めて活動し、利益とならない活動は行わない。逆にできる限り、不利益を他者に転嫁しようともする。その結果、市場社会では数々の問題が発生する。「市場の失敗」に集約される効率性の阻害も市場社会が必ず直面する問題だが、効率性とは次元を異にする問題群も起こる。それは環境破壊、格差、貧困などに代表される市場社会の個々の構成員の状況を悪化させる膨大な問題群である。それではこれらの問題群を公共悪として倫理的に判定するためにはどのような基準を使ったらいいのだろうか。

この基準を探求する上で、本章ではイマヌエル・カント（Immanuel Kant）の「人間の尊厳」論に依拠したい。現実の市場社会の問題を評価するために「人権」という規範が使われることが多い。「人権」が重要な規範であることは言うまでもないが、本章では「人権」を根底で支える「人間の尊厳」に着目して議論を進めたい。カントの議論に依拠するのは、スミスと同時代人の彼が市場社会で起こりうる人間の尊厳損傷にいち早く気がついていたからである。カントは次のように述べている。

> 人間だれにも、自分の隣人からの尊敬を求めることは正当である。そしてそのかわりにまた、ひとはすべての他人に対して尊敬するよう義務を課せられている。
> 　人間性それ自体が尊厳なのである。なぜなら、人間は、だれからも（他人によっても、また自己自身によってさえも）単に手段として使用されることはできず、常に同時に目的として使用されねばならないからである。そしてこの点に、まさに人間の尊厳（人格性）が存するのであり、それによって人間は、世界における人間以外の、しかも使用可能なすべての存在者に、したがってすべての物件に優越するのである。それゆえ、かれが自己自身をいかなる価格でも売り払うことができない（それをすれば自己尊重の義務に反するであろう）のと同様に、同じ人間である他人の必然的な自己尊重を損なう振る舞いはできない。すなわち人間は、あらゆる他人の人間性の尊厳を実践的に承認するよう義務を課せられている。したがって、あらゆる他人に対して尊敬を必ず示すべきであるとの義務が、人間には存するのである。
>
> （カント 2002: 350）

　カントの『人倫の形而上学』のこの叙述は、彼の有名な人間の尊厳論の核心部分の一つである。ここから二つの重要な示唆を導き出すことができる。第一はカントが人間の尊厳が守られている状態や人間の尊厳についての具体的なあり方を積極的に定義づけしていないことである。代わりにカントは人間の尊厳が損傷されている状態を指摘している。人間の尊厳の損傷は人間を手段として扱うことであり、人間を物件（Sache）とすることである。人間の尊厳の損傷とは端的に人間の物件化である。

第二は私たちが相互に負うものについて明確に示されていることである。各個人は他者から尊敬される権利（他者によって物件化されない権利）をもち、同時に各個人は他者を尊敬する義務（他者を物件化しない義務）をもっている。これが、私たち相互の最も根本的な倫理的関係である。
　それでは、カントの人間の尊厳損傷が、なぜ市場社会の公共悪を理解するのに重要なのだろうか。現代の市場では単に消費財とサービスが交換されているだけではない。生産に必要な資本、土地、労働力といった生産要素も取引されている。生産要素市場において労働力も商品として交換されるようになった点に現代の市場（資本主義社会における市場）の最大の特徴がある。この中で人間の尊厳に最も関わりがありそうなのが労働市場の形成だろう。労働市場では日々労働力が売買されている。各人は自らの労働力をより高く買ってもらうために絶え間ない努力をしている。人間の能力を高める教育や教育の履歴である学歴も労働力の商品化と深く連関づけられている。しかしながら、労働力の商品化は労働力という個人の能力を売買しているだけだから、カントの言う人間の物件化には該当しない[4]。
　マイケル・サンデルは「市場社会とは、人間の営みのあらゆる側面に市場価値が浸透している生活様式である。それは、市場をひな形にして社会関係がつくりなおされる場なのだ」(Sandel 2012: 10-11=22) と把握している。生産要素市場が成立し、市場関係が人間関係の大きな軸になると、人間の物件化の潜在的危険性が高まる。商品関係の論理が社会関係に浸透するならば、労働力の商品化は自己能力の売却を超えて、人格の手段化や他者への隷属につながりうる。この点を検討したい。
　市場社会では市場のメカニズムに従って必然的に富の分配上の不平等が発生する。不平等の発生は人為の所産ではない。市場参加者全員が公正かつ誠実に経済活動を行ったとしても不平等がもたらされる。底辺に深刻な貧困を発生させなければ不平等は問題でないように思える。しかし問題は富の不平等という経済的不

---

[4] もちろんカール・マルクス（Karl Marx）に従えば労働力の商品化は、それがどんなに平等の契約に基づく売買であっても資本主義的「搾取」が起こっていることになる。本章ではマルクスの搾取論の妥当性には立ち入らないが、少なくとも市場社会での経済的格差が非文明的な（資本主義以前的な）野蛮な搾取の温床となることに注目したい。

平等が、別の力の不平等に結びつくことである。経済的に力のある人間（または組織）は、経済的力以上のものを手に入れることができる。逆に経済的に力のない人間は、経済力以外の力も剥奪されることがある。この力の不平等を背景に、隷属、支配、強制などが発生する。デボラ・サッツ（Debra Satz）は市場が一定の人々を「傷つきやすい存在（the vulnerable）」にする点で有害だと指摘している（Satz 2010: 94-98）。またリチャード・ミラー（Richard Miller）は砂漠で彷徨う遭難者に対して、自らの奴隷になることと引き替えに水を与えることもある種の搾取だとし、市場社会ではそのような搾取も頻発していると捉えている（Miller 2010: 61）。これらは市場で起こる支配や強制、隷属を指摘したものだと理解できる[5]。例えば、こうした事態は古くは産業革命期イギリスの児童労働、そして現代では貧困国の児童虐待労働、途上国に根強く残る富裕国企業の下請け工場である「労働搾取工場（Sweatshop）」、さらには日本の「ブラック・バイト」等として現れている。

　市場社会での経済的不平等を背景とした隷属、支配、強制は人間の尊厳を著しく傷つける。そしてこの人間の尊厳損傷は市場社会に生きるどの人間にも直面する可能性がある。その意味で市場社会に生きる全ての人間にとって自らの尊厳の確保（尊厳損傷の回避）は死活問題だと言える。人間の尊厳の損傷こそが最も避けるべき公共悪だからである。

　さて、こうした傷つきやすい人間が死活問題に対応するために政府を作っていると規範的には考えることができる。これは社会契約論による政府の正当化論である。確かに政府の目的は多様かもしれない。しかし、どのような政府活動も社会で生きる個人の尊重に結びつかなくては正当性をもたない。現実の政府は自らの目的を繁栄、安全、成長といった言葉で語る。こうした目的はおそらく間違いではないが、さらに何のための繁栄か、何のための安全か、何のための成長かと問い続ければ、それらの根底には人間の尊厳の維持があることが分かるだろう。別の言い方をすれば、市場社会に生きる個人は、私たちがお互いに負っているも

5）市場社会で起こる支配、強制、隷属を物理的暴力に限定してはならないだろう。「傷つきやすい存在」は、社会的力学の中で公の場で恥をかかされたり、嫌悪の対象になったりすることがある。物理的暴力ではないが、こうした作用も人々の尊厳を残酷なまでに傷つけるだろう。この点に関してはマーサ・ヌスバウム（Martha Nussbaum）の卓越した議論が参照されるべきである（Nussbaum 2004）。

の、すなわちカントの言う尊厳を相互に守るという義務を果たすために政府をつくったのである。その意味で市場社会における政府の究極の目的は人間の尊厳の確保（尊厳損傷の回避）にある。

　正しい税も政府の正当な活動の中に位置づけられなくてはならない。すなわち政府の行う人間の尊厳の維持（尊厳損傷の回避）活動を支えることが税の究極的な正当性の根拠である。もちろん税と政府支出によってのみ人間の尊厳が維持されるわけではないだろう。税と政府支出が人間の尊厳に関わるのは、特定の経済活動の促進と抑制や経済的便益の提供などに限られるかもしれない。しかし、それらは市場社会で「傷つきやすい存在」を守る上で不可欠の方策なのである。例えば税は累進課税を強化することで経済的格差を是正し、力の格差を生み出す経済構造を矯正することができる。税をこのように位置づける議論は多数ある。代表的な議論を紹介しておこう。

　「包括的所得概念」の提唱者であるヘンリー・サイモンズ（Henry Simons）がこの概念を提唱した背後には、市場社会に対する彼の哲学的洞察があった。サイモンズは各個人が一定期間に獲得した利得の全てを「所得」と把握し、これこそが担税力を客観的かつ正確に捉えることができるとした。担税力を客観的で正確に捉えることによって初めて所得に対する累進課税が可能になるが、その目標は社会に蔓延る「明確な悪または醜い悪である不平等」（Simons 1938: 19）を除去することにある。サイモンズは不平等の拡大がやがては文明社会の自由を破壊すると考えていたため、このような税制を支持したのである。

　またロールズも不平等な経済構造を矯正するために税、特に相続税と贈与税を積極的に活用すべきだと主張している。ロールズは次のように述べている。

> これら［相続税と贈与税―引用者挿入］の課税と税制の目標は歳入を増加させる（資源を政府に引き渡す）ことではなく、富の分配を徐々にそして持続的に矯正し、政治的自由の公正な価値と機会の公正な平等に有害な権力の集中を防止することである。例えば累進課税の原理が受領者に適用されるだろう。平等な自由の公正な価値が維持されるべきであるならば、この措置は必要な条件と思われる財産の広範な分散を促進するだろう。（Rawls 1999: 245 =372）。

ロールズは税制によって富の不平等を是正し、政治的自由の公正な価値を守るべきだとしている。経済的に力をもった者は政治的にも力をもつ可能性があるからだ。さらにロールズは機会の平等に有害な富の不平等も是正できるとしている。これは今まで述べてきた力の格差を土壌とした人間の尊厳損傷を矯正することでもある。

税は政府支出を通して「傷つきやすい存在」を経済的に助けることができる。生活保障政策はその一つである。しかし、税が人間の尊厳維持に対してもっているポテンシャルは、人間の尊厳を損傷する経済構造自体を矯める点にある[6]。

市場社会において損傷されやすい人間の尊厳を守ることが、各人の死活問題であり、尊厳をお互いに守る関係をつくることが、私たちの倫理的な関係であるならば、正当な税はこの関係の中に位置づけられる。市場社会の「人間化」を導く規範がタックス・ジャスティスである。

3 グローバル・タックスの倫理的正当性

前節までで市場社会における税の倫理的根拠を明らかにしてきた。ここまで対象としてきたのは、国という枠組で仕切られた市場社会である。国民経済下の市場社会と言ってもよい。この市場社会は現実には「国民」という共同体に支えられ、そこではある程度、文化や風習を同じくする人々が生活している。そして国民国家政府が市場社会の問題を克服するためにさまざまな活動をしている。さらにその活動を支えるための税も法的制度として確立している。前節までの議論は既に確立している市場社会と政府の下での税の正当性を問うものである。以下では、国境を越える税制を検討したい。単一の世界政府がない中で導入されるグローバル・タックスは正当な税なのだろうか。もし正当ならばその理由は何であろうか。以下ではこの問題を考えたい。

グローバル・タックスを考える出発点は、国内税と同じく人々の状態、特に尊厳にかかわる状態と私たちが相互に負っている倫理的関係についてである。

世界銀行の調査によると現在世界で最も貧しい人々（1日1.9ドル以下で生活する人々）の数は1993年に約18.8億人だったのが、2015年には約7.2億人になった。

6）タックス・ジャスティスの実質的規範については（伊藤 2017a）を参照。

20年間で貧困者の数は半減した（国連世界食糧計画サイト）。また、国連開発計画の2014年調査では出生時平均余命が40歳代の国は1カ国（スワジランド）のみになった。かつては人間開発低位グループの国々で平均余命40歳代の国々が多数を占めていたが、これも大きく改善されたといってよい（国連開発計画 2016）。「ミレニアム開発目標（MDGs: Millennium Development Goals）」とそれに続く「持続可能な開発目標（SDGs: Sustainable Development Goals）」など国連が進めてきた開発政策が効果を発揮し、さらには中華人民共和国やインドなどの国々の爆発的な経済成長によって、世界の人々の状況は好転し始めたのである。

　好転し始めたとはいえ、依然として日本人口の6倍近くの人々が極度の貧困状態におかれ、その多くは深刻な飢餓状態にある。さらに21世紀になって劇的に進展した貧困・飢餓解消の動きに暗雲が垂れ込めている。それは貧困状態から脱出し開発の階梯を昇り始めた始めた国々で、この間、頻発しているテロとテロ撲滅戦争による国土の荒廃と人々の疲弊である。イスラム国（IS: Islamic State）の支配地域と重なり、さらに内戦も併発したシリアやボコ・ハラムのテロが相次いだナイジェリアなどがこのような国の代表であろう。依然として大きな勢力をもっているテロ組織の暗躍によって、ここ数十年の大きな飛躍と前進が灰燼に帰すかもしれない。

　世界の貧困やテロによる人間と国土の荒廃は、人間の尊厳を損傷させる直接的要因や損傷を生み出す土壌となっていることは明らかだ。貧困やそれを原因とする栄養失調は疾病の原因となり、子どもを含む多くの人々のあまりに早い死につながっている。さらに貧困や社会の混乱によって、暴力、虐待、児童虐待労働を含む強制労働、売買春、子ども兵などの残酷な公共悪も根強く残っている。これらは社会的弱者を中心に、人間の尊厳を激しく傷つけることになる。貧困や紛争による社会混乱は、その地域の人々をむき出しの「傷つきやすい存在」にし、そこに過酷なまでの暴力がさらに襲いかかっているである。

　前節で検討したように、私たちは自らの尊厳が守られる権利があると同時に他者の尊厳を守る義務をもっている。これこそ私たちが相互に負っている根底的な倫理的関係である。それではこの倫理的関係は国境の向こう側にいる人々の尊厳問題へ拡張できるのだろうか。それとも尊厳尊重の義務は国境線で立ち止まるのだろうか。

　まずカントの人間の尊厳論を振り返っておこう。カントは尊厳の主体を人格

(Person)、すなわち理性的存在者とだけ規定し、そうした主体の手段化である物件化を尊厳損傷と捉えていた。つまり、カントは尊厳の対象である「人格」に民族や人種といった属性を含ませていないのである。カントが尊厳の対象とした人間は国境の向こう側の人間も含んでおり、その意味で私たちが相互に負うものも国境を越えると理解できる。カントは確かに世界政府(世界王国)を「魂のない専制政治」(カント 2000: 287)として拒絶するが、人間相互の究極的な倫理的関係を「世界市民的状態」としていることからも、カントの尊厳論が国境を越える射程であることが分かる[7]。

さらに現実のグローバリゼーションは、私たちの倫理的関係の革新を促している。市場が今や国境を越えて拡大しているのは事実である。21世紀になって急速に進んだグローバリゼーションは、各国の生産と交換とを結合し、グローバル市場を形成し始めた。確かに現在のグローバル市場は各国国内市場とは異なり、統一した法規制や商慣行によってコントロールされているわけではない。さらにはグローバルな市場が、市場一般のように繁栄や経済成長といった公益を世界にもたらしているわけでもない。むしろグローバル経済の恩恵をどこの国が獲得するのかをめぐる熾烈な政治的争いが表面化している。市場社会ではたえず利害の一致と対立が生じるのであり、現在、地球が経験していることもグローバル市場社会への蛇行的歩みと理解できよう。現状からは均一的な市場社会がグローバルな規模でできあがるのかを簡単には見通せないし、そのようなグローバル市場社会が人間に幸福を約束するのかも分からない。しかし、一点だけ確認できるのは、私たちは今や国境を越えた関係を相互に築き始めており、その関係こそが、人間の尊厳に対するお互いの義務の現実的な基盤だということである。生産と交換の連鎖を基盤に国境を越える人と人の関係を倫理化していくことが、現在の私たちの課題である。

以上のことより、国境の向こう側で起こっている人間の尊厳損傷に対して、私たちは尊厳回復のための義務を負っていると言える。前節で検討したように、社

---

7) カントの人間相互の倫理的関係は国境を越えるという主張は現代のコスモポリタニズムに受け継がれている。例えばヌスバウムは「私たちは、人間性をいかなる場所でも認めるべきであり、人間性の根本的な要素である理性と道徳的能力に、第一義的な忠誠を誓い、尊敬を払うべきなのである」(Nussbaum 1996: 7)としている。

会契約論的には、この義務を果たすために政府が作られたと規範的には捉えることができるし、政府が行う尊厳維持（尊厳損傷回避）活動の資源として税を理解することもできる。このことを単純にグローバル市場に拡張するならば、人間の尊厳を尊重する義務は世界政府と世界税の設立を要請するだろう。しかし、そのように単純に考えることには慎重でなくてはならない。第一に長い歴史と伝統の中から形成された国民観念に根ざした国民国家の枠組が非常に強固であることを考慮しなくてはならないからだ。グローバリゼーションの下で国民国家政府の機能不全や弱体化を見てとることはできるが、それが国民国家の溶解につながる兆候とまでは言えないだろう。第二に地球を覆う統一的な権力をもつ世界政府の政治的危険性も十分に考えなくてはならない。外部をもたない世界政府は新たな専制政治に陥る危険性があるからだ（第10章参照）[8]。

しかし、世界政府形成が困難であることと人間の尊厳が損傷されていくことを放置してもよいこととは同じではない。むしろ具体的に発生している人間の尊厳損傷状態を改善していく個別的な仕組みを構築していくことが求められるのである。いろいろな国際機関やNGOが取り組んでいる、人権保護活動、食料援助活動、教育普及活動などが、こうした仕組みであり、それらは困難を抱えながらも確実に拡がっている。そして人間の尊厳損傷状態を改善する仕組み作りに必要な資金徴収としてグローバルな税制を理解することができる。逆に言えばグローバル・タックスは、グローバルなレヴェルで起こっている人間の尊厳損傷を解決するための資金を集めるものであり、この税が人間の尊厳維持に貢献しているならば、私たちが相互に負っている倫理的関係を実現する正当な税だと言うことができる。これがグローバル・タックスの倫理的基礎である。

地球規模での人間の尊厳損傷に対しては、慈善活動や寄附という形での資金調達が行われている。本章の議論は、慈善や寄附を否定するものではなく、むしろ人間の崇高な行為として高く評価するものである。しかし、ここで税制にこだわるのは、人間の尊厳を守ることが、「やれば賞賛されるがやらなくても非難されない義務」ではなく「やらなければ非難される義務」、すなわち正義の義務だからであり、税は正義の義務を制度化したものだからである。現在、政治哲学の領域では「グローバルな正義（global justice）」についての議論や研究が世界的に

8）現代における世界政府論の意義と問題点については（伊藤 2017b）を参照。

拡がっているが、グローバル・タックスは「グローバルな正義」の実現を支える制度である[9]。

人間の尊厳を守る、あるいは尊厳の損傷を回避するための税はどのようなものだろうか。先に指摘したように、税は課税と徴収した税の支出によって市場の結果を変えることができる。この変化によって人間の尊厳が維持されるか、尊厳損傷が緩和されるならば、その税は正義にかなうと言える。先に述べた世界に根強く残る貧困問題に対処し、貧困国の人々をはじめとした過酷な状況にある人々の状況改善のために支出されている税は正当である。例えばSDGsの達成を目指して資金を集める税制が設計されれば、それは正当な税であると言えるだろう。

それではこのような形で支出されるグローバル・タックスの課税ベースはどのように考えたらよいのだろうか。各国で開発されてきた課税方式は、いわばアドホックなものであり、時々の政治力学によって課税ベースや税率が定められてきた。これに対してグローバル・タックスは世界政府といった巨大な政治組織を維持するためのものではなく、あくまでも地球規模で起こっている人間の尊厳損傷と闘うための資金調達である。したがって、尊厳尊重のために慎重に狙いを定めた課税ベースの設定が求められる。グローバル・タックスの具体的なあり方は、各章で論じられるので、ここでは近年、政治哲学の領域で、特に「グローバルな正義」との関係で論じられてきたグローバル・タックスを題材に検討を進めたい。

第一に考えられる課税対象は地球環境に悪影響をもたらす経済行為である。歴史的には先進国が天然資源を独占し、それを自由に使用してきた結果、現在の地球環境問題が起こっている。そして地球環境問題は、気候変動などに十分な対応策をとることができない貧しい人々に対して猛威をふるう。その意味で石油をはじめとした天然資源の採掘に対して課税することが望ましい。さらに貧しい国々は天然資源の利用から排除されてきたので、その点を補償するという意味でも天然資源の採掘に課税し、徴収した税を貧困対策などに使用するという観点も重要だ。トマス・ポッゲ（Thomas Pogge）が言う「地球資源の配当（global resources dividend）」（Pogge 2008）やクリス・アームストロング（Chris Armstrong）が提唱している「資源税（resource taxes）」（Armstrong 2017）がこの

9）グローバルな正義とグローバル・タックスの関係については（伊藤 2010）を参照。

代表である。

　第二は、世界の一部の人のみが享受している財やサービスへの課税である。既に世界の一部の国々で導入されている航空券連帯税はこれに該当する。さらにはダイヤモンドをはじめとした奢侈品、高級食材、高級自動車などへの課税も妥当だろう。ティモシー・マウェ（Timothy Mawe）とヴィットリオ・バッファチー（Vittorio Bufacchi）が提唱している「グローバル奢侈税（Global Luxuries Tax）」がこの一例である（Mawe and Bufacchi 2015）。

　先に述べたように税は人間の尊厳を損傷させる構造を矯正することもできる。一国内部の税は一部の人を「傷つきやすい存在」に転落させる経済的格差構造を改革するように設計できよう。グローバルなレヴェルでもグローバルな経済格差を是正するために税が使える点は基本的には同じかもしれないが、地球上のあまりに極端な格差をどこまで縮小すればよいのかについては意見が分かれるだろう。地球の中で最も恵まれない人々が救済されれば、あとの格差は放置してもよいのだろうか。それともグローバルな平等主義が主張するように、地球上の全ての人々が同じライフチャンスをもつことができるようになるまで格差を是正すべきなのだろうか[10]。政治哲学内部ではこの点について活発な論争が続いているが、現実の地球全体で格差のない未来の地球のあり方が合意されているわけではない。

　したがって、グローバルな経済格差全体を射程に入れた課税の導入を目指すことは戦略的に難しい。他方でグローバルな富者が自らの富を増加させ、同時に間接的であれ、地球の状況、特に貧しい人々の状況を悪化させている経済行為をターゲットにした課税は可能である。第8章でも検討されるグローバルな金融取引に対する課税がこれに該当する。国境を越える金融取引、特に投機的な取引は富者の「資産活用」であったり富の源泉であったりする。こうした取引は富者のマネーゲームであり倫理的に問題がないとの考えもあろうが、全体として世界経済

---

10) グローバルな平等論者であるダレル・メーレンドルフ（Darrel Moellendorf）は「機会の公正な平等は最低限の平等主義でしかないが、現在のグローバルな資源の分配はそこから大きく逸脱している。機会の平等が実現したならば、モザンビークの田舎で成長した子どもは、スイス銀行の重役の子どもが自分の親と同じ地位に到達できる機会と統計学的に同じ機会をもつことになろう」（Moellendorf 2002: 49）と主張し、ラディカルな平等主義を提唱している。

の不安定化要因になっている。かつてのアジア経済危機の要因の一つも投機的取引にあった。また投機対象が株、国債、不動産から穀物などの食料にも拡がる中で穀物の市場価格を攪乱する取引も多数ある。金融取引による経済混乱や穀物市場の混乱の悪影響を真っ先に被るのは世界の弱者である。世界経済の不安定化を抑制するという公益を実現すると同時に、社会的弱者を守るという点でグローバルな金融取引税は正当だと言える。

このように人間の尊厳が損傷されている人々を救う税は正義にかなうと言える。同時にグローバル・タックスは地球上で拡がる別の経済的不正義に対処することも期待できる。周知のように世界の富者たちは自らの経済力を使って巧みに課税を逃れている。いわゆる「租税回避」である。ここ数年、その一端はパナマ文書やパラダイス文書によって世界に暴露された。世界の富者たちが行っている「租税回避」は新たな税の逆進性をつくり出している[11]。富者たちは自らの経済力を使って税から逃れているが、平均的な市民や中小企業には、そのような経済力はなく、正直に納税している。平均的な市民や中小企業が自国に納税し、富者が税負担をしないことは税の逆進性だと言える。国境を越える資金の移転に課税することによって「租税回避」を抑制することができるだろう[12]。

おわりに——グローバル・ガヴァナンスへ

市場社会における税は、市場社会において損傷しやすい人間の尊厳を守るための費用であるというのが本章の立場である。論理的には次のように考えられる。市場社会において、誰もが直面する危険性のある尊厳損傷を回避するために、全員が合意して政府を設立する。そして政府の行う活動に必要な資金を税という形で徴収する。税の徴収においても人間の尊厳が確保できるように注意を払い、可能な限り尊厳の損傷構造を矯正することが望ましい。これは税の社会契約論的な正当化である。

他方で現在、導入されていたり検討が進められていたりするグローバル・タッ

---

11) 「租税回避」は新たな逆進性を生み出す点で正義に反するだけではない。そもそも私たちがお互いに負っている倫理的関係に背を向け、蓄財に励む点でフェアプレー義務に違反している。この点については（伊藤 2017a）を参照。
12) 租税回避の具体的な防止策については（Murphy 2017）を参照。

クスは世界政府を前提にしていない。むしろ各国政府の既存の徴税権に依拠している。例えば航空券連帯税では、この税を導入している国の政府が自国の空港から出発する国際線のチケットに課税している。今までの税と異なるのは、徴収した税を政府が国際機関（航空券連帯税の場合は Unitaid）に拠出し、税がサハラ砂漠以南を中心として地域の医薬品購入資金として使われている点だ。国境の向こう側で起こる問題に対応するための「目的税」のような形で、政府の既存の徴税権が使われている。その意味で今までの各国政府の税制のささやかな拡張にしかすぎない。しかし、ここには新たな地球規模での統治への萌芽が含まれている。航空券連帯税を例に考えたい。

サハラ以南で根強く残るマラリアや結核などの病は、現代の医療水準であれば十分に対処できる疾病である。にもかかわらず、貧困と社会混乱によって医療的な対処ができていない。解決可能であるにもかかわらず放置しているという点で極めて深刻な人間の尊厳損傷である。このような病という個別的な人間の尊厳損傷に対応するために、既存の国民国家政府と国際機関が協同し、資金調達（航空券連帯税）、資金管理、そして医薬品提供を行っている。すなわち航空券連帯税に参加する国の政府と Unitaid が協同して人間の尊厳損傷を回避する活動を進めているのである。

このような航空券連帯税を起点とした貧困国の医療改革は、さらに「健康影響基金（The Health Impact Fund）」構想と結びつき、世界的な医薬品市場の構造改革に向かおうとしている。「健康影響基金」は構想段階のものだが、おおよそ以下のことを狙いにしている。「健康影響基金」に登録した製薬会社は、開発した新薬を10年間低価格で独占販売しなければならない。さらに10年後は特許を無償で後発製薬会社に譲渡しなければならない。低価格で新薬を販売しなければならなかった製薬会社は、各国政府が資金を拠出して設立された「健康影響基金」から、新薬が世界の人々の健康状態に与えた影響に応じて報酬をえる。この報酬によって新薬開発のための多額の資金を賄うことが可能になる。現状では製薬会社は資金の回収が見込めない貧困国や途上国向けの新薬開発のインセンティブをもたない。「健康影響基金」はこの構造を変え、世界のトップ水準の創薬学の恩恵を世界に拡大することができるのである（Pogge 2010）。

国際線の航空券に低率で課税する航空券連帯税という試みが、世界の医療構造を大きく変える試みへとつながり始めている。世界政治の混乱や新たな地域紛争

の勃発によってこうした試みが順調に進展しないかもしれない。しかしながら、各国政府と国際機関を巻き込んだ、新たな問題解決の試み、特に人間の尊厳損傷という問題を解決する試みの意義は大きいと言える。

　このような問題解決の枠組は、今日、グローバル・ガヴァナンスと呼ばれている。マーク・ベビア（Mark Bevir）はグローバル・ガヴァナンスを「実行力のある世界政府がない場合であっても、あらゆる種類のアクターがガヴァナンスを形成し、国境を越える国際的な秩序形成に関与していること」（Bevir 2012: 81）と定義している。航空券連帯税から始まる問題解決は世界政府なき統治（ガヴァナンス）の典型として位置づけることができよう。今まで税は政府の独占物であった。政府が統治を行うために税を徴収していた。しかし、航空券連帯税を起点とする新たなグローバル・ガヴァナンスの動きは異なる。社会が直面している問題を解決するための枠組が資金調達とともに始まる。その個別的な問題解決が拡がり、特定の分野（航空券連帯税の場合は医薬品市場）のグローバルな統治へと進もうとしている[13]。

　現在の地球はディヴィッド・ヘルド（David Held）が言うように「運命が重なり合った共同体からなる世界」（Held 2010: 36）である。グローバル・タックスは人類の運命を切り拓く新たなガヴァナンスへのポテンシャルを秘めたものである。その意味でグローバル・タックスはグローバル・ガヴァナンスの政治的フロンティアである。同時に運命を共にする人間たちの倫理的関係であるグローバルな正義のフロンティアでもある。

参考文献

伊藤恭彦（2010）『貧困の放置は罪なのか――グローバルな正義とコスモポリタニズム』人文書院。

伊藤恭彦（2017a）『タックス・ジャスティス――税の政治哲学』（風行社）。

伊藤恭彦（2017b）「グローバリゼーションと政府――世界政府とグローバル・ガバナンス」菊池理夫・有賀誠・田上孝一編『政府の政治理論――思想と実践』晃洋書房、152-165頁。

上村雄彦（2009）『グローバル・タックスの可能性――持続可能な福祉社会のガヴァナンスをめざして』（ミネルヴァ書房）。

---

[13] グローバル・タックスとグローバル・ガヴァナンスについては（上村 2009；上村編著 2015）の詳細な分析を参照。

上村雄彦編著（2015）『グローバル・タックスの構想と射程』法律文化社。

カント、イマヌエル（2000）「世界市民的見地における普遍史の理念」（福田喜一訳、『カント全集14』所収）。

カント、イマヌエル（2002）『人倫の形而上学』（樽井正義・池尾恭一訳、『カント全集11』岩波書店所収）。

国連開発計画（2016）『人間開発報告書2015—人間開発のための仕事』（監修　横田洋三・秋月弘子・二宮正人、CCC メディアハウス）。

スミス、アダム（1978）『国富論』（大河内一男監訳、中公文庫）。

Armstrong, C.（2017）*Justice and Natural Resources: An Egalitarian Theory*, Oxford: Oxford University Press.

Bevir, M.（2012）*Governance: A Very Short Introduction*, Oxford: Oxford University Press（『ガバナンスとは何か』野田牧人訳、NTT 出版、2013年）。

Held, D.（2010）*Cosmopolitanism: Ideal and Realities*, Cambridge: Polity.

Johnstone, D.（2011）*A Brief History of Justice*, Hoboken: Wiley-Blackwell（『正義はどう論じられてきたか—相互性の歴史的展開』押村高・谷澤正嗣・近藤和貴・宮崎文典訳、みすず書房、2014年）。

Mawe, T. and Bufacchi, V.（2015）"The Global Luxuries Tax," in H. Gaisbauer, G. Scweiger and C. Sedmak（eds.）*Philosophical Explorations of Justice and Taxation: National and Global Issues*, Heidelberg: Springer.

Miller, R.（2010）*Globalizing Justice: The Ethics of Poverty and Power*, Oxford: Oxford University Press.

Moellendorf, D.（2002）*Cosmopolitan Justice*, Boulder: Westview.

Murphy, L. and Nagel, T.（2002）*The Myth of Ownership: Taxes and Justice*, Oxford: Oxford University Press（『税と正義』伊藤恭彦訳、名古屋大学出版会、2006年）。

Murphy, R.（2017）*Dirty Secrets: How Tax Havens Destroy the Economy*, London: Verso（『ダーティ・シークレット—タックス・ヘイブンが経済を破壊する』鬼澤忍訳、岩波書店、2017年）。

Nozick, R.（1974）*Anarchy, State, and Utopia*, New York: Basic Books.

Nussbaum, M.（1996）*For Love of Country?*, Boston: Beacon Press.

Nussbaum, M.（2004）*Hiding from Humanity: Disgust, Shame, and the Law*, New Jersey: Princeton University Press（『感情と法—現代アメリカ社会の政治的リベラリズム』河野哲也監訳、慶應義塾大学出版会、2010年）。

Pogge, T.（2008）*World Poverty and Human Rights: Cosmopolitan Responsibilities and Reform*, Cambridge: Polity（『なぜ遠くの貧しい人への義務があるのか—世界的貧困と人権』立岩真也監訳、生活書院、2010年）。

Pogge, T.（2010）"The Health Impact Fund: Better Pharmaceutical Innovations at Much Lower Prices," in T. Pogge, M. Rimmer, and K. Rubenstein（eds.）*Incentives for Global Public*

Health: Patent Law and Access to Essential Medicines, Cambridge: Cambridge University Press, pp.135-154.

Rawls, J.（1999）*A Theory of Justice: Revised Edition*, Cambridge: Harvard University Press（『正義論 改訂版』川本隆史、福間聡、神島裕子訳、紀伊國屋書店、2010年）。

Sandel, M.（2012）*What Money Can't Buy: The Moral Limits of Markets*, London: Penguin Books（『それをお金で買いますか―市場主義の限界』鬼澤忍訳、早川書房、2012年）。

Satz, D.（2010）*Why Some Things Should Not Be for Sale: The Moral Limits of Markets*, Oxford: Oxford University Press.

Simons, H.（1938）*Personal Income Taxation: The Definition of Income as a Problem of Fiscal Policy*, Chicago: University of Chicago Press.

第3章

グローバル・タックスの経済学的基礎づけ
ナショナルな次元を超える論理の模索と現実の動向

和仁道郎

はじめに

　税金にはさまざま種類があり、いくつかの分類法がありうるが、その税収が国庫に入るのか、地方自治体へ行くのかという点で見たとき、「国税（national tax）」と「地方税（local tax）」という区分があることは我々のよく知るところである。そこで、「グローバル・タックス」なるいささか聞きなれないものをこれと同様に考えるとすれば、国家よりもさらに上位の「世界政府」を想定して、その収入に充てられるもの、ということになりそうである。しかし、これが遠い将来、もしくはそれほど遠くない将来に実現すると考えるとしても、我々は現在、近代以降に成立してきた主権国家システムの中におり、その重要な構成要素の一つであるナショナルな課税権との関係が問題となる。

　本書では広範に、税の徴収および使途のいずれかがナショナルな範囲を超えるところで機能するものを「グローバル・タックス」と位置づけ、その新たな意味合いを探るという視点を採っている。そこで、「グローバル・タックス」をめぐる問題群とは、「ナショナル・タックス」と区分されるものというよりは、ナショナルな課税システムから出発して、グローバルな場面に対応するシステムをいかに構想するか、という問題として捉えなおすことができる。ここでは、グローバル・タックスの本来的定義をやや曖昧にする可能性があるが、グローバルなタックスもしくは課税（taxation）の問題を考察することを課題としてみよう。すると、我々が「グローバル・タックス」と呼ぶものは、さしあたり二つの面から考えられる。

　第一は、通常ナショナルな次元で考えられる財政の役割を、グローバルな次元に移していわばグローバル財政システムを構想したとき、これに対応するもしくは包含される税の制度をグローバル・タックスと考えるというアプローチであ

る。財政の機能には、リチャード・マスグレイヴ（Richard Musgrave）の整理に従えば、資源配分の是正・補完、所得の再分配、景気の調整と安定化といった三つの役割――「配分部門」、「分配部門」、「安定部門」と呼ばれる（Musgrave 1959: 5）――があるが、これをグローバルな部面で考えるとすればどうなるかということを検討してみることができよう。

第二は、あくまでナショナルな次元の財政システムを前提とするが、経済活動の領域がグローバルに拡張されていくとき、国内経済活動を念頭において定められた租税負担や納税の仕組みでは、国家による課税の管轄権や徴税の実効性に空隙や齟齬が生じているという問題にかかわるものである。この認識に立ったとき、従来のナショナル・タックスではカバーされていなかった国際的な取引や経済活動にかかわる領域において、一国内においてであれ、多国間の合意によってであれ、新たな税の取り決めをするならば、これをグローバル・タックスと考えるというアプローチが考えられる。

第一の見方は、これを延長していけば「世界連邦」を展望するような連邦主義的ないし超国家機関形成へのアプローチになるかもしれない[1]。それに対して第二の見方は主権国家を基本単位とする課税管轄権におけるグローバル市場への対応や相互調整をどうするかという政府間主義的アプローチとも言えそうである。

本章では、グローバル・タックスという概念をめぐってそれらのどちらがより現実的な進展を見せることになるかという問題状況を、公共選択論や国際関係論など広義の経済学ないし政治経済学の議論とのかかわりで検討することを目的とする。以下、第1節ではグローバル・タックスに対応すると考えられるグローバル公共財の基本概念と、その担い手が国際社会においてどのように想定されるのかという問題を検討する。続いて、第2節では、グローバル公共財の供給にはグローバル・タックスが必要であるという論理が成り立つかどうか、提唱される税の類型とともに検討する。第3節では、欧州連合（EU: European Union）の現状に対する批判的な評価に触れつつ、リージョナルな統合がナショナルな次元を超える方向性として期待できるかどうかという点を考察する。

1）詳細は本書第10章を参照。

第3章　グローバル・タックスの経済学的基礎づけ

1　グローバル公共財の基本概念

　「公共財」の概念は、基本的には資源配分の機能に即して考えられるが、所得の再分配も、経済の安定化も、すべて包含しうる幅広さをもっている。まずはここから「グローバル公共財」を焦点として考察してみよう。

　経済学の諸流派には、市場経済に対する公共的規制や政策をどう評価するかをめぐっては相異なるアプローチがありうるが、自由な市場を通じた生産や需給調整が十全には機能しないケースの存在を指摘し、特にその供給と利用が共同的に行われる財——すなわち、ポール・サミュエルソン（Paul Samuelson）が定式化したような消費の「非排除性」と「非競合性」を特徴とする「公共財」ないし「集合的消費財」（Samuelson 1954: 387）——に着目することは、近代経済学における有力な考え方となっている。この概念は、市場機構の限界（市場の失敗）とそれを補正する政府の必要性、したがってまたその財政的裏付けを与える課税権の正当性をも、経済学の側から根拠づけるように思われる。

　もっとも、それでは具体的に何が公共財のリストを構成するのか、ということになると、純粋な公共財の特性が厳密に当てはまるとは言い難い面がある。公的部門が供給に関与する事例を見るならば、福祉サービスや低家賃住宅のようなものは排除性や競合性をもつ一般財に近く、所得再分配の要素から考えた方が良いかもしれない。それに対して、道路、港湾施設、灯台、公園といった公共施設の多くはまさに公共財の特質をもつと考えられるであろう。しかし、これらは無料で多くの人々の利用に供されることが多いとしても、料金を払わずに利用しようとする「フリーライダー」を排除することも——料金を徴収するコストを厭わなければ——可能であり、また、利用者の数が増えれば混雑現象によってその便益の度合いが低下するという意味において、競合性がないとも言い切れない。これらは私的企業によっても供給される可能性があり、その仕事が「官（政府）」と「民（市場）」のいずれに委ねられるべきかは、しばしば論争の的となっている。

　その際、「財の供給」という表現は若干のイメージの混乱をもたらすかもしれない。「安上がりの政府」を追求する動向の中では、従来政府や公企業が担ってきた財の供給を市場に委ねる「民営化」とは別に、当該業務を民間業者に請け負わせる「民間委託」の手法を採用する例もしばしば見受けられる。後者の可能性は、軍隊や警察、刑務所といった公権力の強力性を支える機関においてさえも検

討しうる。この場合、公共サービスを提供する責任はあくまで公的部門の側が負っているという意味で、政府は公共財の供給者であるが、同時にそのコミュニティ全体を代表してその財を発注し、消費している需要者の側に立っていると見ることもできる。そして、ここでは、たとえば「安全保障が保たれている状態」や「所有権を確実なものにする法制度」といった秩序や制度が——ある意味でこれこそが純粋な要件を満たして——公共財に当てはまり、その目的を果たすための手段としての組織、つまりは政府自身もまた重要な公共財である、ということになる。

　このように「公共財」というキーワードは、市場取引における「商品」という限定を離れ、一般的な有用性という「財」の性質を集合的な行動の領域にまで拡張した概念となるため、およそ公共性をもつと考えられるすべての事物を扱いうる便利なタームである半面、経済的な便益と政治的な組織や行為の相違を曖昧にするという問題点も孕んでいる。特にグローバルな領域において考える場合、国際的な制度や組織という公共財の供給者となると同時に公共財そのものでもあるような存在がどのように形成されるかといういわば「供給側」の問題が浮かび上がることになる。これに対して、グローバルな経済活動や人々の相互交流の拡大のなかでの諸課題を考えれば、「需要側」のニーズにどのようなものがあるかはさしあたりより明確なイメージとして描きやすい。「グローバル公共財」について体系的な検討を行なうことでこの概念を国際協力分野における中心概念に据えたとも言えるインゲ・カウル（Inge Kaul）らは、従来国家単位で考えられてきた公共財の多くの分野、例えば運輸・通信、貿易、税制、通貨政策、ガヴァナンス等々において国際的レベルの制度化が進行していることに注目し、世界的に広がる金融危機、インターネット犯罪、公衆衛生の問題といった「公共悪」への対応が課題となっていることを指摘する（Kaul et al. 1999: 9）。グローバリゼーションの進展は、市場を通じた私的な経済活動とともに、国境を超えた相互依存にかかわる公共性を拡大し、自由貿易のルールにせよ、安全保障、テロ対策、気候変動、感染症対策、通信・交通網整備などにかかわる国際協定にせよ、すべてが公共財の供給に関係している（Kaul et al. 2003: 2）。

　しかし、そういったとき、ナショナルな場面における公共財とグローバルな場面におけるそれとの間には、なんらかの質的な相違があると言えるであろうか。たとえば、ある一国における交通もしくは通信といった部門でのネットワークの

整備は、他国からその国へ、そしてその国から他の異なる国へのアクセスを可能にし、ひいては第三国間同士の行き来を中継する経路を与えることによって世界全体の効率を向上させるかもしれない。あるいは、地球環境や感染症といった例を挙げるならば、一国内での問題の発生とその対策が、国境外に及ぼすリスクとその軽減にとって重要な意味をもつことは、さらに容易に理解できる。こうした外部効果——ここでは市場取引の当事者以外に及ぼす正または負の効果という経済学で言われる意味よりは、国家の領域外への効果を指しているが、両者は類似した問題につながる——を考慮すれば、一国的なものと解されてきたあらゆる公共財が、程度の差はあれグローバルな意義を有する可能性がある。

カウルらは、特定国だけではなく広範な国々に利益を与えることに加え、特定の社会・経済グループではなく幅広い地球市民に利益を与えること、将来世代のニーズを危険にさらすことなく現在の世代のニーズを満たすこと、という三条件によってグローバル公共財（理念型としての純粋地球公共財）を定義し、そのうえで地域公共財やクラブ財にとどまる不純公共財も含めて考察しようというアプローチを採る（Kaul et al. 1999: 10-11）。この役立ち方の普遍性という条件は、公共性の本質的な意味を捉えるうえで重要な観点であるが、ナショナルな公共財との対比におけるグローバル公共財の定義としてはさしあたり第一の条件、すなわち作用する領域がグローバルであるような公共財という形式的な要件で考えておけば良い。そこで、各国政府の行動について考えると、それぞれはまず自国の領域内における公共財の供給を担っていると想定されるであろうが、それら部分的な各国公共財の総和が一体的かつ調和的に機能すれば、グローバル公共財はおのずと形成されるということも現実的にありうる。しかし、それで十分だと言えるであろうか。結局、チャールズ・キンドルバーガー（Charles Kindleberger）のいうように「政府の存在しない国際社会で公共財はいかにして生み出されるのかという問題が残る」（Kindleberger 1986: 8）のであり、供給の主体や動機を含むメカニズムがどう形成されるかが問われることになる。

グローバル公共財の供給は、諸国政府の集団的行動によってなされる場合もあれば、国際機関もしくは超国家組織、さらにはそれらとともに行動する非政府組織の関与によってなされる場合もある。あるいは、覇権国と呼ばれるような一国によってなされる場合もあるであろう。

まず、諸国政府間に望ましい公共財供給の種類や内容についておおまかな一致

があったとしても、実際にそれを有効に提供する能力——具体的には資金力や技術力——に差があり、すべての国が一様にその仕事を成すとは考えにくい。このことは、先進国と途上国との格差に対する何らかの再分配機構が必要となるのではないかという論点につながる問題でもある。しかし、公共財供給にコミットする度合いの国家間の差は、むしろいかなる公共財にどの程度資源を振り向けるべきかという優先順位の不一致や意志の不十分さに起因していると見ることもできる。たとえば、所得水準が低い途上国が地球環境問題に取り組むための費用を負担する余裕がないというとき、それは経済成長を可能にする国内インフラの整備をまず優先したいという判断と一体のものであるかもしれない。

　こうした諸国政府間の能力と意志の相違が特に問題となるのは、当該公共財が他国との協調によってしか有効に機能しえない場合である。国境を超えて有効に機能するネットワークを構築することや、逆に悪しき現象の発生源となるもの——感染症であれ、組織的犯罪にかかわる資金であれ——の侵入を防止することなどを思い浮かべれば、諸国が同一の方式や方針を採用しないと効果が上がらないという場合も考えられるであろう[2]。そのとき、諸国政府は、単に相互に模倣しあうか、あるいは大国に追随するかして暗黙のうちに同調することもあれば、明示的に国際会議を開いて協議や交渉をすることも、さらには、その分野で専門的な活動を行う国際機関を設立することも、そしてもちろんこれらのいずれもが起こらないこともある。

　公共財をめぐる集団的行動について論じたマンサー・オルソン（Mancur Olson）の指摘によれば、利益関心や規模の異なる成員からなる集団においては、より大きなインセンティヴをもつ大規模な成員（国連やNATOといった国際組織であれば、加盟国の中の大国）がより大きな負担を引き受け、全体の利益のうちより小さな部分しか得ない小規模な成員（小国）は自らの負担なしに他の有力な成員からの供給を「搾取」しようとする傾向がある。そして、このことから、集団自体の構成員が増すほどに、最適な供給量に対する不足の問題が絶えず

---

2) Barrett (2007: 1-7) によれば、グローバル公共財を供給する取り組みに諸国間の差異がある場合、その効果がどのように現れるかについては、いくつかのパターンがあり、最善の一国の取り組みだけで規定されるもの、最も弱い環の取り組みによって規定されるもの、すべての国の取り組みの総計によって規定されるもの、という三種類に分けて考えることができる。

生じることが理解される（Olson 1965/1971: 35-36）。

　もちろん大国の側も常にグローバルな公共財の供給に積極的であるとは限らない。特に国際関係において覇権国の地位にある国の交替や衰退が現れる歴史的局面においては、そうした問題が顕著に感じられる。ロバート・コヘイン（Robert Keohane）は、各国が自国利益を重視して行動するというリアリズムと合理的選択理論に立脚しつつ、特定の覇権国がなくても「非覇権的協力が可能であり、それが諸国際レジームによって促進されうる」（Keohane 1984: 50）と主張する。これに対してキンドルバーガーは、国際組織の指導的役割や国際レジームの形成には否定的で、リアリスト的観点からするならば、国際公共財の供給は——それがあるとすれば——「覇権国」もしくはリーダーシップを取る国によってなされるという観点を提示している。そして、1929年の世界大恐慌の際のように、アメリカにはその能力があったのに危機管理の責任を引き受けようとしなかったというリーダーシップの不在が問題となることを論じている（Kindleberger 1986: 8-11）。

　「パックス・アメリカーナ」の動揺ないし終焉は、1970年代以降の国際関係において絶えず議論の的となってきた点であるが、近時においてはさらに、国際組織や協調行動からの大国の「退出」という現象も注目される。もともと加盟国が国際組織から退出することは個人が国家から離脱するのに比べてはるかに容易であり、そのことが国際組織の意思決定に関するルール設定（全会一致制の採用、拒否権の付与、国の規模に応じた票数の割当て等々）やそれを利用した自国民の利益に反する決定の阻止といった行動につながりやすい。公共選択論の視点からは、国際組織に関与する行為者は「国家」ではなく、各国の代理人、政治家、市民といった諸個人であり、代理人にとっては退出が困難で財政的寄与を恒常的に拡大するようなルールが利益となるが、自分たちの利害を反映させたいと考える市民にとっては退出が容易で、また事業ごとに部分的に参加しなくても良いようなルールが望ましい、というように一国内でも対立を含んでいるということが指摘される（Frey 1997: 113-122）。

　以上のように、グローバル公共財の供給不足は、公共財の本来的性質に根ざしており、各アクターがそれぞれの利害関心に沿って行動するとき、ある意味で必然的に生じる。しかし、本来政府は個別の単一の明確な選好に基づいて自己利益の最大化を図る主体というよりは、強制的な課税を含めて公共財の供給を可能に

する調整者として立ち現れていたとするならば、想定される「国益」というのも有権者の投票行動に表れるような全体としての国民の利害、場合によっては政治家やその支持者、あるいは官僚といったその一部の選好をなんらかの仕方で評価したものにすぎないかもしれない。実際、諸国政府がグローバル公共財の供給に十分コミットできない理由としてしばしば挙げるのは、過分の負担はできない、それだけの財政的資金の余裕がない、ということのように思われる。「グローバル・タックス」という構想はその解決策となるのか、ということを次に考えてみよう。

2　グローバル・タックスの根拠をめぐる論理と類型

　あらゆるグローバル公共財の供給には、多かれ少なかれそれを賄う資金が必要である。各国政府がそれを分担するのであれば、それを調達するための主要な手段——唯一の手段とは言えないが——は税金であり、課税によって民間の経済主体が有する資源を公共財の提供に振り向けることが可能になると考えられる。資金が不足するのであれば、増税をする必要があり、その税源を新たに求めてグローバル公共財の供給に充てることを定めれば、これが「グローバル・タックス」ということになる。この理解は、グローバル・タックスの一つのイメージを与えるものとして妥当かもしれないが、若干の論理の飛躍を含んでいるのでその点を確認しておこう。

　まず、国際機関への拠出であれ、途上国政府への直接的援助であれ、あるいは自国政府ないし関連団体職員の海外派遣であれ、グローバルな使途に向ける財政資金の増額は、増税によらずとも予算配分の変更だけでなされる可能性もある。次に、全体としての歳出の増加が起こるとして、これに見合う増税はあくまでナショナル・タックスの変更であって、グローバル・タックスという新たな概念が登場する余地はまったくないかもしれない。

　これらの点は「民間」の領域から「公共」の領域への資源移転の正当な量的水準をどのように認識するかによって捉え方が異なってくる。前述のように公共財をめぐる経済学の理解では、公共サービスであれ、なんらかの制度的取り決めであれ、個々の「財」としての役立ちを総体としての社会あるいは租税負担者が評価し、そのプラス効果がコストを上回るか等しくなるぎりぎりのところまで当該

公共財を供給するのが、その社会にとって合理的な選択であると考えられる。この選択は公的財政の予算や税負担の決定として、政府による予算編成と議会の議決といった一連の手続きによって遂行されるのが常であり、個々の支出項目は時に費用対便益といった比較考量によって優先権を与えられたり退けられたりするわけであるが、これは多くの局面において一定の予算額をどこに配分するかといった観点でなされている。仮に一国内で政府が供給すべき公共財の明確なリストが存在し、それにちょうど対応するだけの税が徴収されているという状況があるときに、それとは独立にグローバルな公共財を新たに供給する必要が生じたというのであれば、そのための税を付け加えなければならない。しかし、社会の選好——あるいは単にその時の政権の方針——は私的所有から公的領域に振り向ける比率をある一定割合に保つという形で与えられているかもしれない。その場合は、新たなグローバル公共財の供給のためには、従来のナショナルな公共財への支出のうちそれより優先度の低い削減対象を探すという話になるであろう。

現実的には、民主主義国家の多くで、予算の使途をめぐる争奪戦や、増税・新税に対する抵抗は、議会での論戦はもとより、政治家や政党組織、担当部局ごとの官僚、圧力団体などの関与するお馴染の熾烈な政治プロセスとして展開することが多い。このことは、グローバル・タックスという構想が実現し難い理由であると同時に、グローバル公共財への資金調達の確保という観点からのメリットないし必要性——異なる観点からすれば当然デメリットないし不要性でもありうる——を説明する。というのは、税収のうちのあらかじめ特定された税目やその一定部分をグローバル公共財の供給もしくはそれに資すると考えられる国際機関への拠出に充当するということを制度化しておけば、そのときどきの財政状況や政治的論議によって左右されることなく、資金を確保することがある程度容易になるからである。これがグローバル・タックスの一つの類型であり、2006年以降フランスなどいくつかの国で採用された航空券連帯税を、途上国における HIV/AIDS、マラリア、結核治療へのアクセス改善に取り組む Unitaid の資金に充てるという制度はその例である。これは「革新的資金調達」の一例ともされるが、そこで充当される税自体は必ずしも新設のものであるほうが良いというわけではなく、既存の税から選択されても構わないはずである。ここでもまた、従来の慣行や利害関係に変更を加えようとする場合の政治的困難や、あるいは「グローバルな場面で恩恵を受けている者がグローバルな負担を引き受けるべきである」と

いった、応益説的な公正の観点から正当化しやすいかどうかという考慮が作用するかもしれない。

「革新的資金調達」は、ミレニアム開発目標の達成には圧倒的に資金が不足しているという状況を前にして提唱されてきたものであるが、税を含むグローバルな財政制度の一部を構成する試みとして捉えるならば、所得水準の低い途上国の医療を初めとした諸課題への対応に資金を移転するという点で、所得再分配機能を果たしている。前節で見たように公共財の供給はもともと資源配分の補完機能——市場では供給されないが有用性があって需要が存在する財の供給に資源を振り向ける——を果たすものとして捉えられるが、人々が集合的に関与する広範な制度、組織、望ましい状態等々を公共財とみなしうるということになると、二つの機能は必ずしも峻別して考えられない[3]。しかし、単に国際的な制度や取り決めといった無形の「財」を生み出すための費用——しばしばその大半は交渉費用であるかもしれない——を賄うために「革新的」な税を新設するというようなことであれば、人々の同意を得ることは容易ではないであろう。したがって、上述のようなものをグローバル・タックスの第一類型とするならば、その主眼はグローバルな所得再分配の機能にあると考えることができる。

グローバル・タックスとして提唱されているもののうち、資源配分の補完・是正という役割により直接的に関係するのは、税制そのものが外部効果を内部化することを通じて市場で決定される均衡点を社会的観点から見てより望ましい方向へ移動させることを目的とするものである。たとえば「グローバル炭素税」というような構想がそれであり、これをグローバル・タックスの第二類型と考えることができる。地球規模での気候変動を引き起こすリスクを防止するために二酸化炭素の排出量削減を望む目標として考える場合、その排出につながる財の消費や経済活動に課税することは、その費用の上昇を通じて抑制効果をもつことから一つの可能性のある政策手段となる。もちろんこれは、排出権取引のような他の内

---

3) これに対して、カウルらは公平性に資する分配的機能と効率性のある資源配分的機能を区別し、ODA は本来前者のためであるから後者の地球公共財への資金調達に流用すべきではなく、後者に新しい資源を追加する必要があるとしている（Kaul and Le Goulven 2003: 329 ff.）。これは援助という形態が途上国への開発援助という分配的視点よりも先進国側の政策選択を優先して行われる結果、分配の量的不足と効率の質的悪化の両方を招くおそれがあるという批判の文脈において理解される。

部化の方法や政策手段とともに、各国それぞれの国内措置として実施することもできるし、実施されてもいるが、仮にこの税がかかる国とかからない国との間で生産の場を移したり、購入先を変えたりすることが容易であるならば、課税の効果は結果的にあまり上がらず、課税を選択した国にとっては生産拠点の国外流出という望ましくない結果を招くかもしれない。そこで、諸国間で均等な条件を保つような取り決めによって実施できれば、より効果的な税制として機能させることができると考えられる。同様の問題が考えられるのは航空機燃料税である。日本の法律に即して言えば、旅客機のジェット燃料には原則として積込み地で課税がされるが、国際線には非課税である。二酸化炭素排出の観点からであれ、他の目的からであれ、国際線でも課税しようとした場合、課税されない国でタンクを満たして戻ってくることは極めて容易なので、すべての国が歩調を揃えて税制を構築しないと効果がないことになる（Barrett 2007: 104）。

　税自体による費用への影響を通じて市場の需給関係に修正を加えようという発想から始まっているという点で、やや類似した面をもつのはトービン税ないし為替取引税の構想である。ここでは過度の取引量ないし流動性自体の抑制を実現できれば、市場の安定化という機能にもつながるのではないかと考えられるかもしれない。しかし、こうした税制が外国為替市場の安定性や通貨危機の防止に寄与するかどうかは必ずしも定かではない（和仁 2008）。そこで、これはEUで導入が図られている金融取引税などとともに、金融セクター――特にグローバルな連環の中から巨額の利益を上げ、しかし時に破綻の連鎖により世界経済全体に大きな攪乱的影響を及ぼしうるような取引を展開している金融機関――にいわば「応分の」税負担を求めようとするものと解することもできよう。そうだとすれば、これらはグローバルな財政制度の機能を果たすというより、むしろナショナルな次元にとどまるものかもしれないが、課税の対象となる取引がグローバルな市場に複雑に入り込んでいるため、多国間の協力に基づく情報の収集と監視、課税標準の特定、租税回避・脱税の防止といった技術的な問題を解決する必要に迫られる。このように、課税の実現自体がグローバルな次元での協力を必要とするものを、グローバル・タックスの第三の類型として考えてみることもできよう。すると、これに類するものは他にもいくつか注目に値するものとして挙げられる。

　まず、多国籍企業への課税が重要な分野として指摘できる。親会社と子会社の関係を含むグループ企業が複数の国に存在する場合、たとえば移転価格の設定を

変えれば利益をどこで計上するかには操作の余地が生じ、特にタックス・ヘイヴンに利益を移転すれば租税を回避できる。こうした「税源浸食と利益移転 (BEPS: Base Erosion and Profit Shifting)」を防止するための方策はOECDのBEPSプロジェクトを中心に検討が進められ、15の行動計画の勧告（2013年）やそれを租税条約に組み込むための多国間条約（2018年7月発効）が成立した[4]。これはグローバルな諸国家の協調行動による税の確保という方向を進展させる形で実現している例であると言えよう。

その中でも注目される問題となりそうな事項として、国際電子商取引に関する課税を挙げることができる。インターネットを通じた通信販売では、実際に商品の購入者がいる場所とは異なる国にしか販売者の事業所がなく、受注を処理するサーバーはまたさらに別な国にあるということもありうる。このとき利益にかかる法人税の課税権はどの国にあるのか、付加価値税などの間接税はどのように扱われるのか、特に電子書籍や音楽配信など販売されるものの受け渡しがオンライン上で完結してしまう場合に有効に課税されうるのか、といったことが問題となる。たとえば、法人税の課税権は恒久的施設（PE: Permanent Establishment）の有無を基準に決定するという考え方が原則であるとされるが、何がそれに該当するかという判定基準については、その有力な指針となるOECDのモデル条約以外にもそれよりやや広い課税権を認めている国連のモデル条約も存在し、グローバルな基準は必ずしも明確でないまま二国間条約による取決めが優先されてきた。実際、Google社やAmazon社のようないわゆるデジタル・エコノミーを代表するグローバル企業が、当該国における巨額の売上にもかかわらず法人税は納めなくても良い（従来のOECDモデル条約の基準では、販売委託契約や保管・引渡のための巨大倉庫などは恒久的施設に該当しないことから、他の税率の低い国で納めることになるようにビジネス・モデルを構築できる）ということに対し

---

[4] BEPS防止措置実施条約（MLI）は、100以上の国ないし管轄区域の参加による交渉の結果、世界各国間の2,000以上の租税条約の抜け穴をふさぐ効果を及ぼすことが期待されるものとして2016年11月に案文が採択され、2017年6月の調印式では68か国ないし管轄区域をカバーする67者が調印した。その後も参加国は拡大し、2018年9月末時点では84の管轄区域に及んでいるが、米国は調印していない（OECD Webサイト "Multilateral Convention to Implement Tax Treaty Related Measures to Prevent BEPS"、参照）。本書第9章も参照のこと。

ては、利益移転を防ぐ課税の必要性がしばしば指摘されてきた[5]。BEPS 防止措置実施条約はこれに一定の歯止めをかける意味をもつと考えられる。

他方、こうした現実的な進展を見せている分野とは異なり、トマ・ピケティ (Thomas Piketty) は自ら「ユートピア物語」と認めつつも部分的・漸進的には現実的な構想として、グローバルな資本課税という大胆な提唱をしている (Piketty 2013: 835-882)。これは、金融的にグローバル化した資本主義に対する民主主義によるコントロールを取り戻すためには、不動産、金融資産、事業資産といったあらゆる種類の資産——その総体が資本として成長率を上回る収益率を上げていることが各国で長期的な所得格差拡大をもたらす原因となっている——に累進的な年次課税を行うことが最も有効であるというものである。そのためには、銀行データの自動共有についての国際的合意を含む国際金融上の透明性が確保されなければならないし、そのことがまたこの税の意義ともされるという点で、この構想もまた第三類型のグローバル・タックスに分類できよう。

以上のようにグローバル・タックスと呼びうるものの中では、用語の曖昧な使用も含めて同列の比較は難しいが、市場における均等な競争条件の確保、効率的な徴税と公正な税負担の両立といった観点からのルール形成には、諸国政府間の協調行動が比較的進展しやすいように思われる。課税ルールの明確化という点では、課税される側、特に多国籍企業にとっても、解釈の異なる税務当局により追徴課税を受けるといった税務上のリスクを低減することにはメリットも存在する。しかし、追加的な税負担や所得分配構造の根本的な再編をもたらすような税の導入には、当然のことながら強い抵抗があり、それだけに実現可能性が低いという見方が可能であろう。以下では、ナショナルな次元を超えることへの推進力と抵抗力をどのように考えるかを検討してみよう。

---

5) こうした課税の議論では時に「グーグル税」といった表現が使われる。その内容は必ずしも単一ではないが、その一つとしてはフランス政府の文化・通信省の委託でまとめられたインターネットによる文化コンテンツ提供の改善策に関する報告書の中で、インターネット広告への課税が提唱されたものが、そうした通俗的な言い方で呼ばれるようになったとされる (Simon 2014: 73)。

3 ナショナル、リージョナル、グローバルな選択

　「グローバル・タックス」の実現過程は、始まっているとしても部分的である。あるいは、主権国家システムに本質的変化が生じない限り、複数のナショナル税制の集合が存在し続けているだけかもしれない。こうした中で、覇権国のリーダーシップや国益重視の国家観に立ついわゆるリアリズム的アプローチに代わる、グローバル・タックスにつながるような方向性を探すとすれば、EUの存在に着目する地域主義や新機能主義的な考え方は、検討に値するかもしれない。

　さまざまな国際的合意や国際組織の形成は、多くの場合無から出発するわけではなく、性質の異なる機構のメンバーとして結び付きをもち、クラブ財の供給・利用を供給する（Frey 1997: 109）。その際、規模と範囲の経済は別としても、選好の異質性や情報の非対称性という要素がより少ない限定されたメンバーによって構成されるクラブになりやすいという意味において、一般論としてナショナルな次元を超えるにしても、リージョナル公共財のほうがグローバル公共財よりも供給されやすいと考えられる（Estevadeordal and Goodman 2017: 8）。

　EUは関税同盟として関税収入を共同化して独自の財政をもち、補完性原理に立ちつつもEU法を制定する手続き、司法裁判所によるその適用などさまざまなルールを共有してきた。課税に関しては各国の主権に属するままであるが、「強化された協力」手続による一部加盟国での金融取引税の導入が図られている。こうしたことから、グローバル・タックスが諸国でいっせいに導入することで初めて十全に機能しうる税という含意をもつにしても、かなりの経済規模をもつ地域で先行的に導入し、その有益な作用が認識されてくれば、将来的には他の地域にも拡大していくことを期待するというシナリオには、EUという統合された地域が最も適合的であると考えられる[6]。

　しかし、EUの現状は、必ずしもそうしたシナリオに楽観的な見通しばかりを与えるものではない。ジャンドメニコ・マヨーネ（Giandomenico Majone）によれば、新機能主義学派として知られるエルンスト・ハース（Ernst Haas）が描いていたようなヴィジョン、すなわち「既存の国民国家を超える管轄権を保持もしくは要求する諸機関」を伴う新たなセンターへの政治統合が必然であるという考

6）詳細は本書第8章を参照。

え方（Haas 1958: 16）は、すでに第二次大戦後まもなく欧州の人々が取り戻した国民国家に対する愛着を無視したものであり（Majone 2014: 297-298）、その後のルール形成の特徴となった「民主主義の赤字」は、通貨同盟の危機に対して財政規律を強いることで「民主主義のデフォルト（不履行）」にまで至ろうとしているとされる（Majone 2014: 199）。

　こうした評価には、当然のことながら特に2010年以降顕著な問題となった欧州債務危機とその対処としての緊縮政策による軋轢という状況が反映されている。そこでは、ユーロ圏という一見強固な「経済通貨同盟」（EMU: Economic and Monetary Union）が形成されているにもかかわらず、公的財政の領域は各国ごとの相違を伴う独立性を原則としていることがあらためて注目されることになる。経済通貨同盟においては、ユーロ採用に当たっての収斂度基準や安定成長協定など、特にGDP比3パーセントを超えるような過剰赤字を防止するという基本ルールが定められた。しかし、問題は必ずしも常に守られるとは限らないルールが実際破られたときにどうするかということである。ギリシアを発端としてユーロ圏のいくつかの国が危機に陥り財政赤字が拡大したとき、EUの基本的対応は、当座をしのぐ救済資金を用意することと引き換えに、当該国に財政緊縮策の履行を迫り、財政規律に関するルールを強化することであった。このことは、EUの枠組みにおいては均衡予算主義の原則が優先され、ケインズ派経済学が想定するような補整的財政・金融政策による安定化機能は果たしえないということを意味するとも考えられる[7]。同時に、各国政府の債務が事実上のデフォルトに陥ったとしても、EUはその債務を共同化するような「移転同盟」にはならないということが、リスボン条約の規定に立ち返ってしばしば強調された。ここでは、財政制度が国民国家を超えたレベルにおいて所得の再分配機能を果たすことに消極的な感覚が投影されていると考えられる。実際、福祉国家における社会政策を欧州次元で一体化して構築するような「社会的欧州」の希求は、一部の統合推進論者にとっては重要な観点であるが、ナショナルな福祉国家を支持する人々からの根強い反対に直面しているという構図が見られ、地域政策もまた格差の是

7）ポール・クルーグマン（Paul Krugman）は、欧州諸国の債務ポジションの悪化は危機の原因というよりはむしろ結果であり、不況期に直面しても安心感こそが回復をもたらすという緊縮論者の主張は破壊的ですらあると指摘する（Krugman 2012: 177-202）。

正に関しては効率的に機能しているとは言い難いとも指摘される（Majone 2014: 211-216）。

　このような EU における問題状況の中で、あえてナショナルな次元を超える税制につながる可能性を探すことはできるだろうか。一つの答え方は、そのためにはより連帯と協調に基づく EU へと組み換えていく必要があるというものである。一例として、ジョセフ・スティグリッツは、ユーロ圏をうまく機能させるための構造改革として、銀行同盟や債務の相互化、黒字国における拡張的財政政策等々、基本的なルールの変更を提唱している（Stiglitz 2016: 239 ff.）。税制に関しても、税の引下げによる「底辺への競争」を抑制するとともに、居住地にかかわらず EU 市民の全所得に穏当な税率で（たとえば25万ユーロを超える所得に対し15パーセント）課す EU 次元の税を創設すべきであるとする（Stiglitz 2016: 261）。しかし、こうした EU レベルでの所得再分配を構築していこうとする方策は、上述のような国民国家の権限を維持しようとする世論が根強い政治状況と現在の制度的前提——すなわち、課税に関しては各国に決定権があり、EU が扱うのは域内市場における経済活動の障壁除去を主眼にするものと考えられていること、そして税に関するルールの決定には加盟国政府の代表からなる理事会において全会一致を要すること——に鑑みると、部分的にせよ財政負担の相互共有を含む連帯の実現にはかなり高い障害を乗り越えなければならないと言えよう。

　こうした国家間の統合のいわば連帯的モデルに対して、より競争的ともいうべきモデルを対置することもできよう。政府組織の内部、あるいは他の政府や組織との間における競争的関係に着目するアルバート・ブレトン（Albert Breton）は、民主的政府が市民の利害関心と選好に応じることが必然となる競争的なメカニズムとして、「足による投票」として知られるチャールズ・ティーボウ（Charles Thiebout）の潜在的参入・退出のメカニズム——すなわち、各地域が提供する公共財に関して「消費者兼投票者が自分の選好パターンを満足させるコミュニティに移動する」（Thiebout 1956: 420）ことによる私的財市場の選択行動と類似した作用——と、ピエール・サルモン（Pierre Salmon）の提起している外部ベンチマーク（ヤードスティック競争とも呼ばれる）のメカニズム——すなわち、有権者がその政府のサービスや税、あるいはより一般的な経済・社会指標などのパフォーマンスを他地域との比較において評価しようとする限りにおいて、「比較が、政権を握る政治家たちに報償を与える（彼らを再選する）か、そ

れとも制裁を与える（彼らの競争相手に投票する）かの基準として機能する」（Salmon 1987: 32）ことによるインセンティヴ――を指摘する（Breton 1996: 229-235）。この見方からすると、EU は過度の調和（ハーモナイゼーション）により国家間の競争を阻害しており、政府間競争の利益を実現させるためには、超国家的な議会に競争が安定的に機能するために必要な監視権限を与えたうえで、各地市民の選好に合わせた差異のある政策の採用を可能にすべきであるということになる（Breton 1996: 275-276）。前述のマヨーネの議論はこの観点を引き継いで、EU は擬似的な連邦の地位を望むのではなく、加盟国もしくは他の組織が不安定性を防止するために採用されたルールを守るよう監視することに集中すべきであり（Majone 2014: 279）、均一な集合財の提供というよりは多様な「クラブ財」――クラブの加盟者以外は排除され、退出も可能である――を提供する「諸クラブのクラブ」としてのヨーロッパを考えるべきであると主張する（Majone 2014: 316-322）。

　この競争的モデルは、マヨーネの見解では競争とともに協力、模倣を含むものであり、現在の EU の制度設計や政策選択を批判的に捉えているが、課税の分野においては EU の政策立案における実際の動向と合致する一面もあると言えよう。それは、前述のように、課税に関する決定は理事会の全会一致を要するという基本的な前提があるため（欧州連合の機能に関する条約第113条）、新たな税構想の採否などは各国の任意の判断に委ね、EU としては国境を超えた経済活動に対する税制上の障害の除去や課税の技術的改善といった面に集中するほうがルール形成を進展させやすいという要因によると考えられる。その一例として、特に付加価値税（VAT: Value Added Tax）の統一的扱いという課題は、この税が占める歳入面での比重の考慮のみならず、域内市場の均等な競争条件に関連する要素としても、重要な関心を呼ぶので、やや立ち入って検討しておこう。

　欧州経済共同体（EEC: European Economic Community――マーストリヒト条約以降 EC: European Community と名を変え、さらにリスボン条約で EU が取って代わった）における徴税の原則や手続き統一への取組みは1967年以来理事会指令の制定とその改正として行われてきたが[8]、近年においてはグローバル化やいわゆるデジタル経済の発展に見合ったルール形成が差し迫って必要であると認識され、欧州委員会は「アクションプラン」に基づく一連の制度改定を提案している[9]。

これまでの制度を振り返ってみると、単一欧州議定書に基づく市場統合が1992年という期限で一応の完成を見た後、域内取引は通関手続といった境界でのチェックなしに行われることになったが、これに対応するVAT課税は「最終的制度」が定まるまでの「過渡的制度」としてそれまでの枠組みを引き継ぐ形をとった[10]。特に問題となる一つは、国境をまたぐ取引に対する課税がどちらの側で行なわれるべきか——送出地（ないし原産地国）課税の原則（principle of origin）か、仕向地（ないし消費地国）課税の原則（principle of destination）かということであった。付加価値税は財・サービスの（生産ではなく）消費に対する課税であるする理念に基づけば、税率及び税収は消費地国により決定・徴収されるべきであると考えられそうであるが、他方でこの税は生産・流通の各段階における多段階課税を特徴としており、域内市場が真の単一市場となるためには域内貿易と国内取引に同一の条件が適用されること、すなわち販売者による徴収・納税が原則とされるべきであるとの考え方が成り立ち、送出地課税の原則の実現が目標と当初は考えられていた。しかし、それには国による税率の差が解消されなければ、低税率国からの購入が有利となるため市場の「歪み」が問題となる。1993年以降の体制を定めたその前年の理事会指令（92/77/EEC）では、当面の措置として標準税率の下限（15パーセント以上）は定められたが、上限についての規定は見送られ、また軽減税率（5パーセント以上）の採用を認める品目のリ

8）1967年4月11日の「取引高税に関する加盟国立法の調和についての第一理事会指令」（67/227/EEC）が、同日の第二理事会指令（「VAT共通システム適用の構造と手続き」67/228/EEC）とともに導入された。その後の1977年5月17日の第六理事会指令（77/388/EEC）の数次にわたる改定を一本化して組み込む形で定められたのが、2006年のいわゆる「VAT指令」（2006/112/EC）である。

9）欧州委員会は、2010年12月「将来の付加価値税制度に関するグリーンペーパー」（COM (2010) 695 final）を採択し、それに関する討議を経て、翌年VAT改革の指針（COM (2011) 851 final）をまとめた。2016年4月7日採択の「付加価値税に関するアクションプラン」（COM (2016) 148 final）は、その改革の道筋を規定すべく、①将来の単一欧州付加価値税制度の主要原則、②不正防止の短期的方策、③税率決定の枠組みの改訂（加盟国の選択の柔軟性強化）、④「デジタル単一市場」戦略に沿っての電子商取引に関する課税ルールの簡素化と特に中小企業にとっての負担軽減、といった分野で取り組むとしている。

10）以下の経緯については、差し当たり欧州委員会による提案採択の際に附属するスタッフ作業文書としてまとめられた「影響評価」（European Commission 2017; European Commission 2018）などを参照。

ストも定められたが、それ以外にも従来の措置を継続できるよう「ゼロ税率」を含めた数多くの例外規定が認められることになった。これらは「過渡的制度」のはずであったが、その後も長年継続してきた。そこで、実際には仕向地課税が取り入れられ、特に課税事業者どうしの取引（B2B: Business to Business）ならば、送出地側からの財の供給（販売）は非課税となり、仕向地側での域内取得（購入）が課税されるという方式が取られた。通信販売による事業者と消費者の取引（B2C: Business to Consumer）については、年間売上額が一定額（国によって異なるが、35,000ユーロとする国が多い）以下であれば送出地での課税となり国内販売と同様に扱われるが、その閾値を超えると仕向地で課税され、売り手は当該国でのVAT登録が必要となる。他方、サービスへの課税については、特にデジタル経済における課税問題として1990年代半ば以降OECDでの検討を通じて消費地課税が必要となるという議論が進展し、EUでは2002年の「e-コマース指令」（2008/8/EC）において域外から電子的に提供されるサービスの「供給地」は顧客の所在地であるとみなすことによって域内での課税を可能とした。さらに2008年の「VATパッケージ」と呼ばれる合意の一部として、サービス全般の消費地国での課税を原則とし、EU各国それぞれでの登録手続の代わりに一か所で税務を処理できる「ワンストップ・ショップ（OSS: One Stop Shop）」構想の最初として2015年からそのミニ版（MOSS: Mini One Stop Shop）を電子サービス分野で導入した（Raponi and O'Sullivan 2016: 12-14）。

　しかし、これまでの体制においては、B2Bの域内クロスボーダー供給が非課税となることから、各段階での税額が連続的にチェックされるVATの自己監督的な性格が切断され、納税しないで消えてしまう「ミッシング・トレーダー」の出現やさらにこれを循環させることで繰り返す「カルーセル（回転式）不正」などの余地が生まれ、相当な税収の損失につながっていると推定されている。また、制度の複雑さから税務の処理にはかなりのコストを要することから、その簡素化の必要性も強く意識されるようになった。アクションプランに基づく欧州委員会の一連の法案はこうした問題への対処を狙いとしており、その中では「デジタル単一市場パッケージ[11]」が2017年12月5日に理事会で採択されて、オンラインビジネス全般のワンストップ・ショップによる処理や域外事業者による域内消費者への販売時プラットフォームでのVAT徴収義務化などが2021年以降実施される運びとなり、また最終的VAT制度としては2段階での制度改定を想定し

たその第1段階としてB2B域内取引の仕向地課税を原則として供給者が徴収する（ただし取得者が認証を受けた課税対象者である場合は取得者側が責任を負うリバースチャージ）という内容が2017年10月4日に提案された（European Commission 2017）。

ここでの方向性は、たとえば全EU域内市場を均一税率にするというような意味での調和ではなく、むしろ税率などではナショナルな選択の余地を拡大する可能性がある。仕向地課税原則が技術的・効率的に徹底できるならば、国によって税率が違っていても、ある国の消費者が財・サービスを購入するときにかかる税額はどの国からの購入かに左右されないので、市場の歪みという問題は生じないはずだからである。結局、こうした点から見ると、EUにおける課税政策における取組みは、クロスボーダー取引の拡大やデジタル・エコノミーの進展のもとでナショナルな課税をより有効ならしめるための技術的・法制的なシステムをリージョナルに形成していこうとする試みであり、最近はナショナルな選択権という柔軟化の要素をやや拡大しながら一定の合意形成を進めていると解することができる。

おわりに

本稿の検討を通じて、「なぜグローバル・タックスか？」という問いには、「グローバル公共財が必要だからである」という答え方がいささか単純化したものであることがわかるが、逆に言えばこの問い自体がいくつかの複雑な問題を一括して扱おうとすることの困難性を浮かび上がらせていると言えるかもしれない。「はじめに」で触れた超国家機関の制度化を展望した連邦主義的アプローチか、ナショナルな財政制度を前提とした政府間主義的アプローチかという観点で言えば、前者はそのヴィジョンの可能的なメリットが論理的に考えられるかという志向性を持つのに対して、後者は現状での対応が進展しているかという現実分析的な問いに傾斜するため、もともと問題の位相がずれている。第1節で検討したグローバル公共財については、その供給不足に対応するためには超国家組織の形成

11）理事会指令（Council Directive（EU）2017/2455）、理事会履行規則（Council Implementing Regulation（EU）2017/2459）、理事会規則（Council Regulation（EU）2017/2454）が含まれる。

が不可欠ないしより効率的であるという答え方も可能であるが、覇権国のリーダーシップが後退した現状では各国政府の協調行動が分野による大小の差を伴って取られていると見ることができる。第2節での考察は、現状に即して考えるならば、「グローバル・タックス」は財源と使途の新たな組み合わせを設定する意義をもつとしても、それがナショナル・タックスの枠組みを基本的に変えるものとは言えず、第3節で検討したEUの付加価値税制度などとともに、ナショナルな課税の技術的な強化を国家間の協調によってサポートする動きとして進展していると解することができそうである。

　しかし、現状で進展を示しているかという問題と、今後の可能性や必要性があるかという問題は明らかに別である。さしあたり「グローバル・タックス」の現実的課題がナショナル・タックスのグローバル経済への適応として考えられるとしても、理論的には税をめぐる根本的な問い直しにつながる問題がかかわってくる可能性がある。たとえば「競争的モデル」を考えると、各国間の競争と協力がそれぞれの国民の選好に合わせようとして展開するとき、これはまさに政府間主義的アプローチに立つことになるように見えるが、競争は地方政府と中央政府、さらに国家連合組織といった垂直的部面でも考えられる。実際の国民国家は領域の広さも人口規模も様々な形で歴史的に形成されたものであって、これがただちに課税の管轄権を独占する単位になるべき論理的必然性は何もない（理論的には逆に課税権をもつものを主権国家と定義していると考えるべきであろう）。さらに進んで、一定の領域をもつ国家に一定の国民が帰属するという国民国家システムの前提に対して、公共サービスが退出の可能性を含むクラブによるクラブ財として提供される場合を考えれば、税に当たるクラブ会費の納入先は居住する領域の政府に自動的に決まるわけではなく、住民の選択によって決定されるというシステムはありえないのか、という問題を考えることもできるかもしれない。

　もう一つ根本的に関連するのは、「なぜ税金は必要なのか？」という問いである。これについては、これまで繰り返し問われ、すでに繰り返し答えてこられたが、付け加えて言うならば、公共部門の資金調達、すなわち民間部門からの資源を移転させる手段は税には限らない。強制的な実物資源の徴用などは別として、経済学の普通の発想で言えば、税によるか、公債によるか、もう少し普通でない発想で言えば、公債を発行したうえでデフォルトが起きるか、インフレが起きればどうか、あるいは最初から政府が強制通用力をもつ紙幣を発行すればどうか、

といった問いも発しうる。この中ではインフレを含む金融政策による操作可能性は、ケインズ経済学的な発想からすれば、それほど奇異ではないかもしれない。しかしながら、人々が判断を下すうえで税という形が最もわかりやすく、民主主義にもとづく制度だからである、という答え方がありうるであろう。無論、経済学の側からも、インフレとデフレに伴う不安定性のリスクをどう考えるかは重大な問題となる。

　それ以外の手法はありうるだろうか。民間資金の動員、(税収を引き当てにした) 債券の発行、国際機関もしくは民間団体による地域通貨もしくは仮想通貨のようなものはできないか等々、それ以外の問いもまだ残っているかもしれない。

参考文献

和仁道郎 (2008)「為替取引税の安定化効果をめぐる問題点―トービン税は有効か、有害か？」『横浜市立大学論叢』人文科学系列、第59巻第3号、pp.227-265。

Barrett, S. (2007) *Why Cooperate?: The Incentive to Supply Global Public Goods*, New York: Oxford University Press.

Breton, A. (1996) *Competitive Governments: An Economic Theory of Politics and Public Finance*, New York: Cambridge University Press.

Estevadeordal, A. and L. W. Goodman (eds.) (2017) *21st Century Cooperation: Regional Public Goods, Global Governance, and Sustainable Development*, London: Routledge.

European Commission (Commission Staff Working Document) (2017) "Impact Assessment: Accompanying the document Proposal for a Council Directive amending Directive 2006/112/EC as regards harmonising and simplifying certain rules in the value added tax system and introducing the definitive system for the taxation of trade between Member States," Brussels, 4.10.2017, SWD (2017) 325 final.

European Commission (Commission Staff Working Document) (2018) "Impact Assessment: Accompanying the document Proposal for a Council Directive amending Directive 2006/112/EC as regards rates of value added tax," Brussels, 18.1.2018, SWD (2018) 7 final.

Frey, B. S. (1997) "The Public Choice of International Organizations," in D. C. Mueller (ed.) *Perspectives on Public Choice: A Handbook*, New York: Cambridge University Press (関谷登・大岩雄次郎訳『〔ハンドブック〕公共選択の展望』Ⅰ～Ⅲ、多賀出版、2000～2001年).

Haas, E. B. (1958) *The Uniting of Europe: Political, Social, and Economic Forces, 1950-1957*, Stanford: Stanford University Press [Edition with a forward by D. Dinan and a new introduction by the author, Notre Dame: University of Notre Dame Press, 2004].

Kaul, I., I. Grunberg and M. A. Stern (1999) "Defining Global Public Goods," in I. Kaul, I. Grunberg, and M. A. Stern (eds.) *Global Public Goods: International Cooperation in the 21st Century*, New York: Oxford University Press（抄訳：FASID 国際開発研究センター訳『地球公共財―グローバル時代の新しい課題』日本経済新聞社、1999年）．

Kaul, I., P. Conceição, K. L. Goulven and R. U. Mendoza (2003) "Why Do Global Public Goods Matter Today?," in I. Kaul, P. Conceição, K. L. Goulven and R. U. Mendoza (eds.) *Providing Global Public Goods: Managing Globalization*, New York: Oxford University Press（抄訳：高橋一生監訳・編『地球公共財の政治経済学』国際書院、2005年）．

Kaul, I. and K. L. Goulven (2003) "Financing Global Public Goods: A New Frontier of Public Finance," in I. Kaul, P. Conceição, K. L. Goulven and R. U. Mendoza (eds.) *Providing Global Public Goods: Managing Globalization*, New York: Oxford University Press.

Keohane, R. O. (1984/2005) *After Hegemony: Cooperation and Discord in the World Political Economy*, Princeton: Princeton University Press [Fist edition, 1984; edition with a new preface, 2005]（石黒馨・小林誠訳『覇権後の国際政治経済学』晃洋書房、1998年）．

Kindleberger, C. P. (1986) "International Public Goods without International Government," *The American Economic Review*, Vol. 76, No. 1, pp. 1-13.

Krugman, P. (2012) *End This Depression Now!*, New York: W.W. Norton & Co.（山形浩生訳『さっさと不況を終わらせろ』早川書房、2012年）．

Majone, G. (2014) *Rethinking the Union of Europe Post-Crisis: Has Integration Gone Too Far?*, Cambridge, UK: Cambridge University Press（庄司克宏監訳『欧州統合は行きすぎたのか』上・下、岩波書店、2017年）．

Musgrave, R. A. (1959) *The Theory of Public Finance*, New York: McGraw-Hill（木下和夫監修、大阪大学財政研究会訳『財政理論―公共経済の研究』Ⅰ～Ⅲ、有斐閣、1961年）．

Olson, M. (1965/1971) *The Logic of Collective Action: Public Goods and the Theory of Groups*, Cambridge, Mass.: Harvard University Press [First edition, 1965; edition with Appendix, 1971]（依田博・森脇俊雅訳『集合行為論―公共財と集団理論』ミネルヴァ書房、1983年）．

Piketty, T. (2013) *Le capital au XXIe siècle*, Paris: Seuil（山形浩生・森岡桜・森本正史訳『21世紀の資本』みすず書房、2014年）．

Raponi, D. and D. O'Sullivan (2016) "VAT and Taxation of the Digital Economy from the Perspective of the EU Policy Maker," in M. Lamensch, E. Traversa and S. v. Thiel (eds.) *Value Added Tax and the Digital Economy: The 2015 EU Rules and Broader Issues*, Alphen aan den Rijn: Kluwer Law International.

Salmon, P. (1987) "Decentralisation as an Incentive Scheme," *Oxford Review of Economic Policy*, Vol. 3, Issue 2, pp. 24-43.

Samuelson, P. A. (1954) "The Pure Theory of Public Expenditure," *Review of Economics and Statistics*, Vol. 36, No.4, pp. 387-389.

Simon, J. P. (2014) "Toward Enabling Policies," in J. P. Simon, E. Sanz and G. De Prato (eds.) *Digital Media World: The New Economy of Media*, Basingstoke: Palgrave Macmillan.

Stiglitz, J. E. (2016) *The Euro: How a Common Currency Threatens the Future of Europe*, New York: W. W. Norton & Co.（峯村利哉訳『ユーロから始まる世界経済の大崩壊』徳間書店、2016年).

Thiebout, C. M. (1956) "A Pure Theory of Local Expenditures," *Journal of Political Economy*, Vol. 64, No. 5, pp. 416-424.

第4章

グローバル・タックスと租税法律主義

兼平裕子

はじめに

　国境を越える特定の経済活動に課税し、その税収を貧困問題や環境問題など地球規模の問題への対策に充てるものと理解されるグローバル・タックスとして、金融取引税、航空券連帯税、あるいは地球炭素税等が挙げられる[1]。革新的資金調達メカニズムの一つとして主張されるグローバル・タックスも租税であり、租税は国家主権（national sovereignty）そのものである。国家主権を具体的に体現する租税政策に関して、グローバルに協調していくことは難しい。

　というのは、課税管轄権はグローバル化現象が広がる遥か前（1648年のウェストファリア条約）に形成された主権国家を前提としているからである（中里2014: 38）。ウェストファリア条約は、封建制から絶対主義君主制への移行の法的・政治的分かれ目となった。当該条約が、神聖ローマ帝国の終焉を宣言し、主権国家の分立という現在に至る国際的な体制をもたらしたというのが幅広く支持されている捉え方である。「経済はグローバル、課税はローカル」というギャップのもと、主権国家を前提とした租税が今後どのような役割を果たしていくのか、という点は非常に難しい問題となっている。

　他方、政治哲学の基本問題として、課税権の限界を越えて世界的な「分配の正

1）簡潔に説明すると、EU10カ国のみで導入を決定している（ただし2018年現在未実施）金融取引税（FTT: Financial Transaction Tax）は、トービン税を修正し、金融商品や取引を課税対象とする。航空券連帯税は地球規模の政策課題に対する原資調達のため国際航空運賃に課税される。フランス・韓国等14カ国で導入されている。地球炭素税は、国連の気候変動基金の財源を調達するため、かつ、脱炭素社会を実現するためのインセンティブとしての経済的手法である。

　本章では、実現可能性の高い航空券連帯税を中心に論じていく。

義」を達成するためのポスト・ナショナルと呼べるような越境的な課税管轄権の共同実施の正統性が求められている。税制を論ずる以上分配問題に関与しないわけにはいかず、「世代間の公平」や「世界正義論」の視点からも、分配的正義が求められている。前者の「世代間の公平」とは、巨額の財政赤字の下では、将来世代の負担が大きいという問題である。後者の「世界正義論」とは、地球規模でみた貧富の差は日本国内のそれよりも大きいが、いったん国境を越えると、日本人以外に対しては一切支援義務がないことになるのか、といった問題である（増井 2016: 3-4）。グローバルな分配的正義の問題は、応能負担原則が憲法上の要請であるとする立場と鋭い緊張関係に立つことになる。

　本章では、①政策基準のグローバル化に伴う国際公共価値の実現主体に対するガヴァナンスをどう統制するか、②現実的には国家主権の枠組みの中で導入せざるを得ないグローバル・タックスを、一国のみで導入しても効果的でない状況で他国との連携をどう図るか、③政策実現過程も国家の枠組みを越えてグローバル化するなかで法律の制定・適用・権利救済を国家の枠内で完結的に捉えてきたこれまでの国内公法学の前提が揺るがされている状況をどう捉えるのか、といった論点につき、マグナ・カルタ（Magna Carta）以来の原則である租税法律主義（憲法84条）[2]の果たすべき役割を踏まえて、国内租税法の立場から検討する。

1　グローバル・タックスの根拠論

（1）グローバル・タックス構想

　ここ数年グローバル・タックスの議論が活発化している背景には、タックス・ヘイブンの利用による国際的な租税回避の横行による富の偏在、再分配の機能不全の顕在化により国際的な貧富の差が拡大している一方で、気候変動をはじめとする国連持続可能な開発目標（SDGs: Sustainable Development Goals）[3]の達成に必要な資金が調達できない、という問題が存在する。そこで、漏れを防ぐための

2）租税法律主義は、①課税要件法定主義、②課税要件明確主義、③合法性の原則、④手続的保障原則を、その内容とする（金子 2017: 76-83）。
3）2015年までに達成すべき目標を定めた国連ミレニアム開発目標（MDGs: Millennium Development Goals）後の2030年までの、新たな、より広範な目標をいう。

国際的な課税や国際社会のための税収確保を念頭においた構想が提案されている。

　上村は、グローバル・タックスを狭義と広義の2つに定義付ける（上村 2015: 20-21）。前者は、グローバルなモノ（資産や資源等）や活動にグローバルに課税し、グローバルな活動の負の影響を抑制しつつ、得られた税収を地球規模の課題の解決に充当する税のシステムをいう。後者の広義の定義には、①タックス・ヘイブンや資本逃避を解決するための議論、②金融取引税、地球炭素税等の実際に課税を行う議論、③税の仕組みを創出・管理・運営するためのグローバル・ガヴァナンスを構想する議論、を包摂する。

　一方、諸富は、①国境を越えた経済活動を課税対象とすること、②税収の一部または全部が国際公共財供給のための財源調達としての側面をもつこと、③課税主体が単一の国家ではなく、複数の国家から構成される共同組織や超国家機関であること、の3要件をその定義としている。しかし、この3要件すべてを充たす、真の意味でのグローバル・タックスは、2018年現在、存在していない（諸富 2013: 255-256）。

　国際貢献を目的とするグローバル・タックス構想は、金子（1998: 6）の国際人道税構想を出発点とする。「国際航空運賃に対する課税管轄権は国際社会に属すると考えるべきではないか」という新たな発想に基づき、国際航空運賃に消費税を課す構想に基づく[4]。国際航空運賃に対する課税管轄権は、個別の国ではなく国際社会に属しており、各国は国際社会のために徴税していると考えて、税収を国際機構に転送し、国際機構が統一的な基準に従って使っていくのが一番いいのではないかとの考えである[5]。仕向地主義を採る付加価値税（消費税）では、国際航空運賃は輸出免税となっている。あえて課税する限りは、税収を国際機構に回すという発想である。

　金子（1998: 6）の国際人道税構想はその後、ハーバード・ロースクールでのシンポジウム・スピーチ（2000年）やオリヴァー・オールドマン（Oliver Oldman）とアラン・シュンク（Alan Schenk）共著の "*Value Added Tax*"（Trans-

---

4）金子宏（2010）は、金子宏東京大学名誉教授とIMF財政局税制担当課長（当時）ビクトリア・ペリー氏との対談をまとめたものである。

5）国際連帯税構想につき日本が先んじていた経緯につき、田中（2017）を参照。

national Pub Inc, 2001）への収録を経て知られるところとなった。さらに、国連の開発資金に関する国際会議・モントレー会議（2000年）にて、MDGs（SDGsの前身）の達成に向けた革新的資金調達手段につき、言及された。それに敏感に反応したフランスでは、ジャック・シラク（Jacques Chirac）大統領の特別グループの報告書である「ランドー・レポート」（2004年8月）[6]がまとめられ、議論の嚆矢となった。国際航空に対する間接税に関する「IMFペーパー」（2006年5月：「ストランド・キーン・ペーパー」と呼ばれる）を経て（Keen & Strand 2006）、フランスを含む6カ国が航空券連帯税（La taxe de solidarité sur les billets d'avion）として導入を発表した。

　その背景には、①国際航空業界の環境へのダメージが大きいこと（航空業界からのCO_2排出量は京都議定書から除外されている）、②どの国で課税するかというソースとなる場所の決定が困難であったため、国際航空運賃に対する付加価値税はどの国からも課税から除外されている、③グローバルな税制に対する協調意識の高まり、がある（金子 2010: 68-69）。

　このように、国際航空運賃に対する消費税ないし国際人道税の構想は、国際社会が課税権を有しているという基本的発想に基づき、「（ⅰ）各国は自国内で購入される国際航空運賃の消費に課税する、（ⅱ）各国は、その税収をユニセフのような国際機関に送金し、当該国際機関は、それを、人種間、民族間の紛争や宗教的対立により苦しんでいる人々の救済の資金に充てる」ことを骨子とした案である（金子 2018a: 14）。

（2）グローバル公共財と国家主権

　次に、グローバル公共財の観点からのグローバル・タックスの根拠論をみる。公共財はその地形的広がりに応じて（ⅰ）（ⅱ）（ⅲ）の3つのレベルに分けることができる（図表4-1）。これら公共財につき、市場の失敗を補うために政府をつくって公共財を提供させる。そのための資金調達手段が租税である（増井

6）フランス政府発表のランドー・レポート英語版（Jean-Pierre Landau 2004）は、Executive Summeryと本文からなる82頁に及ぶレポートである。グローバル化がもたらした貧困と不平等に対し、道徳的・政治的な必然としてのグローバル・タックスを決定する世界政府が存在しないことや、国際課税を行う正統性への疑問が提言され、特に課税に関しては国家主権が越えられない壁となっていること等が論じられている。

図表 4-1　公共財の地理的広がり

	提供主体	財源
(ⅰ) グローバル	各国政府、企業、NGO等	ODA、拠出金、基金等
(ⅱ) ナショナル	日本国（中央政府）	国税
(ⅲ) ローカル	地方公共団体（地方政府）	地方税

出典：増井良啓「国際連帯税」『ジュリスト』No.1413、42頁を筆者加筆。

2010: 42)。公共財につき、(ⅱ) ナショナルなレベルでは国税によって、(ⅲ) ローカルなレベルでは地方税によって公共財を提供し、再分配を行ってきたが、(ⅰ) グローバルなレベルでは、財源は各国政府によるODA (Official Development Assistance) や拠出金、民間拠出を含めた基金等しかなく、国際機関は自前の財源調達手段を持たない。すなわち、主権国家が分立する国際社会において、地球規模の課題に対応する資金は先進国からのODAや拠出金、民間拠出を含めた基金等のみであった。そこで、既存のODAや基金等とは異なる革新的資金調達メカニズムによって、開発資金等を確保する試みがグローバル・タックス構想であった。

ところが、国際社会はいまだ国家に匹敵するような統治組織をもっておらず、徴税機構も有していない。諸富のグローバル・タックスの定義③によると、課税主体は複数の国家から構成される共同組織や超国家機関とされている（諸富 2013: 256)。しかし世界政府が存在せず、現行の国家主権の枠組みを前提とする限りは、金子の構想するように、国家が国際社会の機関（代理人）として賦課・徴収し、税収を国際機関に送金するシステムを構築することになる（金子 1998: 6)。

なお、京都議定書12条で認められたところの京都メカニズムの一つである「クリーン開発メカニズム」(CDM: Clean Development Mechanism) につき、CDM事業で削減された温室効果ガスを炭素クレジットに換算し、その2％を世界銀行の信託基金を通じて適応基金の財源とするシステムはCDM税と呼ばれ、グローバル・タックスの一つとされている。しかし、この財源負担システムは租税の定義を充たすものではなく、負担金あるいは賦課金に相当する[7]。

グローバル・タックスという資金調達メカニズムも、あくまで「国家がその課税権に基づき課する金銭給付としての租税」ということになる。課税権力は、も

っぱら国家の収入の確保を目的とする公権力である。租税は「租税高権」という言葉が示す通り、国家主権そのものである[8]。

「大島訴訟最高裁大法廷判決」（1985年3月27日民集39巻2号247頁）に判示された「租税は、国家が、その課税権に基づき、特別の給付に対する反対給付としてではなく、その経費に充てるための資金を調達する目的をもって、一定の要件に該当する全ての者に課する金銭給付である」という租税の定義との整合性が求められる。なお、ここでいう「課税権」とは、国の主権の内在的属性であると論じられ、国の財政収入の「主要な部分を占める租税収入を確保するという国の要請を法的に裏付けるため」の理論的根拠として措定された法的概念であると解されている（高野 2014: 84）。また、「特別の給付に対する反対給付性のないこと」、すなわち、個々人の租税負担と個々の国家活動間に対応関係のないことは、負担金や賦課金とは異なるところの租税の特色となっている。

かつては、国家主権は、唯一不可分で最高独立であり、無制約であるという考え方が伝統的には支配的であった。しかし実際には、権力分立や違憲審査など様々な制度によって国家権力を制約しようとする近代立憲主義の考え方と対立することとなった。そこで、国際的な法や組織が効果的に役割を果たすのであれば、国家を単位として社会生活を規律することに必ずしもこだわる必要はないとされている。地球環境の保全や国際平和の維持という公共財は、個々の国家を超えるルールや組織を要求するからである（長谷部 2011: 14-15）。

航空券連帯税は、2005年にフランスのシラク大統領のもとで、国際航空運賃に対する消費税として導入が決定され（6カ国で決定）、2006年から施行された。税収はMDGs（現行はSDGs）を達成するための資金としてUnitaid（国際医療品購入ファシリティ）や国際金融ファシリティ（IFFIm: International Finance

---

7）環境税と環境賦課金の区別は、財政秩序における金銭賦課の位置付け（租税として課税する場合と、賦課金として徴収する場合）や、税収の使途選択の法的評価までを視野に含めた場合、無視できない意味を持つ。ドイツ法では、租税、料金、負担金、特別賦課金という法的カテゴリーを持つ。しかし日本では、租税と課徴金や賦課金との区別が厳密に行われない傾向がある。（藤谷 2010: 28；島村 2009: 183）。

8）議会の高権には、立法権と予算権の2種類がある。予算高権については、議会とその主権の発展において本質的な役割を果たしたところの財政権という表現が用いられ、議会の財政権限は歴史的に重要な意味を有する（中里 2008: 224-225；兼平 2018: 20-21）。

Facility for Immunisation）等に拠出している。ただし、金子の提唱した国際人道税がその税収をユニセフ等の国際機関に送金する案であったのに対し、国際連帯税は税収をフランスの国庫に入れ、フランス政府がそれを国際人道目的に使う制度である。2018年現在14カ国が導入しているが、参加国はなかなか増えず、資金規模が小さいという壁に突き当たっている。

　航空券連帯税も、国家が賦課徴収するとはいえ、一種のグローバル・タックスであり、機能的には一定の政策目的実現のための国家間の財政調整の仕組みとみることができる。ただし、あくまでも Levy（付加的な定額税）であり、Tax（比例税または累進税）ではない。Levy も Tax も租税の形式で賦課されるが[9]、国際連帯税は、国際的な使用料や負担金、協力金、賦課金等の要素を含むため、従来の租税概念（国家の経費に充てるための資金調達目的）では捉えきれない新たな概念——グローバル公共財のための負担金——の要素を含めて考える必要があろう（望月 2014: 52；兼平 2016: 18）。

2　政策基準のグローバル化が国内公法学にもたらす影響

(1) 狭義のグローバル化とグローバル行政法

　このようにグローバル・タックスも国内で賦課徴収せざるを得ないので、国内租税法や国内公法の理論が妥当することになる（原田 2016: 205）。しかしながら、グローバル・タックスを一国のみで導入しても効果的でない状況下で、他国との連携をどう図るか、国際公共価値を実現する主体のガヴァナンスをどう統制するか、という問題が生じてくる。

　政策目的実現過程が国家の枠組みを越えてグローバル化する「狭義のグローバル化」[10]は、法律の制定・適用・権利救済（紛争解決）を国家の枠内で完結的に捉えてきたこれまでの国内公法学の前提を揺るがすことになる。それは、国家主

9）Tax と Levy には以下のような相違点がある。

　Taxes are fees that are imposed on corporations and individuals by a country's government. Taxes are used for the purpose of running of the government, investment, development, infrastructure, healthcare, public safety, law enforcement, etc.

　A levy is an extra amount that is charged on things like fuels, but as a surcharge on top of the cost, whereas a tax is a percentage of the total amount which is paid over.

権の役割をどう考えていくか、という問題につながる。

　グローバル・ガヴァナンスは一般的には、「集合的な統治機構の存在しない世界において、国境を越えた諸課題に対処するための国際機関・国家・企業・自治体・NGO・個人等の諸主体の相互作用の過程ないし枠組み」を意味すると捉えられている（興津 2015: 52）。もともと国際関係論に出自をもつ概念であるため、一般行政法的な議論を展開することに批判的な見解もある（斎藤 2011: 339-374）。斎藤は、一般行政法理論としての国際行政法論ではなく、経済法、租税法、社会保障法、環境法といった個別行政法の分野の中で、それぞれの特性に応じた国際法論に国際行政法論の議論は分化しており、一般行政法のレベルでの、実定法におけるグローバル化への反応は顕在化していないと分析している。したがって、近時の経済や社会のグローバル化に対しては、個別行政法分野におけるグローバル化への対応と対話しつつ、一般行政法における国際行政法理論を構築する作業の方が実り多いものになるとしており、グローバル・ガヴァナンスを対象から除外している（斎藤 2011: 344-345、372-374）。

　一方で、主権国家を越えたレベルで展開されるグローバル・ガヴァナンスを一般行政法の法的規律の対象とすべきとの見解のうち、主権国家の役割をどう考えるかに関して、以下の2つの考えがある（興津 2016: 79-80）。

　まず、原田は、国家間の連携によるグローバル・ガヴァナンス類似の構造をも行政法の対象として捉えるが、主権国家の役割をなお重視する見解（行政連携の概念と公法抵触法的解決の2本立て）を採る（原田 2015b: 27-36）。

　「行政連携」（多層的な公共管理・統治過程が結びつく構造）が進展することにより、政策形成の段階においては、実体的な政策内容の調整と共通化が進められる。その執行の段階においては、各国行政機関相互間での執行権限の調整と執行構造の平準化が推し進められる。

　そのなかで、二国間の行政協力関係において自国行政法と他国行政法の適用関係の調整の必要が生じた場合のもう一つの解決方法として、公法抵触法的解決を提唱している。私法においては、各国法のある程度の同質性・互換性を前提にして、国内法としての抵触法（「法の適用に関する通則法」）が、自国裁判所におけ

10）一方、国家を越えた経済活動や社会的なつながりが増大する経済・社会のグローバル化を「広義のグローバル化」という（原田 2016: 30）。

る外国法の適用を認める。それに対して、各国公法間にはそのような同質性は存在せず、「外国公法不適用の原則」が説かれてきた。それゆえ、公法における抵触法は、存在するとしても、一方的抵触法として自国法の適用範囲について定めるにとどまるとされてきた。このような従来の考えに対し、私法における考えを公法にも適用していくのが「公法抵触法的解決」である（斎藤 2011: 349）。

　他方、興津は、グローバル行政法として、グローバル・ガヴァナンスの法的規律を、国内行政法の理論や概念を手掛かりとしつつも、国家法秩序とは切り離された形で構想する。特定の主権国家の国内法に依拠しないのみならず、グローバル社会における主権国家の機能的等価物（グローバル立憲主義など）をも措定しない主張である（興津 2016: 83-85）。

　以上のように、グローバル行政法は、グローバル・ガヴァナンスそれ自体を行政法に由来する諸原理（アカウンタビリティ、透明性、参加などの手続法理）をもって理解しようとする構想であり、どこかの特定の主権国家の国内法に依拠するわけではない。グローバル・ガヴァナンスに正統性を付与する究極の主体たる国民（the people）は存在しないが、公法的規律を及ぼす試みとして、アカウンタビリティ等を確保することでこの問題に応えようとする主張である。この場合のアカウンタビリティは、統治者と被統治者または権限行使者と授権者の関係を問う概念として用いられる。

（2）正統性問題とグローバル・タックス

　これらのいずれの方法による場合であっても、グローバル化に伴う正統性問題が生じることになる。すなわち、グローバル化の進展により、政策形成の場が主権国家の議会から超国家レベルへと移転すると、伝統的な民主政的正統性が確保できなくなってしまう。これを補う正統性要素をどのように調達するかが問われることになる。政策決定が国家によってなされる場合でも、その内容形成が実質的なグローバル・レベルに先取りされ、国家の立法者の決定権限が空洞化するからである。

　グローバル化に伴う正統性問題に対する理論的対応として、一つには実質的な決定がなされている国際的なレベルにおける補完的正統化要素（民主政的正統性の議論をそのままでは適用できないため、適正手続、透明性、専門性の足し合わせによって正統性を担保する）の模索、すなわち、アカウンタビリティ等の確保

によるグローバル・ガヴァナンスがある。もう一つには、国内レベルにおける国家の不介入オプションへの注目がある（原田 2014: 13、原田 2017: 1-5）。

　後者の理論は、以下の考えに基づく。すなわち、グローバル化が進展しているとはいえ、国家はなおあらゆる任務を国家事務として遂行することができ、また強制力を伴う執行権限を独占的に有している。そこで、国際的なレベルでの政策基準の形成過程・手続等に条件付けを行い、その条件を充足しなかった場合には当該政策基準の国内法上の効力を否認する方法で、防波堤の役割を果たそうとする考えである。

　いずれにせよ、経済・社会のグローバル化（広義のグローバル化）の進展によって、国家が単独でその問題解決能力を十分に発揮できないような状況が広がりつつある。それに伴って、グローバル・ガヴァナンスの存在感が徐々に増している。ゆえに、国内公法学もグローバル・ガヴァナンスを対象とすべきであろうが、その際、正統性問題および「主権国家」の存在をどのように捉えるか（その存在を重視するか、あるいは、その存在を理論構築の先験的な前提として自明視すべきか）への視点が肝要となる。

　国際航空運賃に対する消費税の課税管轄権はそれぞれの主権国家に属するのではなく、国際社会に属するとの金子（1998、2010、2018a）の理念は、「課税主体としての国家主権」に関して、長期的なヴィジョンとなりうる。なぜなら、それは、消費税の抜け穴（輸出免税）となっている国際輸送に対して、あるいは、地球炭素税（国際環境税）のような levy（グローバル公共財のための負担金）とされる分野における課税管轄権の行使という問題につながるからである。

　このように、グローバル・タックスは「課税管轄権が国際社会に属するとみなす」ことを前提とする。しかしながら、現行税制では、各国の課税管轄権の及ぶ範疇で、国内法を根拠として賦課することになる。あくまで主権国家の存在が前提となる。

　市場はグローバル規模にまで拡大したのに、「公法は水際で止まる」という課税権の限界を越えるための施策としての各国の国内公法の営為は、地球規模での壮大な実験であるともいわれている（大橋 2012: 104-105）。すなわち、未解決の新たな共通課題に対し、たとえば、航空券連帯税のような一定の成果が認められる行政技術は瞬時に他国でも採用されるといった状況にある。グローバル化の進展に対応できるように、その通底にある理論的根拠を構築することが、グローバ

ル化時代における公法学（グローバル行政法、国際租税法）に求められている課題であろう。

（3）国内租税法にもたらす影響——多国間調整と国会の規律密度

　従来は国家の法律によって行政活動の基準が定められてきたが、グローバル・タックスの導入に向けては、各国間での課税の調整が主要な課題となる。政策形成のフォーラムとして OECD（Organization for Economic Co-operation and Development）や下部組織が用いられているのは狭義のグローバル化の一例であり、それはアクターの多元化を意味する。

　「グラクソ事件最高裁判決」（2009年10月29日民集63巻8号1881頁）によると、「自国における税負担の公平性や中立性に有害な影響をもたらす可能性のある他国の制度に対抗する手段として『タックス・ヘイブン対策税制』（租税特別措置法66条の6）を設けることは、『国家主権の中核に属する課税権』の内容に含まれる」と解されている。一方で、租税条約は締約国間で課税権を分配する定めを置いているが、わが国の権能が制約されるのは明文規定その他の十分な解釈上の根拠が存する場合でなければならないと判示する。グラクソ事件では、日星条約が問題となった。二国間租税条約は OECD モデル租税条約（Model Tax Convention on Income and Capital）に依ることが多く、他の租税条約との類似性が大きい。かつ、国内法に比べて精緻な規定に乏しいので、条約の解釈が問題となる。

　しかし、このような国内法と租税条約の解釈はあくまで、「国家」という統治単位を基礎に、その相互の調整を問題にする「国際化」の範疇の問題である。すなわち、これまでの国際租税法のパラダイムは、二国間という「国家間」（international）の課税権の分配を主眼とするものであった。今後の「狭義のグローバル化」（政策目的実現過程のグローバル化）のなかでは、二国間ではなく、多数国間の課税権の調整をどのように図るかが重要となる。

　「狭義のグローバル化」は国家を単位とせず、地球全体を単位とする政策形成・実施の調整を図る概念である。一定の政策を実現する政策実現過程の枠内で、条約や法律をはじめとする政策基準が、国家の単位を越えて形成・調整され、統一的に働く一連の調整過程が問題となる。そして、このようにして形成されたグローバルな政策基準ないし規範が、国家を飛び越えて私人の権利・義務に

直接影響を与えたり、国内議会を経由せずに国内の規範と結合したりする動態的関係が形成されることになり、国際法と国内法の境界線が曖昧になる。それは国家以外のアクターの多元化をもたらし、同時に、国家の関与が弱まっていることを意味する（原田 2016: 34-35）。

　以上のような狭義のグローバル化のなかで、グローバル・タックスを導入することは、国内租税法にどのような影響を及ぼすことになるのか。

　上記の大島訴訟最大判によると、租税とは「①国家がその経費に充てるための資金を調達する目的をもって」、「②特別の給付に対する反対給付としてではなく」、「③一定の要件に該当する全ての者に課する金銭給付」と定義される。したがって、費用負担形式としての租税の本質的要素は、「反対給付性のないこと」および「国家活動総体と租税負担との個別対応の不存在」である（藤谷 2016a: 7）。国家の租税収入の総額は国家活動の総体に対応している。その租税負担総額を各税目に公平に割り当てる際の基準に、いかなる要素が含まれるべきかという問題に立ち返る必要があり、①〜③についても、以下の論点を挙げることができよう。

　グローバル・タックスの税収の全部または一部を国際公共財供給のために国際機構に拠出する場合についても、「①国家がその経費に充てるための資金」と言えるのか。すなわち、租税は市場の失敗を補うための政府による公共財提供のための資金調達手段であるが、それはグローバル公共財にも及ぶのか。

　「②反対給付性のない点」は、国家の政策の公益性に標榜されたものである（藤谷 2016b: 9）。「国民健康保険料にも憲法84条（租税法律主義）の趣旨が及ぶが、国保料に84条は直接適用されない」と判示した「旭川国保条例事件最高裁大法廷判決」（2006年3月1日民集60巻2号587頁）は、固有の意味の租税と国保料を区別する基準はその「牽連性」、「反対給付性」の程度によるとしている。国保料収入の使途は限定されている。それは、「租税」の定義のメルクマールの一つである「反対給付性のないこと」に対する規律密度[11]の緩和を許容することに

---

11) 規制のための一般的・抽象的な基準は、法律によって定められなければならない。しかし現実には、立法者が全ての基準を定めることが不可能・不適切な場合があり、行政にその具体的な基準の策定が委ねられることがある。その授権の際の、基準の具体化のために必要な指示の詳細さを規律密度という（原田 2017c: 223）。

なる。その規律密度の緩和という基準は、グローバル・タックスとグローバル公共財の関係にも及ぶのか。

　さらに③についても、税制の公平の限界がある。税負担の公平は、個人の観点からは、ライフサイクルを通じた資源配分の各局面にほかならないが、課税はこれらの要素を共時的（＝一定時期において）に切り取る。所得課税・消費課税・資産課税の各税目の枠内で「公平な課税」を追求するため、通時的（＝時間の流れにそって）な世代間における公平性と不整合を生じる。ここに、個人が人的資本を容易に（非課税で）当該国家の外へと持ち出すことができる（＝住所を国外に移転させることにより、日本の課税管轄権を免れる）というグローバル化の要素が加わると、費用負担と受益が国民全体としては対応する[12]というフィクションと現実の乖離は一層明白になる（藤谷 2016a: 8）。

　租税は、個別の原因関係から切断された国家活動全体と対応する費用負担である。租税負担総額を、個々の納税者へ負担分配する過程において、枠付ける際のメルクマールとなる実体規範の確定は、グローバル化の時代においては一層困難となる。

　大島訴訟最大判では広範な立法裁量が認められている。広範な立法裁量が認められ、したがって、租税立法の合憲性が推定される限りは、国会の立法による規律密度を高める必要がある。

　すなわち、国内法を課税根拠とするグローバル・タックスを考察するに際し、①～③の租税としての性質は、政策目的手段のグローバル化による影響を受けているとはいえ、なお租税法律主義（憲法84条）による課税要件法定主義が及ぶと考えることができよう。課税要件法定主義は、課税に関する法律の根拠を要求するのみならず、その規律密度が一定以上あることをも要求する考え方である（原田 2017: 49；藤谷 2016: 9）。ただし、グローバル化のなかで今後も国会の規律密度が保てるかに関しては、変容しつつあるように思われる。

---

12) 個々人の租税負担と国家活動による受益とは個別には対応しないという「切離し」が、反対給付性のない租税の特徴である。しかし、富裕層や多国籍企業が租税回避行為やタックス・ヘイブンの利用により、所得や利益を海外に逃すことによるツケを負わされているのは、中所得・低所得の市民である。

3　グローバル・タックスと租税法律主義

(1) 法律の留保原則と租税法律主義

　行政法の最も重要な原則は、19世紀に成立したドイツの行政法理論から輸入された「法律による行政の原理」(「実質的法治主義」とも呼ばれる) である。「法律は憲法に適合するように作られ、解釈されねばならない。行政機関は立法機関が作った法律を適切に執行し、司法はその逸脱を監視する」という権力分立思想に源泉をもつ概念である (阿部 2008: 92)。

　一方で、租税法律主義の淵源は「法律による行政の原理」よりも古く、国王の課税権に制限を加えたところのマグナ・カルタ (1215年) に萌芽をみるところの「ルール・オブ・ロー」原則まで遡ることができる。しかし、英米法の「ルール・オブ・ロー」とドイツ法の「法律による行政の原理」は、今日ではほぼ同義に用いられ、同一内容の法命題になっていると理解されている (金子2016: 103；磯部 2004: 20)。

　法律による行政の原理は、「法律の法規創造力」「法律の優位」「法律の留保」をその内容とする。うち「法律の留保」とは、行政活動に関する一定の事項 (侵害行為等) は、国会が法律の形で事前に決定しておくべきとの考え方であり、歴史的にみると、議会の承認に基づく場合にのみ課税を行うことができるとする租税法律主義の考え方から派生してきたものと考えられる[13]。つまりそれは、行政上の権限を限定し明示したうえで、具体的に授権することを原則とする考えであり、ここにいう「法律」は形式的意味の法律に限られる。

　上記の旭川国保条例事件最大判は、租税法律主義を侵害留保原則の厳格化と捉えている。ところが近年の政策実現過程のグローバル化のもとでは、行政活動の準則に関する重要事項が国際的なレベルで決定され、国会は法律という形でこれを追認しているだけという状況が見られるようになっている。果たして、条約が「法律の留保」にいうところの根拠規定になるのかという問題が生じる。G20/OECD (金融・世界経済に関する首脳会合) の「BEPS (Base Erosion and Profit Shifting) プロジェクト報告書」(2015年)[14] の決定・勧告に基づいて、あるい

---

[13] 租税法律主義は議会の財政権 (予算高権) からもたらされるものである。一方、法律による行政の原理は議会の立法権を背景とするものである (中里 2011: 222、243)。

は、政府間でインフォーマルな政策調整がなされ指針が定められるような場合はなおさらである。

一方、租税法律主義の沿革を見た場合、その中心は課税要件法定主義にあることは明らかである。現代的意義とされる予測可能性原則の適用によっても、これに反する結果を生じさせることはできない（佐藤 2007: 64-67）。租税法律主義は、国民の権利（財産権）を保障することを目的としており[15]、「行政権に裁量を与えない」という意味での定めの明確性が必要とされるからである。

このように、租税法律主義は、法律による行政の原理の一環ではあるが、より厳格に捉えられている。財産権に対する侵害立法である租税法は罪刑法定主義（憲法31条、39条）の類推によるものと指摘されているように、「予測可能性」を中心的な考慮要素とする（南 1983: 1-5）。

現代社会において課税要件法定主義を核とした租税法律主義に「予測可能性の確保」という機能を果たすことが求められるのは、①課税権を定める租税法は典型的な侵害規範である、②現代国家における租税負担は相当に重く、重大な侵害となる、③税制は複雑化、精緻化、専門家しており、そこから生じる租税負担を事前に正確に予測することは容易ではないことの3つの理由による（佐藤 2007: 65）。

複雑な経済社会のなか、③に関して、予測可能性を越える経済取引がしばしば行われている。しかし、そのような場合であっても、課税要件法定主義の方が優先すると考えられている。

（2）「立法準則」としての租税法律主義

「法律による行政の原理」は権力分立を前提として、公権力の行使を法律の根拠に基づいてのみ認め、それによって国民の「自由と財産」を保障することを目的とする政治原理ないし憲法原理である。租税法律主義は、歴史的には、中世身分議会の課税承認権に由来する議会の財政権（予算高権）に関する原則であるた

---

14) *BEPS 2015 Final Reports* の詳細は以下参照。
http://www.oecd.org/ctp/beps-2015-final-reports.htm

15) 憲法84条が、統治機構に関する財政の章の規定でありながら、なぜそこから人権保護が導かれるのかという問題については、憲法30条が橋頭堡の役割を果たしているとの考えがある（中里 2011: 240）。

め、法律の縛り（法律の留保）が厳格である（金子 2017: 74；中里 2018: 223）。すなわち、租税法律主義はマグナ・カルタ以来、行政権の担い手たる国王の恣意的課税から国民を保護することを目的とし、名誉革命において完成された原則である。「法律による行政の原理」のなかでは、行政上の一般的な「法律の留保」の先駆けとされている。

ところが今日における租税法律主義は、「租税法律という形での法規規範の定立から、行政立法による規範の詳細化、行政解釈と実務を通じた個別事例への具体的適用、さらには、租税争訟における司法権による終局的な法解釈、へと至る租税法の実現過程における立法府・行政府・司法府の権限配分のあり方に光を当てる」ことを意味する。すなわち、租税法律主義は、租税立法のあり方を規律すると同時に、司法レベルにおける厳格解釈（文理解釈）原則[16]の論拠ともなっている（藤谷 2017: 194-195）。

上記「旭川国保条例事件最大判」や「武富士事件最判」（2012年1月13日民集66巻1号1頁）で示されたように、租税法律主義は、これまで、具体的な法律問題に解釈を与える「準則」としての有用性よりもむしろ、裁判所が自らの法的判断の「論拠」として動員しうる原理としての役割を果たしてきた。判例は従来から「租税法規はみだりに規定の文言を離れて解釈すべきものではない」旨の厳格解釈を繰り返し説示してきたが、上記判決[17]はこの厳格な文理解釈の原則を明示的に租税法律主義の原則から導いている。

他方、立法準則としての課税要件法定主義に関して、国会の規律密度をどう捉えるかが重要になる。というのは、狭義のグローバル化の影響下にあるグローバル・タックスも、国家主権のもとで賦課徴収せざるを得ないので、課税要件を明確にするための課税要件法定主義の規律の下にある。問題なのは、「実体はむしろ、かなり重要なことが、法律や政令以外のところで定められている」点にある。

---

[16] 租税法は侵害規範であり、法的安定性の要請が強く働くから、その解釈は原則として文理解釈によるべきであり、みだりに拡張解釈や類推解釈を行うことは許されない（金子 2017: 116）。

[17] 当該判決において、須藤正彦裁判官は補足意見において、「租税法律主義の下で課税要件は明確なものでなければならず、これを規定する条文は厳格な解釈が要求される」と述べている。

第4章　グローバル・タックスと租税法律主義

　納税義務に関し、租税法律主義の要請を完全に満たす理念的な法令（＝法の指令を誰もが一義的に認知できる性格を備えた完全な予測可能性を備えた法）は考えにくく、ほとんどすべての法令は、不明確であり不完備である。法令以外のところに課税要件を左右する要素が存在しているが、租税法律主義からするとその統制のあり方の検討が必要になる。

　岡村は、行政権による恣意的な課税からの国民の保護およびその現代的機能である法的安定性と予測可能性の確保という要素からして、租税法律主義を「自律的な個人としての人々が、代表者を通じて税負担のあり方を審議し、決定する立法上の原則」と位置付ける。そして、租税法律主義はそのような要素を立法過程で国民全体が代表を通じて議論することを求めていると述べている。行政や裁判所は、民主的な衆議を行うように作られた場所ではない。国会の正統性要素を重視する見解を示している（岡村 2010: 144-145、156、162）。

（3）租税法律主義と国際機構

　現行憲法84条の租税法律主義は明治憲法62条を引き継いだものである。一方、条約の締結にあたっては帝国議会の協賛を必要としなかった（明治憲法13条；現行憲法73条3号においては国会の承認を必要とする）。現在、二国間租税条約の締結については国会の承認を経ることが確立しているものの、徐々に国会の関与を縮減する傾向にある[18]。グローバル化の中で「民主的統制」の要請よりも、「効率」の要請を優位させてきたと言えよう。そのなかで、実質的な意味での民主的統制を行うための課題、すなわち、租税法律主義という立法準則をいかに位置付けるべきか。OECD/G20の BEPS プロジェクトが求める実質主義的な課税ルールの国際的な統合を国内法上どう取り扱うべきか。国会承認を実のあるものとするための工夫や、多国間租税条約における縛り等の検討が重要になる。

　経済のグローバル化は、主権国家のもとで法治主義を確保するという前提を弱めている。グローバル化による国家主権の融解は「代表なくして課税なし」以来の租税法律主義を揺るがせているとも言えよう。

---

18) 具体的には、租税条約等実施特例法の一括法化、タックス・スペアリング・クレジット（みなし外国税額控除）に関する交換公文の多用、国会承認を不要とする行政取極めとしての租税情報交換協定の登場、といった例がある（増井2017: 44）。

国際機構またはEUのような超国家組織が租税の賦課徴収から使途決定までを一貫して行うタイプのグローバル・タックス（EU金融取引税のような事例）の場合には、国家に対して要請されている租税法律主義と同様の内容が国際機構または超国家組織に対しても求められなければならないことになる。したがって、国際機構または超国家組織の決定に関与することができる代表者を送り出し、これら代表者が賦課・徴収の要件を定めることが必要となる。しかし実際は、徴収は国家（あるいはEU加盟の各構成国）の徴税組織に委託することになるので、国家間の執行（徴収）共助と同様の法的問題が考えられる。

　課税要件が明確に法定されていれば、課税要件法定主義との関係での問題は生じない。ただし、グローバル・タックスが目的税として徴収され、特定財源として扱われるようになると、一方では、賦課金額が国内の一般の税金と別枠で決定されることにより高額化するおそれがある。他方では、特定財源の壁に守られて使途の合理性への民主制的な統制が及ばなくなるおそれがある。そこで使途決定を担う組織のガヴァナンスや民主的コントロールの余地を確保するとともに、課税根拠に合理性が認められるかを法律学が常に吟味する作業が求められる（原田 2016: 205；兼平 2011: 16）。

　租税の特性であるところの「資金調達目的」および「反対給付性の欠如」は、賦課徴収額に歯止めをかける内在的要素を欠き、納税義務者の権利侵害の程度が大きくなる構造を示すものである。そこで、法律に詳細な課税要件規定を置くこと、課税庁による判断の余地（裁量）を極小化すること、納税義務者の権利防御に重点をおいた法理論を構築することが、他の行政分野と比較しても、租税法学により強く求められている（原田 2016: 38）。

　次に、政策基準のグローバル・レベルでの定立につき、国際機構自身の手による基準執行に対する歯止めの構築は可能かについて検討する。現在、税務執行上の国家間協力が進み、執行管轄権の領域的限界の克服が目指されている。これらの動きは、租税法の分野における国際公共価値の実現のための現象の萌芽と見ることができる。

　今日みられるような、タックス・ヘイブン等の利用によるアグレッシブなタックス・プランニングによる国際的な租税回避や再分配の機能不全が顕在化する以前は、国際租税法が全体として仕える国際公共価値なり国際社会共通の利益なりの存在については見出しがたいか、あったとしても萌芽的なものにとどまると考

えられてきた（増井 2009: 96）。しかし、世界的な貧富の差が拡大し、同時に、地球規模の課題解決に必要な資金調達が難しくなっている現在、社会正義に基づく「分配の公平」が国際公共価値になっていると言えよう。

国際租税法の分野での立法管轄権の適用範囲については、国家に広い裁量が認められ、国際法の制限は緩やかであった。今後は、執行管轄権（執行共助体制）の確立が、課税における立法管轄権の行使に対してもインパクトを持ちうると考えられている（増井 2017: 10-11）。現在の各国の居住地管轄権（国籍や居住の事実に基づく）が同格で競合するというシナリオの下では、それぞれの管轄権が相互に制約しあう。そうすると全世界課税原則は維持不能となり、課税対象の縮減を迫られるかもしれない。その行き着く先は、「居住地管轄」と「源泉地管轄」（課税対象となる領域内の経済活動や財産の所有の事実に基づく）という従来の考え方とは異質のものになる可能性すらあることを、増井は指摘している（増井 2017b: 11）。

4　分配の公平を求めて──グローバル・タックスの導入プロセス

(1) 国内法化プロセスの厳格化

租税条約によって課税要件を新たに課すことはできず、課税要件を緩和・免除することもできない。租税条約の目的は、国際的な二重課税を排除すること（＝国内法のルールを修正して二重課税の排除がより円滑に進むようにする）、および、脱税の防止（＝国際取引にかかる情報交換の規定を設ける）である（増井＝宮崎 2015: 23）。これら租税条約は国内租税法のように精緻ではないので、解釈の余地を生み、事後的な紛争が生じやすい。

課税権の分配条項を含む二国間租税条約の締結については国会の承認を経ることが確立しているので、課税要件法定主義に反するものではないとされている（増井 2017: 44、59）。国会は、内閣が締結した租税条約を例外なくそのまま承認しているが、それでも委員会での説明や質疑応答が行われるため、内閣による条約の締結は民主的コントロールに服していると考えられている。

グローバル・タックスの導入を考える場合、条約による課税は不可能であり、国内租税法による立法化しかない。出国税（国外転出時課税制度）[19]のようにOECDモデル租税条約に取り込んで加盟国の導入を促す、あるいは、BEPS行動

計画の国内実施として租税法に取り込む方法が考えられる。

　条約と租税法律主義の関係を理解するうえでポイントとなるのが、上述したところの国会の関与の仕方である。BEPS 行動計画を国内法に取り込む際には国会のコンセンサスを得て、国内法のフィルターにかける必要がある。

　国際課税は、国境を越える経済取引に対し、課税に対する国家主権の保持を前提としたうえで、当事国同士の利害のすり合わせの結果として、そのあり方が決められてくる。グローバル時代においては、二国間ではなく、多国間の調整が必要になる。

　OECD モデル租税条約が改訂されると各国は一つひとつ個別の租税条約の改訂交渉を行うことになる。しかし、多くの租税条約（世界中で3,000以上）が締結されている現状では、実施に時間がかかる。グローバル・タックスは、一国のみで導入しても効果的ではなく、他国との連携が重要になる。したがって、グローバル・タックスの仕組みを OECD において規定し（＝ソフトローによる枠組み）、加盟各国に導入を促す（＝国内法によるハードロー化）という手法が考えられる。導入国相互の調整が、その次の段階として求められる。究極的には、多国間条約で調整する方法が望ましいのではないか。

（2）グローバル・タックスの根拠論と租税法律主義

　国境を越える特定の経済活動に課税し、その税収を貧しい国々に再分配する方法として提唱された革新的資金調達メカニズムの一つが、金子（1998）が提唱した国際人道税構想である。効果的なグローバル・タックスであるためには多数国間での連携が必要になる。しかしそれは、国家主権の中核をなす課税権に対する国会の規律が弱まることを意味する。にもかかわらず、なお、グローバル・タックスが必要とされる根拠論を、「歴史的にみて、近代法治主義の確立のうえで、先導的・中核的役割を果たしてきた租税法律主義」[20]から導くことができるのか、について検討する。

---

19) OECD モデル租税条約13条5項に相当する規定を二国間租税条約で定めている場合には、租税回避目的で国外移転が行われる可能性がある。出国税は、国外流出に対して適正な課税権を行使するために、出国時を機会にみなし譲渡課税が行われる措置である（宮本 2012: 626）。2015年7月以降の出国に対して適用されている。2019年1月7日から新たに導入された「出国税」（国際観光旅客税：出国1回につき1,000円）とは異なる制度である。

まず、分配の公平、世界的な再分配がなぜ必要かについて考察する。現行税制は、課税の対象となる経済的基準（所得・消費・資産）につき、各税目の枠内で「公平な課税」を追求するため、通時的な、世代間における公平性と不整合を生じさせることになる。ここに、人的資本を容易に（非課税で）当該国家の外へと持ち出すことができるグローバル化の要素が加わると、費用負担と受益が国民全体としては対応しない——すなわち、「逃げていく税金」問題が一層明白になる（志賀 2013: 62-63）。

そのなかで、租税立法につき、判例は極めて広範な立法裁量を認めている（大島訴訟）。租税という金銭給付には、租税法律主義による課税要件法定主義が特に及ぶ。国会の規律密度を厳格にし、課税要件法定主義を厳守する必要性は高い。その租税立法の内容に、世代間の公平、あるいは、グローバルな「分配の公平」要素を取り込む必要性があるのではないか。国外に逃げていく税金問題や世代間の公平要素を織り込んだうえでの租税公平主義は、「租税負担と受益が国内で完結しきれない現実」をも考慮要素とすべきではないか。

トマ・ピケティ（Thomas Piketty）が述べるところの「資本収益率（r）＞経済成長率（g）」により格差が拡大し続けるグローバル経済においては[21]、これまで租税法で主張されてきた「租税法律主義＞租税公平主義」の調整が必要となるが、それは容易ではない。

たとえば、アグレッシブなタックス・プランニングに対し、一般的否認規定（GAAR: General anti-Avoidance (or Abuse) Rule）の導入が BEPS や EU で検討されている[22]。一般的否認規定（GAAR）は、主として所得税の領域において、課税要件の充足を回避する人為的なスキームに対抗する役割を期待して、導入・適用される立法技術である。同規定については賛否両論があり、私見として

---

20) 「代表なければ課税なし」という思想のもとに、課税権は国民の同意、すなわち国民代表議会の制定する法律の根拠に基づくことなしには行使できない、という憲法原理が成立することになったが、この意味における租税法律主義は、法治主義一般（法律による行政の原理）の確立に大きな影響を与えた（金子 2017: 74）。

21) 資本収益率（r）が産出と所得の成長率（g）を上回るとき、資本主義は自動的に、恣意的で持続不可能な格差を生み出す結果となることを実証データに基づいて検証している（Piketty 2014）。

22) 長戸（2017: 169）ならびに本庄（2017）の各論考参照。

は導入に反対である[23]。

　GAAR は、これまで厳格な文理解釈をとってきた「租税法律主義」の規律密度の緩和をもたらす可能性をはらむ。グローバル化がもたらす貧富の差の拡大のなかで、世界的な「分配の公平」も重要な考慮要因の一つであるが、それでも侵害立法である租税法規には規律密度の厳格さが求められる。したがって、租税公平主義は重要な視点ではあるが、その達成の仕方に多くの考慮要因を含むことになる。

　ピケティが唱えるところの「累進資本税」と異なり、グローバル・タックスとしての航空券連帯税は levy としての負担金、協力金、賦課金——グローバル公共財のための定額税——にすぎず、導入が困難なわけではない。これまで見てきたように、税制も国際的視野で設計すべき時代となっており、公平性は国内課税の範疇でのみ論ずるべきではなく、国際的にみて不公平極まりない課税システムを正す視点を取り入れる必要があろう。しかし課税権は国家主権そのものであるという課税管轄権の縛りを考えると、それは、所得課税の範疇ではなく、まず消費課税を中心とした levy の範疇から始めるべきと思料する。

　資本主義の欠陥を埋めるのが政府による再分配政策である。国家が何らかの程度において分配状態の是正＝再分配を行うことは不可避となっており、再分配は国家の正統な任務の一部と考えられていることは疑問の余地がない（金子 2017: 4）。租税は、応能負担原則に基づく再分配目的として利用されており、またそれが役立つことを期待されている。再分配の根拠は政治哲学の基本問題であり、どういう枠組みで議論すべきかを巡っては議論が絶えない。税制のみに着目して公平を語ることは意味がないが、税制を論ずる以上は分配問題に関与しないわけにはいかない。世代間公平や地球規模でみた貧富の差は日本国内のそれより大きいという世界正義論（Rawls 1999; Sandel 2010）もフロンティアとなっている（増井 2016: 4）。

　そのためには、税収の再分配の規範理論が必要となる。税制の分野における国

---

[23] 私見としては、立法の規律密度を緩めることにつながる一般的否認規定の導入には反対であるが、一方で、周到なタックス・プランニングによる国際的な租税回避による「逃げていく税金」問題は大いなる懸念事項であり、個別規定による迅速な立法対応が必要であると考える。

際公共価値は「社会正義」に基づく分配の公平ということになろう。マルコ・グラッソ（Marco Grasso）は、国連気候変動枠組条約における適応基金の正統性に関し、実証的研究に基づいたリベラルな社会正義の観点から基金の必要性を論じている（Grasso 2010: 3）。

増井も、正義論の観点から、分配的正義の判断は税引き後の富の分布を巡ってなされるべきであるとする。また、正義論と租税政策の関係につき、具体的な制度に即して内容を充填し、より一般的な正義の構想につなげていくことに精力を傾けるべきであると論じている（増井 2014: 19-21）。これは、より広い視点から、人々の間の資源の分配を税引き後の状態で判断し、分配的正義の諸構想をあてはめるという思考様式である。

おわりに

経済のグローバル化に起因する問題は、国家主権の枠組みを超えた問題となっている。フォーマルな国際機構の関与であれ、インフォーマルな国際ネットワークの関与であれ、国際機構がアカウンタビリティを果たし、グローバル・ガヴァナンスにつき法的規律を及ぼすことができるのかという問題を生じさせることになる。国家主権の役割が変容しつつある現状を認識したうえで、立法管轄権と執行管轄権の範囲を再考する必要がある。

グローバル・タックスも国内租税法として立法化することになる。「国家主権の中枢に属する課税権」（グラクソ事件最判）に対して、グローバル化の広がりの中でも、国会の規律密度を高めることにより、実質的な意味での民主的統制を行う必要がある。そのための国際公共価値は「社会正義」であり、分配的正義の構想はあくまで税引後の財産の分配をめぐって展開すべきものであろう。

グローバル・タックスの端緒とされる航空券連帯税は、taxではなく、levyとしての仕組みである。しかも、所得課税ではなく、付加価値税（消費税）の範疇で、輸出免税による空白を埋めるものである。国家単位での導入が困難なわけではない。さらには、これまで、国境を越えることができないとされてきた徴収手続や情報収集といった執行手続に関する執行管轄権の国際的対応が進みつつある。グローバル化による国家主権の融解を背景としつつも、実質的な意味で民主的統制を行う「準則」としての租税法律主義の果たすべき役割は今後も減じることはなかろう。

参考文献

阿部泰隆（2008）『行政法解釈学Ⅰ』有斐閣。
磯部力（2004）「法律による行政の原理」『行政法の争点［第3版］』、18-21頁。
上村雄彦（2015）「グローバル・タックスと気候変動」『環境研究』、No.178、18-31頁。
大橋洋一（2012）「グローバル化と行政法」『行政法研究』、第1号、90-113頁。
岡村忠生（2010）「租税法律主義とソフトロー」『税法学』、第563号、141-162頁。
興津征雄（2015）「グローバル行政法とアカウンタビリティ」浅野有紀ほか編著『グローバル化と公法・私法関係の再編』弘文堂、47-84頁。
興津征雄（2016）「グローバル化社会と行政法」『法律時報』、第88巻第2号、79-85頁。
兼平裕子（2011）「国際連帯税」『愛媛大学法文学部論集総合政策学科編』、第31巻、1-32頁。
兼平裕子（2016）「COP21パリ協定9条における資金問題と国際連帯税構想」『愛媛法学会雑誌』、第43巻第1・2号、1-44頁（同『借用概念と税務争訟』（清文社、2016）220-264頁再掲）。
兼平裕子（2018）「課税管轄権の共同行使は可能か」『税研』、No.197、20-28頁。
金子宏（1998）「国際航空運賃と消費税」『税研』、No.81、6頁。
金子宏（2010）「国際航空券税（国際人道税）等国際課税の問題について」『租税研究』、第724号、66-75頁。
金子宏（2016）「ルール・オブ・ローと日本の租税法（抄訳）」『税研』、No.185、102-114頁。
金子宏（2017）『租税法［22版］』弘文堂。
金子宏（2018a）「『国際人道税』のその後（上）」『税研』、No.197、14頁。
金子宏（2018b）「『国際人道税』のその後（下）」『税研』、No.200、40頁。
斎藤誠（2011）「グローバル化と行政法」磯部力ほか編『行政法の新構想Ⅰ』有斐閣、339-374頁。
佐藤英明（2007）「租税法律主義と租税公平主義」金子宏編『租税法の基本問題』有斐閣、55-73頁。
志賀櫻（2013）『タックス・ヘイブン──逃げていく税金』岩波書店。
島村健（2009）「環境賦課金の法ドグマーティク」環境法政策学会編『生物多様性の保護』商事法務、183-193頁。
高野幸大（2014）「国家管轄権と国際租税法の関係」『租税法研究』、第42号、79-97頁。
田中雄一郎（2017）「出国税と国際連帯税」『租税研究』、第818号、3-6頁。
中里実（2014）「主権国家の成立と課税権の変容」金子宏ほか編『租税法と市場』有斐閣、28-53頁。
中里実（2018）『財政と金融の法的構造』有斐閣。
長戸貴之（2017）「『分野を限定しない一般的否認規定（GAAR）』と租税法律主義」『フィナンシャル・レビュー』、第129号、169-193頁。
長谷部恭男（2011）『憲法［第5版］』新世社。
原田大樹（2014）「グローバル化と行政法」『行政法の争点』、12-13頁。
原田大樹（2015a）『行政法学と主要参照領域』東京大学出版会。

第4章　グローバル・タックスと租税法律主義

原田大樹（2015b）「グローバル化時代の公法・私法関係論」浅野有紀ほか編著『グローバル化と公法・私法関係の再編』弘文堂、17-46頁。
原田大樹（2016）「政策実現過程のグローバル化とEU法の意義」『EU法研究』、第2号、30-62頁。
原田大樹（2017a）「国民健康保険の保険料と租税法律主義」『行政判例百選［第7版］』、48-49頁。
原田大樹（2017b）「グローバル化の課題」『行政法研究』、第22号、1-15頁。
原田大樹（2017c）『現代実定法入門』弘文堂。
藤谷武史（2010）「環境税と暫定税率─租税法・財政法・行政作用報の交錯領域として」『ジュリスト』、No.1397、28-36頁。
藤谷武史（2016a）「国家作用と租税による費用負担」『法律時報』、第88巻第2号、4-9頁。
藤谷武史（2016b）「租税法律主義における租税の意義」『租税判例百選［第6版］』、8-9頁。
藤谷武史（2017）「論拠としての『租税法律主義』─各国比較」『フィナンシャル・レビュー』、第129号、194-217頁。
本庄資編著（2017）『国際課税ルールの新しい理論と実務　ポストBEPSの重要課題』中央経済社。
増井良啓（2009）「日本における国際租税法」『ジュリスト』、No.1387、95-102頁。
増井良啓（2010）「国際連帯税」『ジュリスト』、No.1413、42-43頁。
増井良啓（2011）「法人税制の国際調和に関する覚書」『税研』、No.160、30-37頁。
増井良啓（2014）『租税法入門』有斐閣。
増井良啓（2016）「再分配の手法と税制」『租税法研究』、第44号、1-13頁。
増井良啓（2017a）「租税条約の締結に対する国会の関与」『フィナンシャル・レビュー』、第129号、44-65頁。
増井良啓（2017b）「国際課税の制度設計」金子宏監修『現代租税法講座　国際課税』日本評論社、3-27頁。
増井良啓=宮崎裕子（2015）『国際租税法［第3版］』東京大学出版会。
南博方（1983）「租税法と行政法」『租税法研究』、第11号、1-13頁。
宮本十至子（2012）「法人に対する出国税をめぐる諸問題─EUの動向を中心に」『村井正先生喜寿記念論文集　租税の複合的構成』清文社、623-642頁
望月爾（2014）「国際連帯税の展開とその法的課題」『租税法研究』、第42号、51-73頁。
諸富徹（2013）『私たちははぜ税金を納めるのか』新潮社。

Grasso, M.（2010）*Justice in Funding Adaptation under the International Climate Regime*, Springer.
Keen, M. & Strand, J.（2006）"Indirect Taxes on International Aviation," *IMF Working Paper*（06/124）.
Landau, J. P.（2004）*Landau Report*.
Piketty, T.（2014）*Capital in the Twenty-First Century*, The Bellnap Press of Harvard

University Press.（トマ・ピケティ著・山形浩生ほか訳（2014）『21世紀の資本』みすず書房）

Rawls, J.（1999）*A Theory of Justice*, Harvard University Press.（ジョン・ロールズ著・川本隆史ほか訳（2011）『正義論［改訂版］』紀伊国屋書店）

Sandel, M. J.（2010）*Justice: What's the Right Thing to Do?* Penguin Books.

Schenk, A. & Oldman, O.（2001）*Value Added Tax: Approach in Theory and Practice*, Transnational Pub Inc.

第 5 章

グローバル・タックスと多国籍企業

金子文夫

はじめに

　21世紀に入り、情報通信技術のさらなる発展とともに、多国籍企業によるグローバルな事業展開が一段と加速している[1]。しかし、多国籍企業に対する課税は、1国単位の課税主権のもとで、国ごとに独立して行われている。低税率と秘密主義を特徴とするタックス・ヘイブンに利益を移転することにより、多国籍企業は本来支払うべき租税を合法的に回避し、公正であるべき租税システムを歪め、世界的規模での経済格差の拡大を助長している。

　このようなグローバル経済と課税主権とのズレを埋めていくためには、税制におけるグローバル・ガヴァナンスの構築、すなわちグローバル・タックスの実施が検討されなければならない。多国籍企業の租税回避に対処するために、OECD（Organization for Economic Co-operation and Development、経済協力開発機構）とG20は BEPS（Base Erosion and Profit Shifting、税源浸食と利益移転）プロジェクトに取り組んでおり、各国課税当局が連携して共通課税ルールの構築を目指している。これは主権国家体制のもとでグローバル・ガヴァナンスに接近する一つの試みといえよう。

　多国籍企業の租税回避装置であるタックス・ヘイブンについては、最近、その内部情報が ICIJ（International Consortium of Investigative Journalists、国際調査報道ジャーナリスト連合）によって公表されてきている（オーバーマイヤー、オーバーマイヤー 2016、奥山 2017、朝日新聞 ICIJ 取材班 2018）。また、その歴史やメカニズムについては、すでに多くの調査文献が刊行されている[2]。タック

---

1) 世界の対外直接投資規模は2006年に年間1兆ドルを越え、2010年代には2兆ドルに接近している（日本貿易振興機構編 2017: 29）。

ス・ヘイブンの量的規模、多国籍企業による租税回避量の推計なども、それなりに研究が進展している[3]。しかし、そうした研究を比較検討し、それぞれの推計の役割を明らかにしていくことは、なお課題として残されているように思われる。

また、包括的な租税回避対策であるBEPSプロジェクトについてもすでに一定の研究成果が刊行されているが[4]、BEPSがグローバル・ガヴァナンスの観点からみて、いかなる意義と限界をもっているのか、その歴史的位置づけを明らかにしていくことも今後の課題であろう。

本章の課題は、第一に、すでに公表されているタックス・ヘイブン、ならびに多国籍企業の租税回避に関する数量的調査を比較検討し、そうした調査の特色と役割を明らかにしていくことである。第二に、BEPSプロジェクトに至るタックス・ヘイブン対策税制の歴史的系譜を概観し、多国籍企業課税の現段階と今後の可能性を検討することである。以下、前半では租税回避にかかわる代表的な調査の内容を順次検討し、後半では多国籍企業課税の方法論について最近の動向をまとめていくことにする。

1 租税回避に関する諸推計

(1) BEPS報告書以前の推計

BEPS11レポートはタックス・ヘイブンを通じた法人税の租税回避量に関する推計方法と推計結果を詳細に論じているが、その検討に入る前に、それ以前の推計を概観しておこう。

リチャード・マーフィー（Richard Murphy）は、2017年に刊行されたDirty Secret（マーフィー 2017）の第5章「タックス・ヘイブンのコスト」のなかで、これまでに公表されてきたタックス・ヘイブン（あるいはオフショア）保有の金

2）邦訳されている主な調査研究として、シャクソン（2012）、パラン、マーフィー、シャヴァニュー（2013）、マーフィー（2017）をあげておく。

3）マーフィー（2017）、第5章、Dharmapala（2014）、Riedel（2015）等、参照。なお、より広い意味での徴税漏れを意味する「タックス・ギャップ」については、居波（2017）、本庄（2017d）参照。

4）さしあたり、中里・大田・伊藤編（2017）、本庄編（2017）をあげておく。

第5章　グローバル・タックスと多国籍企業

図表 5-1　タックス・ヘイブンによる税収損失の諸推計

推計主体	報告年次	推計内容
オックスファム、イギリス支部	2000年	途上国の損失500億ドル
レイモンド・ベイカー	2005年	世界の不正資金流通額1.1～1.6兆ドル
タックス・ジャスティス・ネットワーク	2005年	オフショア資産10～12兆ドル、税収損失2550億ドル
OECD	2008年	途上国の損失3750億ドル
クリスチャン・エイド	2008年	途上国の法人税損失1600億ドル
リチャード・マーフィー	2011年	世界の税収損失3.1兆ドル
タックス・ジャスティス・ネットワーク	2012年	世界のオフショア金融資産21～32兆ドル　税収損失1900～2800億ドル
オックスファム	2013年	タックス・ヘイブン資産18.5兆ドル、税収損失1560億ドル
ガブリエル・ズックマン	2013年	オフショア資産7.6兆ドル、税収損失1900億ドル

出所：マーフィー（2017）、113-123。

融資産、および税収損失の諸推計を列挙している[5]。それらのうち、BEPS11レポートが公表される以前のものは図表5-1のようにまとめられる。この表から、次の3点を指摘することができる。

第一に、推計主体は主にNGOであり、2008年のOECDを除けば公的機関あるいは学術研究の成果は示されていない。公的機関あるいは学術研究では厳密さが求められるが、秘密主義を特徴とするタックス・ヘイブンの情報はきわめて限られているため、正確な数字を出すことができなかったからであろう。その点、NGOは大まかではあっても数字を出すことに意義を認めていたと考えられる。

第二に、推計内容は、①タックス・ヘイブン資産と税収損失、②世界の税収損失、③途上国の損失、法人税損失、④世界の不正資金流通額の4系列に分類される。①ではタックス・ジャスティス・ネットワークの2012年推計（Henry 2012）、オフショア資産21～32兆ドル、税収損失1900～2800億ドルが代表的なも

5）タックス・ヘイブンは税率が低い地域、オフショアは金融規制の緩い地域を指し、論者によって用語法に差があるが、事実上は同じ意味になるので、本章では基本的にタックス・ヘイブンを用いる（合田 2014: 17-19、参照）。

のであろう。②はマーフィーの2011年推計のみで、税収損失3.1兆ドルときわめて巨額に見積もっている[6]。③はOECDとクリスチャン・エイドの2008年推計により、途上国損失3750億ドル、法人税損失1600億ドルとみている。④はベイカーの2005年推計のみだが、これも1.1～1.5兆ドルと巨額である。このように、相互に関連するが対象範囲の異なる推計が存在することを確認しておきたい。

なお、学術研究では、多国籍企業によるタックス・ヘイブンへの所得移転を、税率の差と関連づけて究明した論文が少なくない。それらの概要は、Dharmapala（2014）、Riedel（2015）などにまとめられている。そこでは、税率差以外の要因にも注目すべきであること、情報が不足していたこれまでの研究は過大推計の傾向があることなどが指摘されている。

（2）BEPS11レポートの推計

OECD租税委員会は2012年6月にBEPSプロジェクトを立ち上げ、早くも2013年7月に15項目にわたる行動計画を作成、その後G20メンバー国などの参加を経て2015年10月に最終報告書が公表された。BEPS最終報告書のなかの行動11レポート（全268頁）は、BEPSによる法人税収の逸失規模の把握を目標として、先行研究をふまえ、既存データの評価、BEPS指標の抽出、逸失規模の推計方法の検討など、詳細な考察を行っているので、以下その内容をみていこう。

行動11レポートは4章で構成されている。第1章は既存データの点検であり、マクロデータでは国民経済計算、国際収支統計、対外直接投資統計、貿易統計、法人税統計など、ミクロデータでは税関情報、企業決算報告、税務情報などを取り上げている。それらの情報はそれぞれに有意義ではあるが、にもかかわらずBEPSの推計を行ううえでは限界があるとみている。また個別的には、ドイツ連邦銀行の直接投資ミクロデータベース、アメリカ内国歳入庁の外国子会社税務情報など詳細なものもあるが、全体的にみれば全世界のBEPS規模を推計するデータは不十分であると評価している。

第2章は、BEPSを示す指標の抽出にあてられる。BEPSの把握は単一の指標では無理であるとみて、6個の指標を取り上げている。第一は、GDPと外国直

6）欧州委員会の推計によれば、欧州は毎年1兆ユーロ超の税収を失っているとの指摘もある（本庄 2017b: 187）。

図表 5-2　世界の法人税損失規模の推計

推計主体	推計方法	推計範囲	推計金額(億ドル)	推計年次
OECD	税率差の集計	全世界	1000～2400(法人税総額の 4～10%)	2014
IMF	法人税効率	全世界	法人税総額の 5%	
UNCTAD	オフショア投資統計	全世界	2000(法人税総額の 8%)	2012
IMF	法人税効率	途上国	法人税総額の13%	
UNCTAD	オフショア投資統計	途上国	660～1200(法人税総額の7.5～14%)	2012

出所：OECD (2015), 101.
注　：UNCTADの推計は投資関連のBEPSを対象とし、移転価格は含まない。

接投資との比較であり、GDP規模に比べて直接投資が異常に集中している国・地域はBEPSの存在が想定されるとする。第二は、多国籍企業グループ内における低税率国・高利益率子会社への収益の集中度である。グループ平均の税率より低税率の国に立地し、グループ平均の利益率より高い利益率を計上する子会社がグループ全体の収益の多くを稼いでいるというわけである。これは当然のことと考えられるが、子会社全体を平均税率と平均利益率を境界線にして4グループに分けると、低税率・高利益率グループの収益は全体の45％を占めると推計している。第三は、多国籍企業グループ内における低税率国子会社の高利益率である。第二の指標と重なるようにみえるが、ここではグループ平均との利益率の格差に注目している。第四は、多国籍企業の外国子会社と同程度の国内一般企業（非多国籍企業）との実効税率の比較であり、3％程度の税率格差を算出している。第五は、研究開発投資とロイヤリティ受取との比較である。研究開発投資とロイヤリティ受取は対応するはずだが、無形資産の低税率国への移転によってそこに乖離が生じていることに着目している。第六は、法定税率と利子支払との関係であり、高税率国の子会社が多国籍企業グループ全体の利子支払のなかで多くの割合を占めていることを示している。

　以上のようなBEPS指標の抽出作業を経て、第3章でようやくBEPSの規模と経済的影響の推計に取りかかる。ここではまず、推計の前提として、BEPSの定義、BEPSなき世界との比較、実質的経済活動とBEPSの区別、非BEPS的選択とBEPSの区別、適正なBEPS分析のための税率の測定などの問題を検討する。次に、BEPSの規模を推計している主な先行研究を点検し、ほぼ妥当と考えられる範囲を図表5-2のようにまとめている。

　図表5-2によれば、OECDは世界の法人税総額の4～10％に相当する1000億

〜2400億ドル規模の租税回避が生じていると推計している。これは、別の推計方法を用いた IMF、UNCTAD の推計とおおむね重なっており、現時点では妥当な数字であると判断できる。

　OECD は、Bureau van Dijk（ビューロー・ヴァン・ダイク）社の ORBIS というデータベースを用いて分析を行っている[7]。ORBIS は全世界の2億社をカバーする包括的な企業情報のデータベースであり、その2000年から2010年のデータを基準として推計作業がなされている。そこから発掘された様々な事象のなかで最も重視されたのは、多国籍企業と一般企業との実効税率格差であり、多国籍企業の実効税率は一般企業より4〜8.5％低いと計算された（OECD 2015: 102）。これに他の要素を追加して、租税回避総額の範囲が4〜10％と推計されたわけである。

　なお行動11レポート第4章は、将来に向けての課題と6点の勧告を記しており、BEPS プロジェクトを通じた多国籍企業情報の集積に期待を寄せている。

（3）BEPS11レポート以後の推計

　OECD の推計に対しては、それが過少ではないかとして、いくつかの批判が提起されている。図表5-2における IMF の推計は2014年のレポートを引用しているが（IMF 2014）、それとは別に IMF の専門家エルネスト・クリヴェッリ（Ernest Crivelli）らは、BEPS 報告書は発展途上国における税の逸失を十分には把握していないとみて、IMF が保有する173カ国、1980〜2013年の政府歳入データを用いて、実効税率の動向を中心に算出手順を明示したうえで、租税回避規模の推計を試みている。それによれば、OECD 諸国4000億ドル、非 OECD 諸国2000億ドル、合計6000億ドルほどの租税回避額（2013年）となる（Crivelli, Mooij and Keen 2015: 21）。この推計は、先進国（OECD 諸国）とその他諸国（途上国）との2大区分に基づくものであり、それ以上の内訳は示していない。

　それに対して、国別に租税回避額を推計した調査も存在する。アレックス・コブハム（Alex Cobham）とペトル・ヤンスキ（Petr Jansky）は、ICTD（International Centre for Tax and Development、税と開発のための国際センター）と

---

7) OECD（2015: 29）。ORBIS については、https://www.bvdinfo.com/ja-jp/our-products/company-information/international-products/orbis, last visited on 16 November 2018.

図表 5 - 3　主な税収逸失国（2013年）

	税収逸失額 （億ドル）	GDP比率 （％）
アメリカ	1888	1.13
中国	668	0.75
日本	468	0.93
インド	412	2.34
ブラジル	218	1.00
アルゼンチン	214	4.42
フランス	198	0.72
ドイツ	150	0.42
パキスタン	105	4.42
インドネシア	65	0.75

出所：Cobham and Jansky（2017），25-27.

UNU-WIDER（United Nations University World Institute for Development Economic Research、国連大学世界開発経済研究所）が開発した政府歳入データベースを利用して、租税回避総額5000億ドル（2013年）を算出した（Cobham and Jansky 2017: 21）。この調査は国別に集計されており、図表 5 - 3 に示されるように、逸失額の多い国としてアメリカ1888億ドル（GDPの1.13％）、中国668億ドル（0.75％）、日本468億ドル（0.93％）、インド412億ドル（2.34％）などがあげられている[8]。

（4）ミクロレベルの推計

こうしたマクロレベルの調査が進行する一方、個別の多国籍企業の租税回避状況に関するミクロレベルの調査も存在する。成果が積上げられているのは、アメリカ多国籍企業のデータである。アメリカのITEP（Institute on Taxation and Economic Policy、税と経済政策研究所）は、継続的にアメリカ多国籍企業のタックス・ヘイブン利用実態を調査し、レポートを発行している。2017年10月発行の"Offshore Shell Games 2017"（Phillips, Gardner, Robins and Surka 2017）によれば、Fortune誌掲載のアメリカ大企業500社のうち情報の得られる366社（73％）がオランダ、ルクセンブルク、ケイマン諸島などのタックス・ヘイブン

8）この数値は『朝日新聞』2017年6月11日に紹介されている。

図表5-4　アメリカ多国籍企業のタックス・ヘイブン子会社数

企業名	タックス・ヘイブン子会社数	主な立地地域
Goldman Sachs Group	905	ケイマン諸島511、ルクセンブルク183、アイルランド52
Morgan Stanley	619	ケイマン諸島251、オランダ113、シンガポール68
Thermo Fisher Scientific	199	オランダ71、香港18、スイス16
Bank of New York Mellon Corp.	177	ケイマン諸島66、アイルランド52、オランダ15
AES	174	ケイマン諸島68、オランダ63、英領バージン諸島8
J.P.Morgan Chase & Co.	170	ルクセンブルク33、ケイマン諸島25、香港17
Pfizer	157	オランダ64、ルクセンブルク28、アイルランド27
Marriott International	147	オランダ20、ルクセンブルク20、ケイマン諸島14
Citigroup	137	ケイマン諸島18、香港18、バハマ17
Marsh & McLennan	137	バミューダ21、オランダ21、アイルランド17

出所：Phillips, Gardner, Robins and Surka（2017）, 9.

に少なくとも9755の子会社を有している。図表5-4は子会社数の多い上位10社について、その主な設立地域を示している。また、タックス・ヘイブンに蓄積された利益金の情報を開示しているのは366社中の293社であり、その上位10社の利益額は図表5-5のようである。293社のタックス・ヘイブン利益総額は2兆6000億ドルに達する[9]。

ただし、納税に関する個別の情報を開示しているのは、293社のうち58社にすぎない。その上位10社の保有利益金と租税回避額は図表5-6のようになる。トップのアップルの場合、タックス・ヘイブンに2460億ドルが蓄積されており、仮

9）Phillips, Gardner, Robins and Surka（2017: 12）。なお、同資料では、タックス・ヘイブンとオフショア（広義タックス・ヘイブン）の二つの用語が使われ、両者の区別が明確でないため、本章ではタックス・ヘイブンに統一して考えている。

第5章　グローバル・タックスと多国籍企業

図表5-5　アメリカ多国籍企業のオフショア利益額

企業名	タックス・ヘイブン子会社数	オフショア利益額（億ドル）
Apple	3	2460
Pfizer	157	1989
Microsoft	5	1420
General Electric	22	820
IBM	18	714
Johnson & Johnson	60	662
Cisco Systems	54	656
Merck	115	631
Google	1	607
Exson Mobil	38	540

出所：Phillips, Gardner, Robins and Surka（2017），25-26.
注　：Fortune 500、2016年版に基づき作成。

図表5-6　アメリカ多国籍企業の租税回避額

企業名	オフショア利益額（百万ドル）	租税回避額（百万ドル）	オフショア税率（％）	タックス・ヘイブン子会社数
Apple	246,000	76,688	3.8	3
Microsoft	142,000	45,000	3.3	5
Oracle	47,500	15,100	3.2	5
Citigroup	47,000	13,100	7.1	137
Gilead Sciences	37,600	13,100	0.2	13
Amgen	36,600	12,800	0.0	9
Qualcomm	32,500	11,500	0.0	4
Bank of America	17,800	4,900	7.5	91
Western Digital	16,000	5,000	3.8	44
Nike	12,200	4,100	1.4	54
28社合計	680,236	214,223	3.5	682

出所：Phillips, Gardner, Robins and Surka（2017），15.
注　：Fortune 500、2016年版に基づき作成。

に税率を3.8％とすると税額は93億ドルにすぎないが、これをアメリカに移転すると法人税率35％であるから税額は861億ドルであり、その差767億ドルの租税回避が生じたと見積もられる。この調査では、情報を開示した58社のタックス・ヘイブンにおける平均税率を6.1％と仮定したうえで、それによる租税回避額を2400億ドルと計算し、さらにその割合を293社に適用すると租税回避の総額は7520億ドルに上るとみている（Phillips, Gardner, Robins and Surka 2017: 14）。フ

ローとストックとの関連が曖昧な、きわめて大まかな計算であり、マクロレベルの推計をはるかに上回る規模が算出されている。今後はマクロとミクロのギャップを埋めていく推計が求められているといえよう。

なお、アメリカ以外のタックス・ヘイブン子会社数調査としては、イギリスについて2011年にNGOのアクションエイドが行ったものがある。それによると、イギリス大企業100社の子会社は合計3万4216社にのぼり、そのうち8492社がタックス・ヘイブンにあり、タックス・ヘイブンに子会社をもたないのはわずか2社であったという（マーフィー 2017: 72-73）。

（5）不正な資金移動の推計

IMFの専門家クリヴェッリらが指摘しているように、タックス・ヘイブンを利用した不正な資金移動は、特に途上国を中心にして大規模に生じている。タックス・ヘイブンは情報を公開せず、また途上国の多くは行政が脆弱かつ腐敗しているため、不正の温床になりやすい。ワシントンに拠点を置くGFI（Global Financial Integrity、グローバル金融インテグリティ）は、途上国をめぐる不正な資金の流出入について、毎年国別の推計を公表している。その2017年版報告書によれば（Global Financial Integrity 2017）、2005年から2014年までの10年間を平均して途上国からの資金流出の4.6～7.2％、資金流入の9.5～16.8％が不正な資金移動であるとする。2014年の金額ベースでは、流出額6200億～9700億ドル、流入額1兆4000億～2兆5000億ドルとみている。

ここで不正な資金移動とは、実体と異なる貿易額の申告（多国籍企業の移転価格など）をはじめとして、違法な薬物・武器・臓器等の取引など、広範囲の行為を含めている。それらを、貿易統計における輸出国と輸入国の価額の差、国際収支統計における誤差・脱漏をもとにして推計しているわけである。国・地域別推計によると、不正比率の高いのはバハマ、ドバイ、リベリア、パナマなどのタックス・ヘイブンである一方、金額ベースでは中国、ロシア、メキシコなどが上位を占めている（図表5-7）。

（6）格差の拡大の推計

不正な資金移動は途上国に投資されるべき資金を流出させ、グローバルな規模で貧富の格差を拡大させている。租税回避と関連する格差の拡大について、最近

第 5 章　グローバル・タックスと多国籍企業

図表 5-7　主な不正資金移動国

	資金移動額 (億ドル)
中国	1252
ロシア	974
メキシコ	514
インド	440
マレーシア	395
サウジアラビア	309
ブラジル	217
インドネシア	188
タイ	172
ナイジェリア	157

出所：Kar and Spanjers (2014), 28-29.
注：2003～2012年の平均額。

のデータを確認しておきたい。

　国家単位の格差の拡大については、1人当り GDP の推移が基本データである。2017年の1人当り GDP の国別ランキングをみると、世界第1位ルクセンブルクは10万5803ドル、第190位ブルンジは312ドルであり、その差は10万ドル以上に達する。両国の2000年のデータをみると、それぞれ4万9183ドル、130ドルであり、その差は4万9000ドルであったから、17年間でさらに差が広がったことになる[10]。ルクセンブルクはヨーロッパの代表的なタックス・ヘイブンである。

　なお、この種のランキングでは、タックス・ヘイブンが上位を占めることにも注目しておいてよいであろう。2017年の上位5カ国には、ルクセンブルク以外にスイス、マカオ、アイルランドが名前を連ねているし、小規模タックス・ヘイブンは、人口が少ないため、先進国にひけをとらない所得水準に達している（金子 2015: 94）。

　しかし、貧富の格差を把握するには、国別比較だけでは不十分である。国境を越えた階層間格差の拡大に注目しなければならない。この点については、イギリスを拠点とする NGO である OXFAM が毎年1月、世界経済フォーラム（ダボス会議）に合わせて報告書を公表している。2018年1月の報告書によれば、2017年の世界全体の富（個人資産）は280兆ドルであり、世界の上位1％（7400万人）

---

10) グローバルノートhttps://www.globalnote.jp/, last visited on 16 November 2018.

の富裕層がその50％にあたる140兆ドルを保有する一方、世界人口の下位50％（37億人）は1％にも満たない2.7兆ドル（債務を差し引くと1.5兆ドル）しか保有しないという。しかも2016年から17年にかけて9.3兆ドル増加した資産のうち1％の上位富裕層がその82％を取得したと計算している（OXFAM 2018: 4）。

　2000年代の上位1％の保有率は45％前後であり、2010年代に格差が一段と広がったことを示している。また、2017年の最上位42人の大富豪の資産が下位50％に匹敵することも明らかにした。ちなみに2017年版の報告では、2016年の最上位8人が下位50％と同等としたが、これはデータ不足によるもので、2018年版では61人に修正された。それでも、2009年には380人であったから、この間の最上位への富の集中は間違いない（OXFAM 2018: 3-7）。

　こうした資産格差の拡大は、すでにトマ・ピケティ（Thomas Piketty）が明らかにしたように（ピケティ2014: 257-259）、資産所得が勤労所得を上回るために生じており、巨大多国籍企業の株価の高騰、役員の高額な報酬（1日の報酬が一般の勤労者年間収入に相当）、多額の株式配当、累進性を弱めた税制、それに加えて巨大IT企業（GAFA）のプラットフォーム独占による「勝者総取り」構造（モザド、ジョンソン 2018）など、新自由主義思想と情報技術が融合したグローバル・デジタル経済システムの帰結にほかならない[11]。多国籍企業は租税回避を通じて蓄積した利益を株式配当、役員報酬などの形で富裕層に還元しており、富裕層はそうして獲得した金融資産をタックス・ヘイブン経由で運用しているとすれば、タックス・ヘイブンは二重の意味で格差拡大装置として機能していることになる。

2　多国籍企業課税の方法

（1）多国籍企業課税に関する理論の系譜

　企業活動が国境を越えるに伴い、課税ベースも国境を越えていく。1国単位の課税主権と国境を超える企業活動とのギャップをどう埋めていくか、この問題は早くも1920年代に国際連盟において検討が加えられた。企業の本社所在地（居住

---

[11]　ピケティの弟子にあたるガブリエル・ズックマン（Gabriel Zucman）は、富裕層のタックス・ヘイブン利用の規模を推計している（ズックマン 2015、第2章）。

地国)と海外投資先の子会社(源泉地国)との間の二重課税をいかに防ぎ、課税権をいかに割り当てていくかという現代に通じる課題が提起された[12]。

国際連盟における検討は、1923年財政委員会報告、1928年モデル租税条約草案を経て、1933年租税条約草案へと展開していった。この検討のなかで、国家間で所得を配分するか、あるいは税額を配分するか、という二つの考え方が提起された。後者は、居住地国、源泉地国それぞれで所得が発生する、つまり、本社と子会社はそれぞれ独立企業、独立会計とする考え方であって、二重課税は租税法、租税条約によって調整されることになる。

この「独立企業方式」に対して、前者は、本社と子会社は一体となって事業を行っているという前提のもとに、グループ全体で生じる所得を一定の配分式(公式)に当てはめて国家間に配分し、それに応じて各国で課税するという考え方であり、「ユニタリー方式」(公式配分方式)とされる。配分式を構成する基準としては、売上高、総資本額、棚卸資産、不動産価額、給与・施設経費、銀行預金高などがあげられた(伊藤2015、第1～3章)。

このような「ユニタリー方式」は、アメリカにおける州を越えて事業を行う企業に対する課税方式として採用され、発展していった。所得の配分式では、資産・賃金・売上高の3要素を均等に計算するマサチューセッツ方式が優勢になっていった。

しかし、国際連盟のモデル租税条約では、「独立企業方式」が採用されている。その理由について、竹中(1998)が詳細に考察しているが、結論としては、多くのメンバー国がすでに「独立企業方式」を採用しており、それを取りやめて各国が「ユニタリー方式」で合意するのは困難である、といった現実的事情によるとみている。

「独立企業方式」の考え方は、戦後のOECDを中心とするモデル租税条約の検討においても継承され、1977年のOECD租税条約モデルに結実していった。その基調は多国籍企業に不利になる二重課税の回避に置かれていたが、それとともに、多国籍企業を利するタックス・ヘイブンを介した租税回避を防止するために、移転価格税制、CFC(Controlled Foreign Corporations、被支配外国法人)ルール(外国子会社合算税制)などの導入も進められていった。

---

[12] その経緯については、竹中(1998)、渕(2016)第2章、参照。

1980年代以降、アメリカのレーガン税制改革を起点として、世界的な法人税引下げ競争が開始され、国際課税問題は新たな局面に入っていく[13]。1998年、OECD租税委員会は「有害な税の競争」レポートを作成し、有害な租税優遇措置、およびタックス・ヘイブンの判定基準を明示し、ブラックリスト作成の圧力によって有害な制度を是正していく方向を打ち出した。その後、判定基準の変更を伴いながら、有害な税制国、タックス・ヘイブンの制度は一定の改革が行われた。改革の程度については評価が分かれるが[14]、OECDという国際機関の圧力によって、主権国家の課税権を直接的に規制する局面が現れた点に注目しておきたい[15]。

（2）BEPSの歴史的位置

　2000年代に入り、経済のグローバル化、デジタル化が一段と進行すると、多国籍企業の租税回避行動はますます巧妙かつ大規模になっていった。違法とまではいえないまでも、各国税制や租税条約の抜け穴を複雑に組み合わせた「アグレッシブ・タックス・プランニング」[16]が横行し、巨額の利益をあげながら法人税をほとんど収めない多国籍企業の存在がクローズアップされることになった。2012～13年、イギリス議会におけるスターバックス、アマゾン、グーグル、アメリカ議会におけるマイクロソフト、ヒューレット・パッカード、アップルの経営者の証言は、世界に大きな衝撃を与えた（扶持本 2017：143、合田 2018：106-107）。

　こうした事態に直面し、OECD租税委員会は2012年6月にBEPS（税源浸食と利益移転）プロジェクトを発足させ、これをG20との共同の取組みとし、2015年10月に15分野の行動計画からなる最終報告書をまとめあげた。

　BEPS報告書の3本柱は、実質性（価値創造地点での課税）、透明性（事業情報の開示）、予見可能性（不確実性の排除）である。その内容を詳しく検討する余裕はないが[17]、報告書の意義について、3点ほど指摘しておきたい。第一に、

---

13) 以下は、松田（2010: 112-119）、参照。
14) 詳しくは、上村（2009: 126-129）、参照。
15) 世界的な国際課税政策の変遷に対応した日本の国際税務の歴史的展開については、矢内（2018）参照。
16) 詳細は、本庄（2017a）参照。

グローバル経済、デジタル経済の時代に対応した包括的な租税回避対策を打ち出したことである（行動1～10）。デジタル経済への本格的対応（行動1）の具体化は先送りされたが、重要性を増している無形資産を利用した利益移転への対策などでは、新たな考え方が提示された。

第二に、情報収集・開示に強制力をもたせる方策を提起したことである（行動11～13）。行動12では、「アグレッシブ・タックス・プランニング」の事前開示を義務づける制度が規定されている。さらに行動13「多国籍企業情報の文書化」は、多国籍企業のグループ全体の情報、子会社の収入・税額・従業員数等の国別報告書、グループ内取引の情報などの文書報告を義務づけるものであり、それが本格的に実施されるならば、租税回避行動をかなりの程度抑制する効果をもつと考えられる。

第三に、全体として多国間の共同の取組みを強化していることである。並行して推進されている「金融口座情報の自動交換制度」と組み合わされ、多数国間の税務行政の連携が図られるならば、租税回避を抑止するうえで有効性が発揮されるであろう。

このように、BEPS報告書は、多国籍企業課税の歴史のうえで一つの画期をなすと思われるが[18]、にもかかわらず欧米のNGOの間では、BEPSの限界に対する指摘も少なくない。たとえば、行動13の国別報告書が税務当局の内部資料に止められ、一般に公開されない限界をもつという指摘がある[19]。そうした声を受けてEUでは、2016年の「国別報告書開示指令案」[20]など、国別報告書の一般公開を推進する気運が生じているが[21]、それが実現する見通しは明らかでない。また、そもそも多数の多国籍企業を擁するアメリカが、租税回避に関する多国間の枠組みに消極的な点も大きな限界と考えられる。

---

17) さしあたり、本庄編（2017）参照。
18) BEPSプロジェクトの国際課税史上の評価については、本庄（2017c: 224-227）、参照。
19) Press release: OECDs BEPS proposals will not be the end of tax avoidance by multinationals, Oct. 5, 2015 by Nick Shaxson in http://www.taxjustice.net/2015/10/05/, last visited on 16 November 2018.
20) http://eur-lex.europa.eu/legal-content/EN/TXT/?uri=CELEX:52016PC0198, last visited on 16 November 2018.
21) その経緯については、Meinzer and Trautvetter（2018: 11-20）、参照。

さらに言えば、BEPSの第1の柱である価値創造地点での課税という考え方は、多国籍企業が単一の実体であるにもかかわらず、「独立企業方式」によって価値創造地点を国別に分割して把握することを前提としており、そもそも無理がある。国境を越えて価値を創造している企業に対して、どのようにして価値創造地点を特定できるのか。グローバル・デジタル経済のもとでは、「独立企業方式」から「ユニタリー方式」へと多国籍企業課税の方法を転換していくことが求められていると考えられる（合田 2018: 114）。

（3）「独立企業方式」から「ユニタリー方式」へ

BEPSプロジェクトの行動13は、多国籍企業グループの連結総収入金額を明らかにすることを目標としているが、そこにはいくつかの問題点がある[22]。まず、連結総収入金額について、税務会計（連結納税制度）と財務会計（連結財務諸表）のいずれに基づくものか、明らかでない。連結納税制度に基づくとすれば、連結の範囲、連結調整の方法（内部取引の扱いなど）は国によって異なる。また連結財務諸表によるとしても、会計基準、連結の範囲、収益の認識、為替換算など、国による様々な差異を調整していく必要がある。

このような調整は、今後少しずつ進展していくであろう。そうなると、行動13は「独立企業方式」をとりながらも「ユニタリー方式」へと実質的に近づいていく意味をもつ。同様のことは、行動3のCFCルールの強化、外国子会社合算税制の整備についてもいえる（藤井 2017: 119）。また行動10のグローバル・バリュー・チェーンへの利益分割法の適用などでも指摘できる（同: 122）。

これまでの国際課税の歴史をふまえると、1国課税主権を重視する立場からは、「独立企業方式」を維持せざるをえないが、多国籍企業の活動自体が「ユニタリー方式」への転換を促しているともいえる。BEPSプロジェクトは、そうした課税原理の転換点に位置していると評価できよう。

各国政府当局の取組みは課税主権に縛られているが、これに縛られない民間ベースの調査研究組織では今後のタックス・ヘイブン規制、租税回避防止策について、すでに多くの革新的な提案がなされている。BEPSプロジェクトの開始にあたって、OECDはOXFAM、TJN（Tax Justice Network、タックス・ジャステ

---

[22] 詳しくは、川田（2017）参照。

ィス・ネットワーク)[23]など有力なNGOと協議を行ってきた。その際、NGO側は58団体の署名した報告書を提出し、「BEPSに終止符を打つ出発点は世界連結会計（worldwide consolidated accounts）であると主張した」（本庄2017b: 192）。

アメリカでは先に言及したITEPやGFI、イギリスではTJN、ICTDなどが多くの報告書を刊行しており[24]、そこではBEPSプロジェクトの限界を指摘しつつ、「ユニタリー方式」の方向で議論が収斂しているように思われる。アメリカの学界でも、「ユニタリー方式」についての研究が進んでいる[25]。

有力なNGOやグローバル・ユニオンが集まって結成したICRICT（Independent Commission for the Reform of International Corporate Taxation、国際法人税改革に関する独立委員会）[26]には、ジョセフ・スティグリッツ（Joseph Stiglitz）、ピケティ、ズックマンらが加わっているが、その報告もまた、多国籍企業グループの利益を合算し、そのうえで利益を生み出す国・地域に配分する方式を提唱している（ICRICT 2018）。配分方式は、売上、資産、従業員数をそれぞれ3分の1ずつとして、その数量に応じて各国・地域に利益を分け、それぞれの税率に従って課税するというものである。そうすると、いくらタックス・ヘイブンに利益を移転したとしても、実体のないタックス・ヘイブンには合算利益はほとんど配分されないことになる。

こうした研究をリードしてきたイギリスの研究者であるリチャード・マーフィーは、「ユニタリー方式」の変種であるAMCT（Alternative Minimum Corporate Tax、代替ミニマム法人税）も提案している（マーフィー 2017: 160-163）。これはより実現可能性の高い方式であり、世界共通の最低法人税率を設定し、それを基準にして、それより低い国から高い国に税収を移転させる手法である。

日本の研究では、伊藤公哉の提起が注目に値する[27]。そこでユニークなのは、2段階の配分方法を提起していることである。第1段階は、多国籍企業グループの通常所得について、アメリカの法人税制で発展してきたマサチューセッツ方式

---

23) TJNについては合田（2017: 133-139）、参照。
24) たとえば、Sadiq（2014）、Cobham and Loretz（2014）、Picciotto（2016）など。
25) 代表的研究に、Avi-Yonah, Clausing and Durst（2009）がある。日本の研究も少なくないと思われるが、ここでは伊藤（2015）、扶持本（2017）をあげておく。
26) ICRICTについては合田（2017: 137-138）、参照。
27) 伊藤（2015）第5章「多国籍企業の全世界所得への定式配賦法適用の提案」。

を適用し、資産・労務費・売上高の3要素に応じて国別に配分するという従来型の方式である。しかし、近年台頭著しいアップル、グーグルなどのIT系多国籍企業に対しては、そのような製造業多国籍企業モデルでは対応が十分ではない。そこで第2段階として、グローバル・デジタル経済において無形資産（知的財産権、ブランドなど）から巨額の超過所得を得ていると想定される新興多国籍企業については、現在の配分要素でなく過去の要素の実績に基づいて所得を追加配分する方式を設計している。

おわりに―「ユニタリー方式」とグローバル・ガヴァナンス

マーフィーは、国境を越える多国籍企業の納税義務について、次のように述べている。

> 「国民国家以外の存在は課税権を持たないが、納税義務は特定の国家に対する義務にとどまらない……。普遍的な権利があるように、国境を越えた普遍的な義務というものがあるわけで、多国籍企業が納税する義務はその一つなのだ。」（マーフィー 2017: 161）

これまでの国民国家体制を前提とする税制は、基本的に国税と地方税の二本立てであった。しかしながら、グローバル社会が現実に形成されつつある21世紀においては、それに加えて地球規模課題の解決にあてるグローバル税の導入が必要になってこよう。「ユニタリー方式」による多国籍企業課税は、そうしたグローバル税の中核に位置づけられる。税収のすべてを各国に配分するのでなく、一定割合を地球規模課題のための特定財源とすることは十分可能である。

とはいえ、グローバル税を導入するには、国民国家体制を越えたグローバル・ガヴァナンスが不可欠である。これを実現していくことは容易ではないが、その萌芽は随所に現れてきている。BEPSプロジェクト自体、国民国家体制のもとで「独立企業方式」をいわば自明の前提としつつも、多国籍企業情報の文書化と共有、それに金融口座情報の自動交換制度などを加えて、意図せずしてグローバル・ガヴァナンスの要素を取り入れているとみることができる。

また、EUにおける法人税制改革も、そのグローバル・ガヴァナンスの萌芽とみることができる[28]。EUという超国家組織は国民国家体制を越える制度を志向しており、欧州レベルでの超国家課税は、超国家ガヴァナンスの意味を持つことになる。

グローバル・デジタル経済が進化し、空間と時間の壁が取り払われていく世界では、多国籍企業が引き起こす問題について、もはや国民国家体制では対応しきれない。「グローバリゼーション・パラドクス」を唱えるダニ・ロドリック（Dani Rodrik）は、暴走するグローバリゼーションを制御するには国家主権の強化が有効と主張しているが（ダニ・ロドリック 2014）、そうではなく、グローバル・ガヴァナンスを強化するなかで、資本優位のグローバリゼーションをコントロールする方向を目指すべきであろう[29]。

参考文献

朝日新聞 ICIJ 取材班（2018）『ルポ　タックスヘイブン』朝日新聞出版。
アタリ、ジャック（2018）『新世界秩序』作品社。
伊藤公哉（2015）『国際租税法における定式所得配賦法の研究』中央経済社。
居波邦泰（2017）「タックス・ギャップの規模と発生原因」本庄資編（2017）、3-16頁。
上村雄彦（2009）『グローバル・タックスの可能性』ミネルヴァ書房。
上村雄彦編（2015）『グローバル・タックスの構想と射程』法律文化社。
奥山俊宏（2017）『パラダイス文書』朝日新聞出版。
オーバーマイヤー、バスティアン、フレデリック・オーバーマイヤー（2016）『パナマ文書』（姫田多佳子訳）KADOKAWA。
金子文夫（2015）「タックス・ヘイブンとグローバル金融規制の動向」上村雄彦編（2015）、85-118頁。
金子文夫（2018）「グローバル・ガバナンスは虚妄か―ダニ・ロドリック『グローバリゼーション・パラドクス』を読む」『季刊ピープルズ・プラン』79号、40-47頁。
川田剛（2017）「連結総収入金額の計算」本庄資編（2017）、85-97頁。
合田寛（2014）『タックスヘイブンに迫る』新日本出版社。
合田寛（2017）「市民団体の多国籍企業に対する批判」本庄資編（2017）、127-140頁。
合田寛（2018）「価値創造と課税の一致―国際課税ルールの刷新とポスト BEPS の課題」『税制研究』73号、106-115頁。
シャクソン、ニコラス（2012）『タックスヘイブンの闇』（藤井清美訳）朝日新聞出版。
ズックマン、ガブリエル（2015）『失われた国家の富』（林昌宏訳）NTT 出版。
竹中知華子（1998）「独立企業の原則 vs. ユニタリータックス」九州大学『経済論究』102号、129-146頁。

---

28) EU では、2011年「共通連結法人課税ベース」の提案以降、BEPS プロジェクトの先をいく租税回避防止政策を打ち出している。詳しくは、本田（2017）、参照。
29) ロドリック批判については、金子（2018）参照。なお、グローバル・ガヴァナンスの構想については、アタリ（2018）第 9、10章参照。

中里宏・大田洋・伊藤剛志編（2017）『BEPS とグローバル経済活動』有斐閣。
日本貿易振興機構編（2017）『ジェトロ世界貿易投資報告』2017年版。
パラン、ロナン、リチャード・マーフィー、クリスチアン・シャヴァニュー（2013）『徹底解明タックスヘイブン』（青柳伸子訳）作品社。
ピケティ、トマ（2014）『21世紀の資本』（山形浩生・守岡桜・森本正史訳）みすず書房。
藤井保憲（2017）「BEPS における二重非課税」本庄資編（2017）、115-126頁。
渕圭吾（2016）『所得課税の国際的側面』有斐閣。
扶持本泰裕（2017）「ATP に対するユニラテラルな対抗措置とその弊害」本庄資編（2017）、141-157頁。
本庄資（2017a）「アグレッシブ・タックス・プランニング（ATP）のタックス・スキーム」本庄資編（2017）、98-114頁。
本庄資（2017b）「OECD 行動計画までの BEPS への対応」本庄資編（2017）、176-196頁。
本庄資（2017c）「ポスト BEPS の新しい国際課税ルール」本庄資編（2017）、222-235頁。
本庄資（2017d）「タックス・ギャップの推計の必要性」本庄資編（2017）、493-510頁。
本庄資編（2017）『国際課税ルールの新しい理論と実務―ポスト BEPS の重要課題』中央経済社。
本田光宏（2017）「EU における BEPS 対策の動向―租税回避防止指令（ATAD）を中心として」本庄資編（2017）、761-771頁。
松田有加（2010）「国際課税における租税競争と協調」植田和弘・新岡智編『国際財政論』有斐閣、111-128頁。
マーフィー、リチャード（2017）『ダーティ・シークレット』（鬼澤忍訳）岩波書店。
モザド、アレックス、ニコラス・ジョンソン（2018）『プラットフォーム革命』（藤原朝子訳）英治出版。
矢内一好（2018）『日本・国際税務発展史』中央経済社。
ロドリック、ダニ（2014）『グローバリゼーション・パラドクス』（柴山桂太・大川良文訳）白水社。

Avi-Yonah, R. S., Clausing, K. A. and Durst, M. C.（2009）Allocating Business Profits for Tax Purposes: A Proposal to Adopt a Formulary Profit Split, *Florida Tax Review*, Vol.9, No.5. pp. 497-553.

Cobham, A. and Loretz, S.（2014）*International distribution of the corporate tax base: Impact of different apportionment factors under unitary taxation*, ICTD Working Paper, No.32.

Cobham, A. and Jansky, P.（2017）*Global distribution of revenue loss from tax avoidance*, UNU-WIDER, Working Paper 2017/55.

Crivelli, E., Mooij, R. D. and Keen, M.（2015）, *Base Erosion, Profit Shifting and Developing Countries*, IMF Working Paper, WP/15/118.

Dharmapala, D.（2014）"What do we know about base erosion and profit shifting?: A review of the empirical literature," *Fiscal Studies*, Vol.35, pp.421-448.

Global Financial Integrity (2017) *Illicit Financial Flows to and from Developing Countries: 2005-2014*, https://www.gfintegrity.org/report/illicit-financial-flows-to-and-from-developing-countries-2005‒2014/, last visited on 16 November 2018.
Henry, J. S. (2012) *The Price of Offshore Revisited*, Tax Justice Network https://www.taxjustice.net/wp-content/uploads/2014/04/Price_of_Offshore_Revisited_120722.pdf, last visited on 16 November 2018.
ICRICT (2018) *A Fairer Future for Global Taxation: A Roadmap to Improve Rules for Taxing Multinationals*, The Independent Commission for the Reform of International Corporate Taxation. https://www.icrict.com/icrict-documents-a-fairer-future-for-global-taxation, last visited on 16 November 2018.
IMF (2014) *Spillovers in International Corporate Taxation*, IMF Policy paper.
Kar, D. and Spanjers, J. (2014) *Illicit Financial Flows from Developing Countries: 2003-2012*, Global Financial Integrity https://www.gfintegrity.org/report/2014-global-report-illicit-financial-flows-from-developing-countries-2003‒2012/, last visited on 16 November 2018.
Meinzer, M. and Trautvetter, C. (2018) *Accounting (f)or Tax: The Global Battle for Corporate Transparency*, https://www.taxjustice.net/wp-content/uploads/2018/04/MeinzerTrautvetter2018-AccountingTaxCBCR.pdf, last visited on 16 November 2018.
OECD (2015) *Measuring and Monitoring BEPS, Action 11: 2015 Final Report*. https://read.oecd-ilibrary.org/taxation/measuring-and-monitoring-beps-action-11‒2015-final-report, last visited on 16 November 2018.
OXFAM (2018) *Reward Work, Not Wealth, Methodology Note*, Jan. 2018. https://www.oxfam.org/en/research/reward-work-not-wealth, last visited on 16 November 2018.
Phillips, R., Gardner, M., Robins, A. and Surka, M. (2017) *Offshore Shell Games 2017*, U.S.PIRG, ITEP.
Picciotto, S. (2016) *Taxing Multinational Enterprises as Unitary Firms*, ICTD Working Paper, No.53.
Riedel, N. (2015) *Quantifying International Tax Avoidance: A Review of the Academic Literature*, ETPF Policy Paper 2.
Sadiq, K. (2014) *Unitary Taxation of the Finance Sector*, ICTD Working Paper, No.25.

第 6 章

国際要因と国内要因からみたグローバル・タックスの課題と機会
パリ協定に向けた国連気候変動交渉における
国際運輸部門への課税・課金提案を事例に

田村堅太郎・清水規子

はじめに

　パリ協定の長期目標である、地球温暖化による産業化以降の気温上昇を2度より十分低いレベルに食い止め、1.5度に抑えることも追求するためには、今世紀半ば、あるいは今世紀後半のなるべく早い時期に世界の温室効果ガス（GHG: greenhouse gas）排出量を正味でゼロとする必要があり、先進国のみならず途上国も含めた世界全体での大幅な排出削減が必要となる。その一方で、たとえ気温上昇を1.5度や2度以下に食い止めることができたとしても、温暖化による悪影響を完全に回避することはできず、その被害の多くは脆弱な途上国において発生することが予測されている。このため、途上国による取り組みを後押し、促進していくために、巨額の資金の流れをつくりだしていくことが必要とされている。しかし、国際社会が提供できる資金は限られており、必要とされる資金とのギャップをいかに埋めるかが国際交渉上の大きな争点となってきた。
　そうしたギャップを埋める一つの方策として、グローバル・タックス的なアプローチが注目された。グローバル・タックスとは「グローバルな資産や活動にグローバルに課税し、グローバルな活動の負の影響を制御しつつ、税収をグローバルな課題の解決のために再分配する税の仕組み」（上村 2007: 177-178）である。このような発想、つまり、気候変動問題への国際的な枠組みが独自の資金を調達し、配分する仕組みを持つべきかどうかという議論は、1988年にカナダのトロントで科学者と政策担当者が一同に会して開催された「変化する地球大気に関する国際会議」において提案された化石燃料消費に対する課金制度（levy on fossil fuel consumption）に遡ることができる（Bodansky 1993）。しかし、結局、地球環境ファシリティー（GEF: Global Environment Facility）に代表されるように、1992年に採択された国連気候変動枠組条約（UNFCCC: United Nations

Framework Convention on Climate Change）の資金メカニズムは各国（先進国）の国内予算プロセスを通した拠出金をベースとする従来型のものとなった。他方、1997年に採択された京都議定書のもとでは、クリーン開発メカニズム（CDM: Clean Development Mechanism）の収益の一部を原資とする、つまり、国際合意に基づき（国家予算プロセスを通さずに）国際的に資金を調達する仕組みに基づく適応基金が設立されている（地球環境戦略研究機関（田村、福田、西宮編）2009）。

そして、バリ行動計画（2007年）以降、各国の予算プロセスを通じた公的資金支援の形態に捉われないという意味を含めた革新的あるいは代替的資金源や民間資金の動員をも含んだ議論が国際交渉で注目を浴びたが、グローバル・タックスの議論がUNFCCCの交渉で最も盛り上がりを見せたのは、「2020年までに、先進国が年間1000億ドルの気候資金を動員する」という資金動員目標が掲げられたコペンハーゲン合意（2009年）及びカンクン合意（2010年）からである。その資金源を検討するために立ち上げられたのが、国連の潘基文事務総長（当時）が主宰した気候変動資金に関するハイレベル・アドバイザリーグループ（AGF: Advisory Group on Climate Change Financing）である。そのレポートでは、グローバル・タックス型の資金調達メカニズムも含め、さまざまな資金源の可能性が検討された。その中で、具体的に国際交渉の場で議論されたものの一つが国際航空税、国際海運税である。国際航空・海運分野からの資金調達規模は、AGF報告書では年間60〜120億ドル（AGF 2010）、G20報告書では年間280億ドル（World Bank Group 2011）、UNFCCC長期資金作業計画の報告書では年間400億ドル（UNFCCC 2012）とされた。議論は、その後数年間は盛り上がりを見せたものの、主要国の意見の食い違いは収斂することなく、パリ協定（2015年）では、グローバル・タックス的な発想に基づく資金調達メカニズムは採用されなかった。

本章では、コペンハーゲン合意（2010年）前後からパリ協定（2015年）に至る国際気候変動交渉における、国際航空・国際海運部門に対するグローバル・タックス的な課税・課金提案を巡る議論の変遷を、国際要因（共通だが差異ある責任原則、国家主権といった国際規範）と国内要因（CO_2排出量、国内産業）の視点から検討することで、グローバル・タックス導入の課題と機会を明らかにする。

国際要因の分析としては、気候資金調達手法に関してさまざまな提案がなさ

れ、そして検討が行われた一連の国際交渉過程を「アイディア論争」として捉え、新しい政策アイディア（案、理念、着想、知見）がどのように議論されたかを明らかにする。具体的には、国際運輸部門への課税・課金に関する諸提案について、それらの起源、形成、展開に至るプロセスを追跡し、すでに制度化されている国際規範との関係性や代替的アイディアとの競合を分析することで、最終的になぜ合意に至らなかったかを実証的に検証する。ここで規範とは「諸アクターが集団として持つ適切な行動に関する共有された期待」と定義される（Checkel 1999: 83）。つまり、規範は何が適切なのかの基準を提供するものであり、新たに提案された政策アイディアは、既存の規範に照らして適切か否かが問われることになる。また、競合する政策アイディアと比較し、制度化されている規範に照らして、どちらがより適切なのかといった分析の視点を与えてくれる。

　補足的な説明手法として、国内要因に焦点を当てた分析を試みる。気候変動交渉における各国のポジションやスタンスの分析について、国内要因に焦点を当てたものとしては、各国の気候変動への脆弱性と排出削減コストに着目したもの（Sprinz and Vaahtoranta 1994）、制度的側面に着目したもの（Schreurs 2003）、利益、制度、アイディアを網羅的に扱ったもの（Harrison and Sundsorm 2010）などがある。本章で扱う国際航空税と国際海運税は、課税・課金による輸送コストの増大が想定されるため、グローバル化が進んだ今日においては、特に国内経済に影響を及ぼす可能性がある。したがって、国内要因のなかでも特に経済的な要因（主に産業規模と排出量）と、その業界団体の動向に着目する。具体的には、まず、グローバル・タックスの各国政府のポジションによって、各国の航空業界と海運業界のCO_2排出及び経済要素になんらかの特徴あるいは傾向が見られるのかについて検証する。その上で、ケーススタディーとして日本及び欧州を対象に、グローバル・タックスの交渉ポジションに影響を与え得る業界団体の主張の有無や内容の特定を試みる。

1　グローバル・タックスと国際要因

(1) 分析の対象

　UNFCCCのもとでの国際交渉において、さまざまな資金調達メカニズムの提案がなされてきた。そうした提案には、炭素市場を通した資金調達（割当量単位

(AAU: Assigned Amount Unit）や国内排出量取引制度での排出枠のオークション、及び炭素クレジットへの課金など）、国際運輸への課税・課金、国際的な炭素税からの税収、化石燃料補助金等の削減、国際金融機関からの資金提供、金融取引税、一定のフォーミュラに基づいた各国拠出金の割り当てなどが含まれる（田村 2013)[1]。本章では、その中でも、グローバル・タックス型の調達メカニズムの特徴をもち、かつ、国際交渉の場で具体的な検討がなされた国際運輸（国際航空・国際海運）への課税・課金に関する提案を対象とする。

　グローバル・タックス型の資金調達メカニズムは、各国の国家予算プロセスを通さずに、国際合意に基づいた国際的なメカニズムを通して資金調達することを想定しており、従来型の各国が国家予算プロセスを通して拠出するタイプのものとは根本的に発想が異なる。そのため、グローバル・タックス型の資金調達メカニズムを国際気候レジームに導入しようとする際、現行の資金調達メカニズムのあり方を規定する規範・原則との関係が課題となる。つまり、国際気候レジームにおける国家間の負担配分のあり方を規定する原則である「共通だが差異ある責任及び各国の能力（CBDR: common but differentiated responsibilities and respective capabilities)」、及び、より一般的、基本的な国際規範である国家主権との関係性において、どのような議論・検討がされたかを検証する必要がある。さらに、パリ協定のもとで、2度目標という、達成には社会全体の転換を必要とする非常に野心的な目標が掲げられたことにより、この目標自体が民間部門を含めた諸アクターの行動規範としての役割を果たし始めている。このことは資金フローをどのように構築するかということと密接にかかわっており、気候資金のあり方についても大きな影響を与える。

　以下では、まず、国際気候レジームにおける CBDR 原則と国家主権について概観したのち、具体的な国際運輸への課税・課金提案についてその起源、内容を紹介し、それらがどのように国際交渉の俎上にあがり、議論されたのかを検証する。最後に2度目標という新たな国際規範との関連で、パリ協定で気候資金がどのように位置づけられたかを論じる。

1）割当量単位とは、京都議定書のもとで、附属書Ⅰ国の排出量削減目標とその基準年排出量から算定されて各国に交付される排出枠の単位のこと。

（2）国際気候レジームにおける国際規範の整理

　CBDR原則は、地球環境を保全する義務をすべての国家が有しているが、環境悪化への寄与度と問題処理能力に応じて、国家間でその義務は差異化されたかたちで配分されるというものである。つまり、気候変動問題への対処の義務は先進国であれ発展途上国であれ、すべての国にとって共通であるが、先進国はその問題を引き起こすことに最も寄与していると同時に、発展途上国より相対的に優れた対応・負担能力を有するという理由から、先進国にはより厳しい行動基準が明示的に設定されている。加えて、先進国は、基金への追加的な拠出や環境上適正な技術等の移転を通じた発展途上国への支援が求められている。

　このCBDR原則に基づき、UNFCCCは先進国の資金提供義務を規定している。UNFCCCのもとでは、附属書Ⅱに掲げられている先進国（附属書Ⅱ国）は、途上国がUNFCCCで規定されている約束を実施することを支援するために資金を供与することが義務付けられている（条約4条3項）。そして、この途上国支援のために無償あるいは譲許的な資金支援（つまり公的資金による支援）をおこなう制度が、UNFCCCの下での資金メカニズムである（条約11条）。さらに、附属書Ⅱ国が供与する資金は、「新規かつ追加的な」公的資金であることに加え、資金の十分性や予測可能性、さらには先進国間の適切な責任分担について配慮することも求められる（条約4条3項）[2]。

　このようなCBDR原則に基づき、具体的に制度設計されたUNFCCCの資金メカニズムは、先進国と途上国間の二分法に基づくものとなった。他方、グローバル・タックスは、制度設計次第の面もあるが、グローバルな活動・資産に対してグローバルに課税・課金をおこなうことをその基本的なアプローチとしており、気候変動レジームに導入する際はCBDR原則とどのように折り合いをつけるのかが課題となる。

　そもそも、CBDRの原則自体が無批判に受け入れられているわけではない。特に、CBDR原則をどのように解釈し、具体的な義務の差異化あるいは負担の

2）しかし、ここでカギとなる「新規性」や「追加性」といった概念についての明確な定義はなく、実際は、何が新規で追加的であるかは先進国の自らの判断、裁量に委ねられている。そのため、比較可能な尺度をもって新規性や追加性を示すことは困難となっている。また、先進国間の「適切な責任分担」が何を意味するかも明らかではなく、具体的な分担を規定するルール等は合意されていない。

配分をどのようにするかについては、論争の的となってきた。例えば、CBDRの差異化基準は国家主権の平等性を無視するものであるとか、各国の経済力などが年とともに変化するなかで責任の帰属が固定的であること、さらには、中国やインドといった大規模経済国の成長を許容することが他の国の排出削減政策の効果を相殺してしまうこと、などである（Gupta 2012）。実際、気候変動レジームの進展とともに、CBDR原則の下における先進国と途上国間の差異化についても、先進国と途上国との間の線引きが曖昧になる方向での変化が出てきている（Rajamani 2012）。気候資金に関しても、最近では途上国の中から、新興国に対して能力相応の貢献を求める意見が出されるようになっており、途上国も含めたすべての締約国が貢献する資金拠出の仕組みについての具体的な提案が出されている（田村 2012）。国際規範の解釈を巡る対立のなかで、国際運輸課税・課金の提案がどのように議論されたかは次節において検討する。

　国際気候レジームの文脈に限定せず、より一般的、基本的な国際規範のうち、グローバル・タックスを考える上で重要となるのが国家主権である。主権は、それぞれの国の領域的な境界内において、国家権威が排他的に行使されることを相互に認め合うことで、国家間の秩序を確証するという意味で、国際社会が拠って立つ基本的な規範である（Jackson 2000）。グローバル・タックスが税制度に基づく徴収をおこなう場合は、こうした行為が一方的・権力的課税の性質を持つため、国家主権との関係が問題になってくる。

　具体的には、まず、賦課・徴収・配分をおこなう主体は誰かという問題がある（渕 2009）。国家がその国家管轄権が及ぶ範囲で、租税を課す場合は問題ないが、他国が管轄する主体への課税や、国家以外の主体（国際機関やその他の組織）が直接課金をおこなうとなると、国家が有する主権が侵害される恐れがある。また、「代表なくして課税なし」という考えに表されるように、多くの国において、租税の賦課・徴収は法律の根拠に基づいてのみ認められるものとされている（租税法律主義。第4章参照）。さらに、徴収した税収の使途は、国民の代表によって決定されるという基本的な考え方があり（財政民主主義）、多くの国において、財政に関しては、行政府ではなく立法府によるコントロールが求められている。

　このようにグローバルな活動に対しグローバルに課税・課金するというグローバル・タックスの導入に向けては国家主権との関係を整理する必要がある。もっとも、主権は新たな歴史的状況に対応して改変されうるものであり、現在の主権

第6章　国際要因と国内要因からみたグローバル・タックスの課題と機会

の様式（modus operandi）そのものが疑問視される可能性を含むものである（Jackson 2000）。つまり、CBDR同様、国家主権という国際規範についても、新しい状況に対応し、そのあり方や解釈が変わりうるものといえる。国際規範が持つ、こうしたダイナミックな性格を前提に、国際運輸課税・課金の議論が国際気候交渉においてどのように繰り広げられたのかを次節で検証する。

（3）国際運輸における課税・課金提案と国際規範

　国際航空・海運分野における課税・課金を含む具体的な提案としては、ツバル提案（Tuvalu 2007）、後発発展途上国（LDC: least developed countries）グループ提案（Maldives 2008）、ノルウェー・デンマーク提案などがある。ツバル提案は「負担分担メカニズム」とも呼ばれ、附属書Ⅱ国（先進国）が運営する国際航空便及び国際海上輸送の運賃から0.01%、非附属書Ⅰ国（途上国）のそれには0.001%を課税・課金として徴収することを提案していた。例外的措置として、上記の国々が運営する国際海上輸送であっても、LDCや小島嶼発展途上国（SIDS: small island developing states）から離発着する航空・貨物便は対象外とした。また、徴収主体については、国際民間航空機関（ICAO: International Civil Aviation Organization）や国際海事機関（IMO: International Maritime Organization）との協力体制のもと、COPガイダンスに基づき新たな徴収機関（special levy collection authority）を設立することを提案している。

　LDCグループ提案は「国際航空適応税」提案とも呼ばれ、気候変動に脆弱な国々（主にLDC）における適応策支援のための追加財源を確保する仕組みとして提案された。具体的には、国際航空便の利用客に対して、エコノミークラスは6米ドル、ビジネス／ファストクラスには62米ドルずつ課金することを提案している。これらの課金はチケット販売時に徴収することが想定されており、徴収された資金は適応基金口座へ直接充当されることから、資金の管理主体は適応基金理事会となる。

　ノルウェー・デンマーク提案では国際海上運輸に携わる船舶が搭載する燃料（国際バンカー油）への課税・課金が提唱された。この提案においては、すべての旗国の船舶の国際バンカー油に対して同率の課金を賦課すること、実施にあたっては、国際機関ではなく各国政府によって徴収されることが想定されていた。徴収された資金は、新たに設置される基金において一元管理することが想定さ

れ、当該基金の管理・運営者については、IMO あるいは第三者機関という２つのオプションが提示された。この提案は当初、IMO 海洋環境保護委員会における排出削減対策を巡る議論の中で提案されたものであったが、後に、UNFCCC の交渉プロセスの中でも紹介され議論された。

　国際航空・海上輸送分野からの GHG 排出が近年急増しているにもかかわらず、UNFCCC や京都議定書の下での削減目標・行動に含まれておらず、さらに IMO 及び ICAO での対策が迅速にはとられなかったという事実が、当該分野セクターでの課税・課金に対する主な根拠となっていた。国際航空・海上輸送分野からの GHG 排出量は、京都議定書第２条２項において ICAO 及び IMO のもとでの抑制または削減のための検討作業を行うこととされていたが、ICAO と IMO 下での検討は迅速には進まなかった（Oberthür 2003, 2006）。実際、京都議定書が採択されたのは1997年だが、ICAO においてグローバル削減目標（①2050年まで年平均２％の燃費効率改善、②2020年以降の GHG 排出のピークアウト）及び目標達成のための対策（新技術の導入、運航方式の改善、代替燃料の活用、経済的手法の検討推進）が採決されたのは、2010年であった。同様に、IMO においても、CO_2排出削減の包括的対策がマルポール条約改定[3]を決定し、産業界で初めてCO_2排出対策を義務化した国際合意を採択したのは2011年になってからである（International Chamber of Shipping 2014; 日本船舶技術研究会 2009）。

　また、各国が現在導入している付加価値税／消費税制度では、国際航空及び国際海上輸送は領土外の消費行為に位置づけられるため、これら輸送モードからの運賃は課税対象から除外されていることも課税根拠の一つとなり、国内税制度との補完性も高いものとされた（ただし、後述のように、特に国際航空分野全体では多くの課税・課金制度が存在している）。

　ただし、UNFCCC では CBDR 原則、ICAO 及び IMO では一律適用・非差別的取り扱いの原則に基づいてそれぞれ議論されており、異なる原則をどのように扱うかが大きな争点となった。上記のツバル提案では、先進国と途上国の航空会社・海運会社の間で税率に差を設け、LDC や SIDS から離着陸する航空便・船便は課税・課金の対象外とすることで、CBDR 原則への配慮を示している。ま

---

[3] 船舶の航行や事故による海洋汚染を防ぐために1978年に締結された国際条約。正式名称は、1973年の船舶による汚染の防止のための国際条約に関する1978年の議定書。

た、LDC 提案は、国単位ではなく、国際航空便の乗客・利用者を対象とし、座席クラス別で課税・課金額の差別化をはかることで、乗客の応能力を反映する仕組みをとっている。こうした提案に対しては、国際航空・海運分野での対策はICAO や IMO といった専門機関に委ねるべきであり、また、国際競争の激しい分野でもあり、先進国・途上国間の差別化を持ち込むことは不適切であるとして、日本などの先進国を中心とした国々は反対の立場を取った。さらに、日本や米国などは、ツバル提案に見られるような新たな国際的な徴収機関を設立することに対しては強い拒否反応も示している（Van Drunen et al. 2009）。

他方、全ての国の国際バンカー油に対して一律の課税・課金を賦課するというノルウェー・デンマーク提案は国際運輸分野における一律適用・非差別的取り扱いの原則に従ったものであるといえる。これに対しては、中国をはじめとした途上国から、CBDR 原則を反映しておらず、不適切であるとの声が多く挙がった（Third World Network 2013）。あくまで、気候変動関連の問題は UNFCCC のもとで CBDR 原則に基づき対処するべきということであった。

結局、国際航空・海運部門に対するグローバル・タックス的アプローチによる資金調達メカニズムに関しては、意見の収斂が見られることはなかった。その結果、交渉テキストにあった、「代替的資金源」「革新的資金源」等の表現は削除されることとなった。

（4）パリ協定における位置づけ

最終的には、パリ協定の中での気候資金については、先進国と途上国間の差異化の更なる希薄化、各国の自主的な裁量による拠出、そして、民間資金の活用が大きな柱となった。

パリ協定は、先進国の資金提供及びその隔年報告の義務を明記し、先進国はさまざまな資金源、手段、チャンネル（a wide variety of sources, instruments and channels）による資金動員を率先して行い、その動員規模を継続的に引き上げることを求めた。同時に、その他の国、つまり途上国に対しても資金提供及び隔年報告を奨励する形となった。この内容は、これまでの先進国・途上国間の二分法に基づく差異を希薄化させるものといえる。さらに、パリ協定に付随する COP 決定では、官民合わせて 2020 年までに年間 1000 億ドルを動員するというカンクン合意（2016 年）の目標を 2020 年以降も 2025 年まで継続すること、2025 年までに年

間1000億ドル以上の新たな全体目標を設定することなどが盛り込まれた。パリ協定のもとでの各国の貢献は、自ら決定する貢献（NDC: nationally determined contributions）と呼ばれるように、自らの申し出にもとづくもの、つまり自主裁量を原則とするものとなった。

　国際運輸課税・課金のようなグローバル・タックス型の資金調達メカニズムとの関係で言うと、自主裁量に基づく拠出や民間資金の活用は、グローバル・タックスのアプローチとは別の方向を向いたアプローチが採用されたことになる。ツバル提案に見られる国際徴収機関の設立案と国家主権との対立、ノルウェー・デンマーク提案に見られる一律適用・非差別的取り扱いの原則とCBDR原則との対立といったような、国際運輸課金提案が惹起した国際規範を巡る解釈の対立が解消されなかった。つまり、国際気候レジームにおいてすでに制度化されている国際規範との折り合いがつかず、意見の収斂が見られなかったことが一因であったといえる。前述の通り、UNFCCCの資金メカニズムは、当初は公的資金を念頭においていたが、バリ行動計画以降、革新的あるいは代替的資金源や民間資金の活用方法が検討された。しかし、最終的には革新的・代替的資金源といったグローバル・タックスにも通じる考え方は採用されなかった。他方、希薄化したとはいえ、従来どおりのCBDR原則を反映して、先進国が率先する形での公的資金の自主的な拠出と、新しい側面として、民間資金の動員が重視される形となった。

　民間資金の動員重視は、特に先進国からみて政治的な抵抗が少なかったということに加え、2度目標という新たな国際規範を反映したものともいえる。パリ協定自身が2度あるいは1.5度に気温上昇を抑制するという、エネルギーシステム、社会経済システム全体を変革しなければならないような野心的な目標を掲げたことにより、交渉事として資金をいくら拠出するかといったレベルの話ではなく、民間投資などの社会全体の資金の流れを脱炭素化に向けたものとする必要が認識された。実際、今世紀後半の脱炭素化達成と整合性のある資金フローの確立がパリ協定の長期目標の一つとして掲げられている（第2条3項（c））。2度目標が含まれたコペンハーゲン合意・カンクン合意以降、石炭関連資産からの投資撤退（ダイベストメント）運動が引き起こされるなど、2度目標は民間部門に対して何が適切な行動なのかの基準を提示しており、国際規範としての役割を持ちつつあった。パリ協定はこの規範を制度化したものであり、民間資金の動員重視もそ

うした新たな規範に沿ったものといえる。

2　グローバル・タックスと国内要因

(1) 分析の対象

　本節では、国際運輸へのグローバル・タックス導入に関する UNFCCC での国際交渉に影響を及ぼしうる国内要因を分析する。このため、国内要因のなかでも特に経済的な要因（主に産業規模と排出量）と、関連する業界団体の動向に着目する。分析の対象期間は、UNFCCC においてグローバル・タックスの議論が最も盛り上がりを見せた2009年から2015年までとする。対象国は、各国によるグローバル・タックスに関する UNFCCC 事務局への意見提出（Submission）及び持続可能な開発に関する国際研究所（IISD: International Institute for Sustainable Development）や第三世界ネットワーク（Third World Network）によって作成された交渉記録を基にポジションが明らかになった8カ国を選んだ（図表6-1）。なお、全ての国において、国際航空税と国際海運税に対する賛否のポジションは同じであり、交渉上は国際航空税と国際海運税は区別されずに議論されることが多かった。

図表6-1　UNFCCC の気候資金の資金源としての、
国際運輸税の導入に関する各国のポジション

ポジション	国
反対	アルゼンチン
	中国
	キューバ
	日本
	サウジアラビア
賛成	EU
	韓国
	ノルウェー

出所：China (2013)、EU (2011)、IISD and GISPRI (2012)、Japan (2013)、Third World Network (2011)、Third World Network (2014) 等を基に、筆者作成。

図表 6-2　評価指標

国際航空税	国際航空セクターにおける一人あたり GHG 排出量 国内の燃料由来の全排出量に対する国際航空セクターの CO_2 排出量の割合 航空貨物 (Freight Ton-Kilometers) 航空機乗客数
国際海運税	国際海運セクターによる一人あたり CO_2 排出量 国内の燃料由来の全排出量に対する国際海運セクターの CO_2 排出量の割合 商船隊の載貨重量の世界に占める割合

出所：筆者作成。

　ここでは、上記の国を対象に、経済的利益を大きく反映する国内要因（GHG排出量、産業規模、国内関連産業の動向）の観点では、交渉ポジション別の傾向はみられなかったことを明らかにする。また、検証にあたっては、サンプル数が少ないことから、各国政府のポジション毎に共通する傾向の有無について確認することとする。評価の際の指標は以下のとおりである（図表6-2）。

　これらの指標を選択した背景は、次の通りである。まずGHG排出量については、国際航空・海運共に、GHG排出量が多いほど課税額が大きくなる可能性が高いことから、GHG排出量が多いほど当該国産業への経済的影響がより大きく、課税による賛否に影響を及ぼすと考えられる。国内の燃料由来の全排出量に対する両セクターのCO_2排出量の割合については、排出の割合が大きければ、課税・課金による当該国産業への経済的影響が国全体の影響と比較して相対的に大きいことを示唆するため、当該国への影響が他国のものと比較して大きいといえる。

　航空貨物は、航空による通常輸送、エクスプレス便、外交用郵便袋の量を示しており、輸送重量（メートルトン）に輸送距離（キロ）を乗じたものである。航空貨物は、その量が大きいほど課税・課金による影響が大きく、従って税による賛否に影響を及ぼすと考えられる。航空機乗客数も同様である。商船隊の載貨重量とは、当該国のオペレーターが運航している船が積むことのできる積載量を表している。従って、載貨重量が大きいほど課税・課金による当該国産業への経済的な影響が大きいと考えられる。なお、商船隊の載貨重量の世界に占める割合は、国の経済における位置づけを示したものではなく他国との相対比較の指標として示したものである。

（2）分析結果

　航空分野について、課税・課金に対するポジション別に各国比較を実施したところ、図表6-3〜図表6-6で示される結果になった。まず、航空セクターにおける一人当たりCO_2排出、及び、国際航空セクターからのCO_2排出量が燃料由来のCO_2排出量合計に占める割合については、課税によるポジション別の傾向はみられなかった。むしろ、8カ国・地域の中で最も排出量の多い3カ国が、航空課税に賛成しているEU、韓国、ノルウェーである。航空貨物（百万トンキロ）、航空機乗客数についても、同様に特段ポジション別の傾向はみられなかった。

　次に、海運セクターについて、課税に対するポジション別に各国比較を実施したところ、図表6-7〜図表6-9で示される結果になったが、いずれもポジション毎の傾向は見られなかった。

　上記のように、各国の航空業界と海運業界のCO_2排出及び産業規模について、グローバル・タックスの各国政府のポジション別に共通する傾向は確認できなかった。従って、今回分析の対象とした8カ国については、課税・課金による経済的影響があると考えられる国内要因（GHG排出量、及び、産業規模）では交渉ポジション別の傾向はみられなかったと言える。

3　ケーススタディー

（1）ケーススタディーの分析対象と分析方法

　本節では、交渉ポジションに影響を与え得る国内事情として、海運・航空セクターの業界団体の主張を整理・分析する。この分析によって、国内要因としての業界団体の動向や主張が国際交渉の国内要因となり得たかを検証することには必ずしも直接的にはつながらないが、今後のグローバル・タックスの課題や機会を検討する上で、利害関係者の主張を整理・分析することは有用である。

　ケーススタディーの対象国は、前節で分析した8カ国の中から賛成及び反対のポジションをとってきたEU及び日本とした。2011年のEUによるUNFCCCへの意見提出では、国際航空・海運セクターのカーボンプライシング導入による課税・課金に賛成している（EU 2011）。その後、2013年の意見提出ではICAOとIMOへの配慮が課題であるとして、特に国際海運セクターへの課税・課金につ

図表 6-3　航空セクターの一人あたり CO_2 排出量（2009-2015年平均）

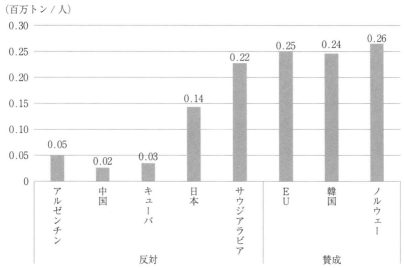

出所：IEA（2017）より筆者作成。

図表 6-4　国内の燃料由来の全排出量に対する
　　　　　国際航空セクターの CO_2 排出量の割合（2009-2015年平均）

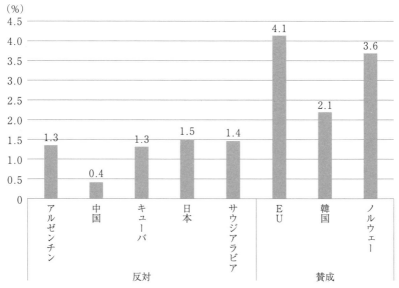

出所：IEA（2017）より筆者作成。

第6章　国際要因と国内要因からみたグローバル・タックスの課題と機会

図表6-5　航空貨物（2009-2015年合計）

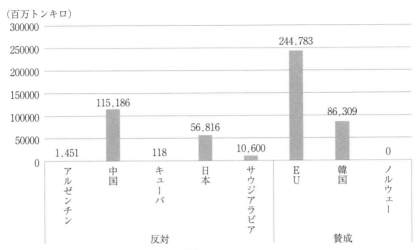

出所：The World Bank（n.d.）を基に筆者作成。
注：ノルウェーについては2005年以降のデータが欠落していたため、図表ではゼロと表示されている。

図表6-6　航空機乗客数（2009-2015年合計）

（千人）

国	人数	立場
アルゼンチン	23	反対
中国	43	反対
キューバ	18	反対
日本	17	反対
サウジアラビア	39	反対
EU	31	賛成
韓国	40	賛成
ノルウェー	0	賛成

出所：The World Bank（n.d.）を基に筆者作成。
注：ノルウェーについては2005年以降のデータが欠落していたため、図表ではゼロと表示されている。

図表 6-7　海運セクターの一人あたり CO_2 排出量（2009-2015年平均）

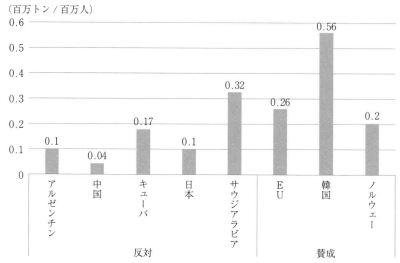

出所：IEA（2017）より筆者作成。

図表 6-8　国内の燃料由来の全排出量に対する国際海運セクターの CO_2 排出量の割合（2009-2015年平均）

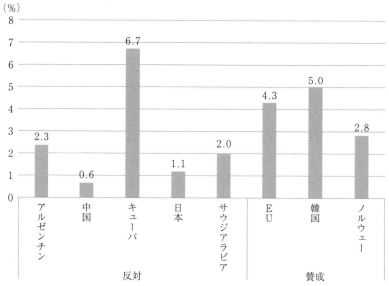

出所：IEA（2017）より筆者作成。

第6章　国際要因と国内要因からみたグローバル・タックスの課題と機会

図表6-9　世界に占める商船隊の載貨重量の割合（2009-2015年平均）

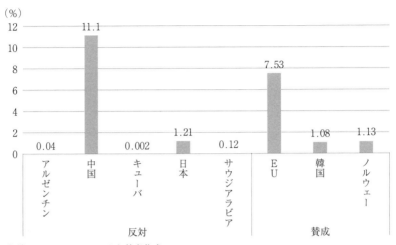

出所：UNCTAD STATより筆者作成。

いてはやや慎重な姿勢へと変化しているものの、反対はしておらず、基本的には両セクターへのグローバル・タックス導入に賛成してきた（EU 2013）。他方、それらの課税・課金に対し、日本は一貫して反対してきた。

　ケーススタディーとしてとりあげる業界団体の選定にあたっては、グローバル・タックス導入による影響を受けると考えられる企業団体の中でも、規模が大きい団体を対象とした。EUは欧州共同体船主協会（ECSA: European Community Shipowners' Associations）及び欧州地域航空協会（ERAA: European Regions Airline Association）、日本は船主協会及び定期航空協会である。

　ECSAは、ノルウェーの船主協会とEU各国の船主協会で構成されており、ビジネス環境が荷主と消費者に便益をもたらすことを目的に1965年に設立され、欧州の船舶業界の利益を推進している（ECSA n.d.）。ERAAは1980年に設立され、欧州域内において51の航空会社と147のサービスプロバイダー会社をメンバーとしている（European Regions Airline Association n.d.-a）。ERAAの主な目的は、欧州の経済社会発展のために、メンバーの知名度と重要性を上げることである。日本の船主協会は内航船・外航船含め、100総トン以上の船舶の日本国籍の所有者、賃借人、運航業者を会員とし、2018年4月現在125社が会員となっている。船主協会は、日本の海運の健全な発展に資することを目的に政府や議会をはじめ

とした関係方面に意見を開陳して、諸問題の解決に努めているとしている（日本船主協会 n.d.）。日本の定期航空協会は、航空運送事業の調査・研究を通じた日本の航空運送事業の健全な発展の促進をその目的として1991年に設立され、活発に政府への提言活動を行っている（定期航空協会 2018）。2018年現在、15企業がメンバーとなっており、地球温暖化対策及びその対策としての課税に一貫して反対の立場を示している（定期航空協会 2009; 定期航空協会 2010; 定期航空協会 2005）。

これらの国・地域の業界団体は、グローバルレベルでの業界団体とも深く関っているため、国際海運会議所（ICS: International Chamber of Shipping）及び国際航空運送協会（IATA: International Air Transport Association）も比較対象に加えた。ICSは1921年に設立され、世界の商船トンの80％を占めるメジャーな国際的な海運の業界団体である。IATAは、世界の292の航空会社が加盟し、全航空交通量の82％を占めるメジャーな国際航空に関する業界団体である（IATA n.d.）。

（2）海運セクター

図表6-10は、海運セクターの業界団体のポジションと主張の要素を整理した表である。ICS、ECSA、船主協会は共通してUNFCCCの下での課税・課金に反対の立場をとってきた。その主張の要素についての背景や詳細は、以下の通りである。

まず、「1．セクターからの排出とセクターに期待されている資金動員額が比例しているべき」という主張については、国際海運のCO_2排出量が世界の総排出量の2.2％である一方で、UNFCCCなどの議論において同セクターに期待されている額が、動員目標総額に対して大きすぎること（動員目標総額の10～15％）を総じて問題視したものである（日本船主協会 2014）。「2．CBDRは不適切で、一律課税とすべき」という主張については、IMOでは、全船舶に対して一律に基準を適用するという原則を採用しているため、CBDRの原則を適用した場合、課税額に差異を設けることになるとの懸念がその背景にあると考えられる。さらに、CBDRを個別の船に適用することは実務的に不可能で、かつ、国際海運の公平な競争条件を損なうことに対する懸念もあった（International Chamber of Shipping 2014; ESCA 2012）。「3．IMOとUNFCCCによる税

第6章　国際要因と国内要因からみたグローバル・タックスの課題と機会

図表6-10　海運セクターにおける業界団体別のポジションとその主張

	国際海運会議所（ICS）	欧州共同体船主協会（ECSA）	日本船主協会
ポジション	反対	反対	反対
1. セクターからの排出とセクターに期待されている資金動員額が比例しているべき	あり	あり	あり
2. CBDRは不適切で、一律課税・課金とすべき	あり	あり	あり
3. IMOとUNFCCCによる税の二重取りを回避すべき	不明	あり	不明
4. 海運セクターの課税・課金を通じた収入は、海運セクターに使われるべき	不明	協会内で意見が分かれている	不明
5. IMOの下での補償ファンドやそれを通じたUNFCCCへの貢献	あり	あり	不明

出所：International Chamber of Shipping（2014）、ESCA（2012）、日本船主協会（2014）、Bennett（2012）を基に筆者作成。
注1：図表中の「あり」は当該主張への言及があったことを示す。「不明」については、当該主張が少なくとも文献より確認できなかった場合を指す。
注2：図表のうち日本船主協会は、ICSの声明文である"Shipping, World Trade and the Reduction of CO_2"（International Chamber of Shipping, 2014）を解説する形で2014年にプレスリリースを出している。このため、同文献に書かれている内容については、ICSと同様のポジションであると解釈した。

の二重取りを回避すべき」という主張については、UNFCCCの議論が、海運セクターの課税・課金を通じた収入を途上国の気候変動分野に使うというものであったため、これに反対を示したものである（International Chamber of Shipping 2014）。「4．海運セクターの課税・課金を通じた収入は、海運セクターに使われるべき」という主張については、2011年にIMOではマルポール条約を改訂し、産業界では初めてCO_2排出対策を義務化した削減策に合意したこと、あるいはその議論がされていたことがその背景にあるだろう（International Chamber of Shipping 2014；日本船舶技術研究会 2009）。なお2018年には、IMOは国際海運からのGHG排出を2050年までに2008年比で半減させ、今世紀中にゼロを目指すことに合意している。「5．IMOの下での補償ファンドやそれを通じたUNFCCCへの貢献」については、IMOにおいてマーケットメカニズムによる排出削減が議論されていたため、そのマーケットメカニズムによる資金（補償ファ

ンド）を、途上国の気候変動に充当すべきという主張である（ESCA 2012）。

　図表6-10からは、ICS、ECSA、船主協会は全体としては共通して反対をしている一方、主張が若干異なることが読み取れる。個別の主張については、「5」の要素が興味深い点であろう。ICSやECSAは、IMOの枠組みで政府が合意するのであれば、IMOの枠組みから、UNFCCCの下に設立された緑の気候基金（GCF: Green Climate Fund）への貢献も考えられる旨表明しており、IMOの下での燃料への課税・課金であれば許容の範囲であることが伺える（Bennett 2012; ESCA 2012; Grey 2016）。このことは、ICSやECSAは総じてバンカー油への課税自体ではなく、課税のあり方や排出規模以上に期待される額の大きさに疑義を唱えていたことを示唆していたことが読み取れる。

（3）航空

　図表6-11は、航空セクターの業界団体のポジションと主張の要素を整理した表である。海運分野同様に、共通してIATA、ERAA、定期航空協会は課税に反対のポジションをとってきたことがわかる。その主張の要素についての背景や詳細は、以下の通りである。

　「1．セクターからの排出とセクターに期待されている資金動員額が比例しているべき」という主張については、世界のCO_2排出の2％しか占めていない航空業界に対する公平な対応措置を求めたもので、期待されている資金動員額が大きすぎるという主張である（IATA 2009; IATA 2010）。「2．CBDRは不適切で、一律課税・課金とすべき」は、UNFCCCが依拠してきたCBDR原則と、ICAOの設置が定められている国際民間航空条約（シカゴ条約）で採用されている均一的なアプローチが矛盾しているという主張である（IATA 2009; IATA 2010）。なお、上述のように、海運セクター同様、航空機燃料から排出されるGHGは、ICAOにおいてその抑制または削減のための検討作業を行うこととされていることから、ICAOでは2010年に「グローバル削減目標」と4つの対策を決定した。また、2016年には、ICAOでは国際航空のためのカーボン・オフセットと削減制度（CORSIA: Carbon Offsetting and Reduction Scheme for International Aviation）を2016年に導入している。「3．航空セクターの課税・課金による収入は、航空セクターに使われるべき」という主張については、UNFCCCでの議論が、課税・課金による収入を途上国の気候変動対策に充てることを前提に議論

第6章　国際要因と国内要因からみたグローバル・タックスの課題と機会

図表6-11　業界団体別のポジションとその主張の有無の比較（航空セクター）

	国際航空運送協会（IATA）	欧州地域航空協会（ERAA）	定期航空協会
ポジション	反対	反対	反対
1. セクターからの排出とセクターに期待されている資金動員額が比例しているべき	あり	不明	不明
2. CBDRは不適切で、一律課税・課金とすべき	あり	不明	不明
3. 航空セクターの課税・課金を通じた収入は、航空セクターに使われるべき	あり	あり	あり
4. ばらばらに導入されている排出削減の措置を標準化すべき	あり	不明	不明
5. 航空セクターへの追加的な課税・課金を回避すべき	不明	あり	あり
6. 課税・課金による削減は期待できない	不明	不明	あり

出所：IATA（2009）、IATA（2010）、European Regions Airline Association（n.d.-b）、Fedral Public Service Mobility and Transport and Belgian Presidency of the Council of the European Union（2010）、定期航空協会（2005）、定期航空協会（2009）、定期航空協会（2010）を基に筆者作成。
注1：図表中の「あり」は当該主張への言及があったことを示す。「不明」については、当該主張が少なくとも文献より確認できなかった場合を指す。
注2：上記の文献のうち、IATA については UNFCCC で議論されている航空セクターへの課税・課金についてのポジションだが、ERAA 及び定期航空協会では必ずしも UNFCCC プロセスではなく、国・地域に関連した提言あるいは国際航空券税に関連した提言を基にしている。

していたが、航空課税・課金による収入は、航空業界のために使われるべきとする主張である（定期航空協会 2009; 定期航空協会 2010）。「4．ばらばらに導入されている排出削減の措置を標準化すべき」という主張は、ERAA 及び定期航空協会では確認されず、IATA のみで確認された（IATA 2009；IATA 2010）。この背景には、航空業界では、2009年9月時点で218の国・領土（territories）・保護領（dependencies）において合計1,669もの課税・課金制度が個別に導入されていたことがあると考えられる（IATA 2009b）。「5．航空セクターへの追加的な課税・課金を回避すべき」という主張は、日本の場合には、航空機燃料には既に化石燃料課税として航空機燃料税が課せられていることが根拠にあげられている（定期航空協会2005; 定期航空協会 2009; 定期航空協会 2010）。EU でも国別にさまざまな課税・課金制度が導入されていたほか、2012年には EU 域内排出量取引制度に航空分野が含まれることになったことも、その背景にあると考えられ

る。「6．課税・課金による削減は期待できない」という主張は、航空機燃料には未だ代替燃料が存在しないことから、地球温暖化対策税が課されても使用燃料削減のインセンティブとはならないというのが、その趣旨である（定期航空協会 2009; 定期航空協会 2010）

（4）ケーススタディーのインプリケーション

　このように、EU の交渉ポジションとしては、UNFCCC では国際運輸課税・課金に賛成していたが、産業界は総じて反対しており、政府と産業界のポジションに相違があった。ただし、海運セクターの業界団体は、IMO の下の課税・課金を通じた UNFCCC への貢献を許容するなど、一定の条件をクリアした上でのグローバル・タックスへの貢献を許容していた。日本については、政府・産業界共に完全に国際運輸セクターへの課税・課金に否定的であり、その意味で、政府と産業界のポジションは一致していたと言うことができる。このような産業界と政府のポジションとの関連性の検証については、グローバル・タックス実現のためのステークホルダー間の合意形成に関する課題にも関連するものであり、今後の検討課題の一つであろう。

　欧州の航空セクターの業界団体からは追加的な課税・課金を回避すべきとの主張があった一方で、海運セクターの業界団体は IMO の下での課税を通じた UNFCCC への貢献を許容するなど、欧州の産業界のポジションにはセクター間にポジションの若干の相違がみられた。上述の通り、航空業界では、2009年9月時点で合計1,669もの課税・課金制度が個別に導入されている（IATA 2009b）。その一方で、国際海運セクターは、他産業と比較して、課税の程度が軽いとされている（Parry, Heine, Kizzier, and Smith 2018）。したがって、課税対象セクターがすでに国内で多く課税されている場合、同セクターでの新たなグローバル・タックスの導入はステークホルダーの合意取得が困難であるという課題が、グローバル・タックス実現のための課題として浮き上がった。この点は合意形成にあたっては当然の事項であるものの、UNFCCC の交渉では議論で考慮されていなかった。

　なお、本ケーススタディーで分析した産業界の主張の一部は、「2．グローバル・タックスと国際要因」で扱った国際規範の議論と同様である。つまり、国際規範は、国際交渉のみならず産業界の議論においても重要な要素となっていた。

第6章　国際要因と国内要因からみたグローバル・タックスの課題と機会

「2．グローバル・タックスと国際要因」では、国際規範と各国提案の意見の収斂が見られなかったことがパリ協定でグローバル・タックスに関する言及がなかったことの原因であったと述べたが、産業界においても、海運・航空の両セクター共に、UNFCCCの下でのCBDRと、ICAOやIMOの下での一律適用・非差別的取り扱いの原則の矛盾が、産業界が反対のポジションをとる要素の一つとなっている（図表6-10及び図表6-11の2の主張に関連する）。

おわりに——国際規範と国内要因からみたグローバル・タックスの課題と機会

以上、本章では、グローバル・タックス導入を巡る交渉において国際交渉と国内要因の観点から実証的に分析した。国際交渉においては、CBDRや国家主権などの国際規範を巡る対立を追跡し、なぜ合意に至らなかったかを実証的に検証し、国際気候レジームで制度化されている国際規範との折り合いがつかず、意見の収斂がみられなかったことが、その一因となったことを明らかにした。また、国内要因（GHG排出量、国内産業規模、国内産業業界団体の動向）については、交渉ポジション別の傾向はみられなかったことを明らかにした。また、ケーススタディーからは、国内・域内産業と交渉ポジションの関係性は証明できないものの、国内・域内業界団体もやはり国際規範との折り合いがつかなかったこと（CBRDか一律適用か）が、そのグローバル・タックス導入に反対する要素の一つとなっていたことが示された。

また、グローバル・タックス以前の問題として、そもそも、京都議定書では国際運輸のGHG抑制または削減の検討作業をICAO及びIMOにおいてすることとなっていた経緯があったにもかかわらず、UNFCCCで資金源としての位置づけとして議題に上ったことが、業界団体の反対を強くした可能性がある。

グローバル・タックスの議論は、気候変動レジームにおける国際規範を巡る対立を激化させるものであり、パリ協定を議論している段階ではその対立が解けるものではなかった。これまでの交渉経緯に鑑みるに、具体的、特定の資金源、手段、チャンネルに合意することは、今後も難しいと思われる。

他方、そのことはグローバル・タックスの可能性を排除するものでもない。パリ協定が求める「さまざまな資金源、手段、チャンネル（a wide variety of sources, instruments and channels）を通じた資金動員」をどのように達成するかは今後の課題であり、再度、グローバル・タックス型の資金調達手法が議論の

組上に上がる可能性はある。パリ協定では民間資金の動員にフォーカスが当てられているが、民間資金が途上国の適応能力向上にどれだけ向かうかは不明である。適応資金の不足から、グローバルタックス的な手法により、適応策に向けた資金調達を求める声が再度強くなる可能性も否定できない。

今後、パリ協定のもとでグローバル・タックス的な資金調達手法を構築するためのアプローチとして、パリ協定への自主的な貢献という形で、数カ国の有志国間で開始し、その後、拡大を模索するということが考えうる。開発支援の分野では、フランスが主導する航空券連帯税が現在10カ国において既に導入・実施されている。この制度は、各国が独自に制度を導入・実施し、税収の開発資金への拠出の割合は各国裁量にゆだねる緩やかな仕組みを採用していることが分かる。本章のケーススタディーで明らかにしたように、国際運輸課税・課金提案に対する業界団体のポジションへの政府の反応は、海運及び航空、及び国によって異なり、先進国、途上国を問わず、賛同する国から開始する余地はある。CBDR原則に基づく二分論がパリ協定において希薄化したこともプラス要因となろう。国家間での統一的な課税・課金制度導入が難しい場合、航空券連帯税に見られるような緩やかなアプローチも各国が連携して取り組む方法のあり方の一つとして検討に値する方式であるといえる。

参考文献

IISD & GISPRI（2012）「ドーハ気候変動会議2012年11月26日—12月7日」
上村雄彦（2007）「いくつもの『もうひとつの世界』—世界社会フォーラム（ナイロビ）に参加して」、『公共研究』、4-1, 218-237。
地球環境戦略研究機関（田村堅太郎、福田幸司、西宮洋編著）（2009）『地球温暖化対策と資金調達—地球環境税を中心に』東京：中央法規。
日本船舶技術研究会（2009）「国際海運における温室効果ガス（GHG）削減に向けた総合戦略」、Retrieved from https://www.jstra.jp/html/PDF/GHG総合戦略（公表用）
田村堅太郎（2012）「ダーバン合意を読み解く(1)：将来枠組みへの道筋」、『クライメート・エッジ』、Vol.12増刊号。
田村堅太郎（2013）「気候資金における資金源・資金調達手法を巡る議論—これまでの経緯と今後の展望」、『季刊環境研究』、171, 33-41。
渕圭吾（2009）「『地球環境税等』に関する法的論点（案）」、第3回地球環境税等研究会提出資料（2009年2月4日）

AGF (2010) "Report of the Secretary-General's High-Level Advisory Group on Climate Change Finance High-Level Advisory Group on Climate Change Finance (AGF)"
Bodansky, D. (1993) "The United Nations Framework Convention on Climate Change: A Commentary," *Yale Journal of International Law*, 18, 451-558.
Checkel, J. (1999) "Norms, Institutions, and National Identity in Contemporary Europe," *International Studies Quarterly*, 43, 83-114.
China. (2013) "China's submission on Long-term finance."
EU. (2011) "Submission by the European Union on long-term finance."
EU. (2014) "EU submission 2014 on strategies and approaches for scaling up climate finance."
Gupta, J. (2012) "Negotiating challenges and climate change," *Climate Policy*, 12(5), 630-644. doi: 10.1080/14693062.2012.693392
Harrison, K., and Sundsrom, L. M. (Eds.) (2010) *Global Commons, Domestic Decisions: The Comparative Politics of Climate Change*. MIT Press: Cambridge, Massachusetts.
International Chamber of Shipping (2014) "Shipping, World Trade and the Reduction of C02," London: International Chamber of Shipping. Retrieved from http://www.ics-shipping.org/docs/default-source/resources/policy-tools/shipping-world-trade-and-the-reduction-of-co2-emissionsEE36BCFD2279.pdf?sfvrsn=20 (2018年11月27日)
Jackson, R. (2000) "Sovereignty in World Politics: a Glance at the Conceptual and Historical Landscape," In R. Jackson (Ed.) *Sovereignty at the Millennium*. Oxford: Blackwell.
Japan. (2013) "Submission by Japan on Long-Term Finance (March 2013)."
Oberthür, S. (2003) "Institutional interaction to address greenhouse gas emissions from international transport: ICAO, IMO and the Kyoto Protocol," *Climate Policy*, 3(3), 191-205. doi: 10.3763/cpol.2003.0327
Oberthür, S. (2006) "The Climate Change Regime: Interactions with ICAO, IMO, and the EU Burden-Sharing Agreement," In S. Oberthür and T. Gehring (Eds.) *Institutional Interaction in Global Environmental Governance*. Cambridge, Massachusetts: MIT Press. (pp. 53-77)
Parry, I., Heine, D., Kizzier, K., and Smith, T. (2018) "IMF Working Paper: Carbon Taxation for International Maritime Fuels: Assessing the Options," *IMF Working Paper*. Washington, D. C.
Rajamani, L. (2012) "The changing fortunes of differential treatment in the evolution of international environmental law," *International Affairs*, 88(3), 605-623. doi: 10.1111/j.1468-2346.2012.01091.x
Schreurs, M. A. (2003) *Environmental Politics in Japan, Germany, and the United States*, London: Cambridge University Press.
Sprinz, D., and Vaahtoranta, T (1994) "The Interest-Based Explanation of International Environmental Policy," *International Organization*, 48(1), 77-105.
Third World Network (2011) "CBDR Must Guide Work on International Transport Emissions,

Say Several Developing Countries, TWN Durban News Update 4," Third World Network.

Third World Network. (2013) "UNFCCC principles must guide work of IMO and ICAO-say developing countries," *Bonn News Updates and Climate Briefings* (June 2013) Third World Network.

Third World Network. (2014) "Parties Present Views at the SBSTA and SBI Opening Plenary, TWN Lima News Update 5," Third World Network.

UNFCCC (2012) "Report on the workshops of the work programme on long-term finance," FCCC/CP/2012/3, Bonn, Germany.

World Bank Group (2011) "Mobilizing Climate Finance: A Paper Prepared at the Request of G20 Finance Ministers," Washington DC.

Van Drunen, M., L. Bouwer and et al. (2009) "Financing adaptation in developing countries: Assessing new mechanisms," IVM-report W-09/02. Institute for Environmental Studies. University Amsterdam.

第 7 章

グローバル・タックス収入の支出の効果
国際医薬品購入ファシリティと京都議定書適応基金の事例

森 晶寿

はじめに

　これまでの章では、グローバル・タックスが地球規模課題を引き起こす活動をいかに縮小するかを検討してきた。ところが、グローバル・タックスは、途上国にとって優先度の高い地球規模課題の克服に取り組む多国間機関や多国間基金を財政的に支える手段としても構想されてきている。

　この背景には、既存の多国間機関が途上国固有のニーズや社会的脆弱性をプログラムに反映していないとの批判が高まったことが挙げられる（Grasso 2010）。既存の多国間機関は、資金拠出の安定性や予見性において主要な資金拠出者である先進国ドナーの意向が強く反映されている。これは IMF（International Monetary Fund）や世界銀行等のブレトンウッズ機関だけでなく、先進国が途上国の地球環境問題対策の実施を促す資金メカニズムとして設立された地球環境ファシリティ（Global Environmental Facility: GEF）も同様である。このため、多国間機関が途上国固有のニーズや社会的脆弱性をプログラムに反映させるには、理事会の投票権を途上国により多く配分するガヴァナンス構造に変えることが不可欠と主張された。さらにパトマキ（2015）は、国家が超国家機関と一体となって、またその監視下に置いてグローバル・タックスを徴収し、意思決定システムに政府・議会・グローバル市民社会の代表が参加できるようにすることを提案する。

　ところが、ガヴァナンスが途上国主導となれば、先進国ドナーは自らの意向を反映することが困難になり、資金拠出を削減することが予想される。また途上国主導のガヴァナンスでは、資金を効率性よりも衡平性を重視して配分するため、受取国のレント追求活動を助長し、資金使途の透明性や成果に対する説明責任を確保しにくくなる（Moyo 2009）。さらに、所得水準が高いことを理由に感染症

や気候変動の脆弱性の高いコミュニティに配分されなければ、支援の効果も低下する（Remling and Persson 2015）。あるいは支援を通じて提供される解決策が必要とされる人々に購入可能な価格では供給されないかもしれない。

そこで主に市場取引に依拠した財源を持つことができれば、先進国ドナーの意向とは無関係に支援を継続することができる。実際に現在グローバル・タックスとして課税されているのは、航空券連帯税、クリーン開発メカニズム事業の収益課税、金融取引税、ノルウェー政府の航空部門に対するCO_2排出税、ドイツ政府の欧州排出枠取引の初期配分のオークション収入課税と、全て市場取引に主に依拠したものである。そして提案されている課税も、通貨取引税、炭素税、国際億万長者税等、主に市場取引に依拠したものが多い（UNDESA 2012）。

こうした異なる財源が資金供給の成果にもたらした効果の事後的な検証は、これまでほとんど行われてこなかった。上村（2015）は、NGO代表の理事会への参加と理事会に入れなかった国や組織の声を拾う組織の存在の二つの観点から、国際医薬品購入ファシリティ（Unitaid）とグリーン気候基金（Green Climate Fund: GCF）のガヴァナンスを検討し、Unitaidが他の多国間機関や多国間基金よりも民主的で透明性と説明責任が高いと評価している。ところが、民主的で透明性と説明責任が高いガヴァナンスが資金配分や感染症の改善や気候変動防止にもたらした相違は検討していない。

この理由として、反証仮説の設定と定量評価の困難が挙げられる。事後評価に必要なベースラインデータや定量指標の収集は容易ではない。投入が期待される成果をもたらすには、まずアウトプットやアウトカムに期待通りの変化を及ぼすことが不可欠で、その上多様な利害関係者が想定通りの行動を取ることが必要となる。

そこで本章は、グローバル・タックスが地球規模課題の解決に果たした役割を、Unitaidと適応基金の支援事業を事例として定性的に明らかにすることを目的とする。先行研究から多国間基金による支援が成果をもたらす要件を導き出し、それを評価基準として成果をメタ分析することで、今後定量的な分析を展開するための基盤を提供する。

1　成果の評価枠組みをめぐる議論

（1）多国間基金による支援がより大きな効果を発揮する要件

　多国間開発銀行は、ドナーからも受取国からもより多くの資金を配分する圧力を受けてきた。ドナーは多国間基金や多国間開発銀行の専門性やプログラム管理能力を活用することで、二国間支援よりも高い成果を期待できる。受取国の政治エリートも、民間資金のようにリスクと収益に予測に基づいて資金が配分されるわけではなく、成果に対する説明責任を果たさなくても支援が増額されれば、レント獲得機会を高めることができる（Knack 2001; Moyo 2009）。こうした圧力の下で、多国間機関は承認文化が形成され、職員は支援プログラムや事業の件数や融資額で評価されるようになった（Nielson, Tierney and Weaver 2006; Weaver 2007）。同時にドナーは多国間開発銀行に対して、成果に対する説明責任を果たすことを求めてきた。

　ところが、多国間開発銀行が支援してきたプログラムや事業は、任務とされた社会・環境目標を達成していないとして批判されてきた。その原因として、2点が指摘された。一つは、説明責任と承認の文化との二律背反である。承認の文化が強いほど、支援プログラムの環境社会影響を考慮せずに実施する誘因を持つ。他方で説明責任を果たすために多国間開発銀行の意思決定を厳格に管理するほど、その専門性を活用した革新的な方法や実験的な事業を実施する誘因を失う。他の一つは、過去の成果の低さを理由とした支援削減の困難である。多国間開発銀行はガヴァナンス上の問題を抱える多くの低所得国に支援を行っている。このため、プログラムや事業の成果の発現の不確実性が高い。ところが多国間開発銀行の目的は、民間資金へのアクセスが困難な地域に投資を行うことにある。このため、ドナーは低い成果を長期の開発を実現するための必要経費と見なすようになる（Collier et al. 1997）。

　そこで多国間開発銀行が成果に対する説明責任を果たすように、四つの方策を導入してきた。具体的には、（1）プログラムや事業の執行機関の監査や査閲パネル等の行政手続き、（2）説明責任メカニズムの導入と情報公開による市民社会の監視機能の強化、（3）専門家による事後評価を通じた不確実性の減少、（4）事後評価情報の組織的・体系的な活用による上位の意思決定への統合である（Buntaine 2016）。

しかしこれらの改革は、すべて実施されたとしても、受取国や最も必要とする人々のニーズを満たすわけではない。特にドナーと受取国や潜在的裨益者との間で関心や優先順位に相違がある場合には、受取国や潜在的裨益者は支援プログラムや事業に対して当事者意識をもたず、その成果の不確実性は改善されない。実際に1990年代の環境・気候変動支援では、受取国が国内の環境問題への対応に高い優先順位を置く中で、先進国ドナーが地球環境問題への対応を目的とした支援を行ったため、高い成果をもたらさなかった（Keohane 1996）。

　このことは、成果を設定する際には、受取国や潜在的裨益者のニーズを十分に考慮する必要があることを示唆する。この点を踏まえて、Easterly（2006）は、援助が高い成果をもたらす要件として、(1) 先進国ドナーの政策と潜在的裨益者の関心の一致、(2) 対象が個別の解決可能な問題、(3) 具体的で数値化されている目標や、努力と成果の間にはっきりした関係の存在、(4) 裨益者のニーズに関する整理された情報、(5) 援助に対する現場の人々のフィードバックと先進国ドナーの現場の人々に対する説明責任の確保が不可欠と指摘している。

　このうち目標の具体化や数値化、投資や活動と成果の間の因果関係の明確化に関しては、多国間機関の事業で定量的な成果ベースの管理（result-based management）が用いられるようになっている。特に感染症対策は、信頼できる反証仮説を立てやすく因果関係を特定化しやすいため、この管理方法が分析や評価に用いられている。ところが、この方法を適応策の評価で用いるのは、感染症対策ほど容易ではない。地域の文脈の固有性が高く、成果の顕在化まで長期間を要するため不確定要因も多く、また気候変動とともにベースラインの気候変動リスクも変化するため、信頼できる反証仮説を立てにくく、データ制約も大きいためである。

(2) Unitaidと適応基金による支援がより大きな効果を発揮できる要件

　Unitaidと適応基金が対策を支援する三大感染症と気候変動適応は、解決には長期のコミットが必要で、ドナーによる解決策の供給とそれに対する潜在的裨益者の受容行動の結合生産によって成果がもたらされるという特徴を持つ（Bours et al. 2014）。潜在的裨益者の選択は、社会経済要因、利用可能なインフラ、サービス供給者の慣行、感染症や気候変動脆弱性やその影響に対する認識に影響を受ける。このため、支援と潜在的裨益者のニーズがマッチしなければ、供給を増や

しても期待した効果を実現できないラストマイル問題を起こす。

ラストマイル問題を克服するには、Easterly（2006）が列挙した供給者と裨益者を結ぶ組織やネットワークの改善に加え、効率的な解決法の選択、それに対する最も必要とする人々のアクセスと購入可能性・受容性の改善、及び供給者のガイドラインの遵守が必要となる（Matowe and Adeyi 2010; Banek et al. 2014）。そして受容性を高めるには、潜在的裨益者の参加、既存のシステムの包摂、サーベイランスシステムの開発を含めた柔軟な支援戦略が不可欠となる。潜在的裨益者の参加は、支援内容にそのニーズを反映させられるだけでなく、その感染症や気候変動脆弱性の改善による私的便益に対する認識を高め、支援に対する当事者意識の向上を可能にする（Brown et al. 2013; Ashraf et al. 2016）。受取国の既存のシステムの包摂は、遠隔地のコミュニティへの解決法へのアクセスを容易にするとともに、その管理を可能にする。そこでインフォーマルセクター等での不適切な慣行を改善できれば、説明責任の向上や支援の透明性を強化することが可能になる（Res 2017; Brown et al. 2013）。さらにコミュニティレベルでサーベイランスシステムを構築すれば、優先的に支援すべき地域の確定や支援の成果の把握が容易になり、説明責任の向上が期待できる（Res 2017）。

そこで本章では、グローバル・タックスを主財源とする Unitaid と適応基金が、社会経済要因及びラストマイル問題をどのように克服したのかに着目してその効果を探究する。

2　Unitaid

(1) 概要

Unitaid は、途上国における HIV/AIDS、マラリア、結核の治療・診断・予防のための品質保証された医薬品が世界で最も貧しい人々の手に届き、活用されるように市場を形成することを目的として、2006年に設立された。Unitaid は、三大感染症の原因を、医薬品に対する市場アクセスの困難、及び製薬会社や流通業者の安価で品質の良い医薬品に対する持続的な投資・革新・供給誘因の欠如にあると見なす。そこで、品質の良い医薬品の大量調達による安価な供給と、製薬会社に投資・革新・供給誘因を喚起するためのグローバルな市場の形成を推進してきた（Unitaid 2012a）。

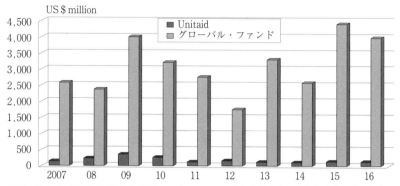

図表7-1　Unitaidとグローバル・ファンドの年間支援額

出所：Unitaid（2012; 2016a）及びグローバル・ファンド年次報告書，各年版を基に筆者作成。

ところが、これら感染症の世界的流行を防止する多国間非政府機関としてGAVIアライアンス（GAVI Alliance）と世界エイズ・結核・マラリア対策基金（グローバル・ファンド）が既に設立されており、後に予防接種のための国際金融ファシリティ（International Finance Facility for Immunisation: IFFIm）も設立された。特にグローバル・ファンドの資金規模はUnitaidの10倍以上のため（図表7-1）、活動の重複回避と相乗効果の創出が不可欠であった。そこで活動内容は大規模な調達グループの形成に限定し、支援対象をグローバル・ファンド等のパートナー機関が支援する小児用抗レトロウィルス薬（antiretroviral: ARV）、成人用第2選択ARV、長期残効型蚊帳（long-lasting insecticidal nets: LLINs）、多剤耐性結核（MDR-TB）治療薬等の解決が有望でかつ小規模でニッチな市場の医薬品とした（Unitaid 2018）。

その後、従来の抗マラリア薬のクロロキンやアルテミシニン誘導体単独療法（AMT）を代替するアルテミシニン誘導体多剤併用療法（ACT）や、マラリア用迅速診断テスト（rapid diagnosis testing: RDT）等、市場分析に基づいた有望な製品のWHO事前承認と市場販売パイロット事業への支援を対象に加えた。そして国連2030年持続可能な発展アジェンダでユニバーサルヘルスが達成目標に掲げられたことを受けて、支援対象をC型肝炎等の三大感染症との同時感染症や、母子保健（RMNCH）と薬剤耐性（AMR）対策へと拡大した。

（2）成果

　Unitaid が支援した市場ベースの解決法は、2006-15年の10年間に、より効果の高い医薬品と診断方法の市場での安価な供給を増やしてきた（Unitaid 2016b; Dalberg 2016）。研究開発を支援した200種類以上の医薬品と60の診察手段がWHO で事前承認された。HIV/AIDS 対策では、小児用抗レトロウィルス薬の価格を80％、成人用第1及び第2選択 ARV の価格を60％低下させ、薬剤特許プールを通じて途上国の HIV 感染成人の95％をカバーできるようになった。そして農村での普及が課題とされてきた新規で使用が容易な診断機材を、マラウイ、ジンバブエ、ザンビアの農村に75万台設置した。

　またマラリア対策では、共同購入を通じて長期残効型蚊帳や屋内散布可能な新たな殺虫剤の市場を拡大し、安価販売でも民間企業が収益を得られる市場へと成長させた。また注射可能なアルテミシニン誘導体多剤併用療法（ACT）を4億個配布した。さらに結核対策でも、パートナー機関を通じて、150万人の結核患者に第1選択ないし第2選択の治療薬を供給し、GeneXpert® 等の迅速診断機材を21カ国に140万台設置した。

（3）成果を上げた要因

　Unitaid が成果を上げた要因として、三つを挙げることができる。

　第1に、支援内容を市場ベースの解決法と革新的な解決手法を明確に実施しているプロジェクトに限定した。共同調達は消費者市場を創出し、ストック循環戦略は市場の需要を強化することで、医薬品のビジネスモデルを「少量販売・高利幅」から「大量販売・小利幅」へと変え、市場競争と低価格化を促してきた。そしてWHO 事前承認プログラムは、成人用第2選択 ARV 等の新規の優れた保健医療製品を特定することで、ジェネリック医薬品メーカーによる開発と市場への参入を促してきた。そして農村や遠隔地に流通ネットワークを有するパートナー機関を選定することで、医薬品を可能な限り効率的に配送し、途上国の行政機構を通すことによる横流しリスクを防止しようとしている（Unitaid 2016b）。

　そして成果指標を、医薬品市場における価格や WHO 事前承認を受けて市場に投入された医薬品数等の技術効率性に限定することで、支援とその成果の間の関係を明確にしようとしている（Fan 2012）。そして支援終了後も市場価格を監視・公表することで、受取国にも支援によって得られた成果を持続させ、裨益者

の購入可能性を確保する誘因を持たせ続けようとしている（Unitaid 2017）。

第2に、世界的に知られている保健実施機関が実施する期間限定のプロジェクトを通した支援を行っている。PEPFAR、USAID、ビル＆メリンダ・ゲイツ財団、マラリア治療薬購入促進機関（Affordable Medicines Facility-malaria: AMFm）等との共同調達は、医薬品製造会社との交渉力を高め、Unitaid 単独では困難であった小児用抗 ARV の多剤混合薬や ACT、新たな結核迅速診断検査装置の価格の引き下げを可能にした。また、AMFm やクリントン・ヘルス・アクセス・イニシアチブ（CHAI）が実施するプログラム、ストップ結核パートナーシップが運営する世界抗結核薬基金（Global Drug Facility: GDF）への支援は、ACT の途上国の地方の診療所や民間薬局への配送と販売、低所得国での小児用 HIV 治療、乳幼児向け HIV 臨床現場即時検査（Point of Care test）技術の導入を可能にした。また MDR-TB 治療薬の在庫切れによる供給の不安定性への対応も可能にした。さらに、WHO の新薬審査の迅速化は、途上国向けに開発された新薬の安全性と有効性を保証し、TB アライアンスとの協力は、製薬会社に市場で販売可能な結核治療薬の開発を促している（Unitaid 2016b）。

第3に、患者やコミュニティ、現場で医薬品のアクセスに従事する NGO との協働関係を構築した。市民社会組織に投票権理事の議席を配分し、市民社会組織理事が専門家で構成される市民社会組織提言機関からの知的所有権や医薬品のアクセスに関する知見を、コミュニティ支援チームが現場のニーズを理事会に報告することで、その見解や関心の的確な把握を可能にしている（Doble 2009）。そしてコミュニティ支援チームは、支援事業の現地相談会や視察を組織し、患者や現地の医療従事者、事業実施主体との面談を通じて、事業の達成度や課題、改善点を学習する機会を設けている。このことが、支援を必要とする人々に対する説明責任の向上を可能にしている（Fraundorfer 2015）。

（4）課題

ただし、こうした形態での参加は、必ずしも成果の高い活動を行うパートナー機関や効果的な治療・診断方法を選択することを保障しているわけではない（Fraundorfer 2015）。パートナー機関は申請順に審査され資金が配分されることになっている。しかし実際には、CHAI、グローバル・ファンド、UNICEF、GDF、WHO 等の10の大規模な多国籍パートナー機関が資金配分の既得権を持っ

ており、新規参入の余地は限られている。しかも医薬品の配送はこれらパートナー機関に依存しているため、そのネットワークの弱い地域では配送状況は必ずしも追跡されているわけでも、持続可能で国内調達可能なサプライチェーンが構築されているわけでもない[1]。しかも、Unitaidは、受取国の政府機関やNGOへの資金配分やサービス供給システムへの支援を禁止している。このため、支援終了とともに配送システムが機能しなくなるリスクがある（Fan 2012）。

また、市場での安価な供給は、必ずしも優先的に対処すべき人々の購入可能性や受容性を高めたわけではなかった。HIV/AIDS対策においては、安価で貧しい人々の需要の高い成人用の第1選択ARVや第1選択結核治療薬ではなく、より高価な成人用第2選択ARVや多剤耐性結核（MDR-TB）治療薬を支援対象としている。このため、多くの貧しい人々はどちらの治療薬の購入も困難なままにされている。

マラリア対策においても、購入可能性や受容性は必ずしも高められたわけではない。ACTは、2003年のWHOのマラリア処方指針の転換（WHO 2006）を受けて、グローバル・ファンド及び米国大統領マラリアイニシアティブ（PMI）の資金支援の下に普及が推進された。しかし、WHOの急激な指針の転換にACTの供給体制は追いつかなかったために、ACTの供給不足と価格高騰を招き、在庫も払底した[2]。そこで製薬会社はACTを従来の半額にして販売し、受取国政府も購入補助を提供した。しかし高い流通・販売費用と相まって、この措置は無償配布する受取国政府の財政を圧迫した（Njau et al. 2008; Ashraf et al. 2010; Shretta et al. 2015）。そこでグローバル・ファンドは、途上国の行政機構を通さずに、AMFmを通じて直接地元薬局で補助付き価格で販売するプログラムを開始した。この結果、グローバルにはACTの販売は増加し、過剰在庫は一掃され、市場価格も低下した（Talisuna et al. 2012）。ところが、補助価格での販売は超過需要をもたらし、2010年には販売割当を行わざるを得なくなった（Cohen et al 2008; Kamal-Yanni 2012）。しかも多くのマラリア脆弱性の高い人々が利用する

1）フランスNGOのESTHER（病院の連帯ネットワーク）と提携して実施している、医薬品の必要としている人々の手元に確実に届ける配達状況追跡プログラム（ESTHERAID）は例外的に配送の追跡を行っている。

2）アルテミシニンは植物由来であるため、供給増加には7カ月のリードタイムが不可欠で、高品質を維持するには2年以内に消費される必要がある。

民間薬局では、ACTの市場価格はクロロキンよりも高いままで、ACTの利用可能性をあまり改善しなかった（O'Connell et al. 2011）。途上国の行政機構を通さずに直接ACTを地元薬局に供給したことで、地方に点在する不認可薬局への横流しやマラリア迅速診断テストなしの販売は改善されず、また民間薬局では依然としてクロロキンやAMTが入手可能であったことが原因であった（ACTwatch Group 2017; Res 2017）。

そこでUnitaidは、民間部門を対象としたマラリア迅速診断テスト導入のパイロット事業を実施し、診断報酬を供与して医療従事者の所得を向上させることで、横流しの防止に取り組んでいる（Odugbemi et al. 2018）。

しかし、潜在的裨益者の購入可能性や受容性を高めるのに必要なソーシャルマーケティングやコミュニティヘルスワーカーの育成、コミュニケーション戦略（O'Connell et al. 2011; Kamal-Yanni 2012; Selemani et al. 2013）等には未だ十分には取り組めているわけではない。同様に、供給システムの持続性と信頼性の向上に必要となる地球規模での物理的・資金的な緩衝在庫の整備等の市場補完機能の強化や、受取国における供給システムや情報共有システムの整備（Shretta and Yadav 2012）も、今後の課題として残されている。

またUnitaidの支援は、効果が見えにくい予防や感染症、市場規模が小さい結核の新薬開発にはあまり焦点を当ててこなかった（Fan 2012）。結核の効果的な対策には、効果的な治療薬の供給だけでなく、喫煙や生活環境、受取国の医療政策やサービス等の多面的な改善が必要となるが、対策資金は必ずしも予見可能な形態では供給されてこなかった（Raviglione et al. 2012）。しかも最新の薬剤でも効果がなく打つ手がないといわれる超多剤耐性結核が出現しているにもかかわらず、MDR-TB治療薬を筆頭に薬剤耐性のある結核の治療薬の開発費用が高騰しているため、市場ベースの解決法の適用が困難となっている。

3　適応基金

(1) 概要

適応基金は、途上国の気候変動に脆弱なコミュニティで具体的な適応事業を実施することを目的として、2001年に設立された。そして2007年にIPCC第4次評価報告書が公表され、世界的に適応に対する関心が高まったことを契機として、

認証排出削減量（Certified Emissions Reduction: CER）の 2 ％及び任意拠出を財源として確保することで、運用を開始した。

　適応基金の特徴は、直接アクセス方式（direct access modality）を導入し、事業実施地域の利害関係者との対話を反映した事業の詳細設計の立案と提案を義務化したことである。直接アクセス方式とは、受取国の国内機関が多国間資金メカニズムから直接事業資金を受け取って事業の立案・設計・管理・監査・評価という事業サイクルのすべてを自らの責任で実施する事業実施方式を指す。

　GEF 等の従来の多国間基金の支援事業では、世界銀行や国連機関等の多国間開発機関が事業を立案・管理し、受取国の国内機関はその一部を執行するにすぎなかった。しかも国連開発計画（United Nations Development Programme: UNDP）や国連環境計画（United Nations Environment Programme: UNEP）は、成果ベースの管理を強化してトップダウンで事業の進捗管理をより厳格に行うようになった。具体的には、四半期ごとの資金支出報告書及び年次実績報告書に加え、半年（UNDP では四半期）ごとに受取国の執行機関に事業進捗報告書の提出を求め、それを事業実施前に立案した進捗計画に照らして評価し、事業継続の判断を行うようになった（UNEP 2013; UNDP 2011）。

　これに対して直接アクセス方式は、受取国の国内機関が事業サイクルのすべてに対して実施責任を負うことで、受取国の開発戦略や優先順位を事業の内容や評価指標に反映させることを可能にした。また、適応基金への資金支出報告書の提出を半年ごと、実績報告書の提出を年次とすることで、事業の進捗管理に柔軟性を与え、現地の文脈に整合的に事業を進めることを可能にした。

　そして事業実施責任を持つ受取国の国内機関に事業コンセプトの採択時に 3 万米ドルを上限とする事業形成のための無償資金を供与することで、事業実施地域の利害関係者との対話とその結果を反映した事業計画の立案を促している。GEF やクリーン開発メカニズム（Clean Development Mechanism: CDM）事業では、事業への参加者は、地方政府や組織、コミュニティの代表に限定され、コミュニティの人々の参加は必ずしも確保されていなかった（Biagini et al. 2012）。しかしこの参加形態は、必ずしもコミュニティの人々の知見や開発ニーズを組み込むわけではないため、適応事業のデザインを長期的には気候変動に対する強靱性（resilience）を悪化させるものに変えうる（maladaptation: Ayers et al. 2010）。その反面、設計段階でその開発ニーズを事業の設計に組み込めば、その

権限や利用可能な資源を拡大ないし有効活用することができるため、その強靱性は向上する（Ayers and Huq 2009）。しかも従来の慣行を変化させる事業提案に対する受容性と当事者意識（ownership）を高める（Fazey et al. 2010）。そこで、支援効果の向上が期待できる。

　ところが、事業実施機関が適応基金の支援事業の全サイクルの管理・遂行に十分な能力を有しているとは限らない。また事業実施能力を有していても、資金管理の透明性が不十分で資金流用や汚職を起こし、あるいは事業の環境社会影響への配慮や女性の衡平性、エンパワーメントを十分に確保できるとは限らない。

　そこで適応基金は、ロジカルフレームワークに基づいた戦略的成果測定枠組みを構築し、アウトプット及びアウトカム指標を用意した。その上で、事業実施主体に枠組みと整合するように提案事業の目的を定義し、評価指標を選択し、現実的な数値目標を設定し、予算化したモニタリング・評価計画を事業申請時に提出することを義務づけた。そして実際のモニタリングにおいても、データ収集源や収集方法、頻度、責任主体を明記させることで、虚偽の報告を防止しようとしている（Adaptation Fund 2011）。

　同時に、適応事業の国内実施機関や多国間実施機関として事業実施主体となるための認証プロセスを設けた。そして資金流用や汚職防止ポリシーを制度化したガヴァナンスの確立や第三者機関による外部監査等の信託基準（fiduciary standards）の遵守を要件とし、2013年に環境社会政策の、2016年以降はジェンダー政策の遵守を要件に加えることで、実施機関の説明責任を確保しようとした。

　とはいえ、認証要件とその審査、その申請事業の審査が厳格であるほど、国内実施機関による事業実施を遅らせる。結果、GEF支援事業やCDM事業と同様、事業実施能力の高い多国間機関や受取国の国内実施機関に資金配分が集中し、資金配分の衡平性は確保されなくなる（Rüther et al. 2014）。また脆弱性の高い地域への資金配分も小さくなり、小規模でローカルな活動を行う機関の国内実施機関（National Implementing Entity: NIE）認証を阻害する（Acclimatise and Rivard 2012）。

　そこで、受取国当たりの資金配分上限を1000万米ドルに設定し、少数の受取国に資金配分が集中しないようにした。そして多国間機関に対する資金配分上限を全配分額の半分とするシーリングを設定して、直接アクセス方式による資金配分を確保しようとした（AFB 2012）。さらに小規模事業者向けの簡易認証プロセス

と、国内実施機関による国内のパートナー機関の適応事業実施を支援する強化直接アクセス方式（enhanced direct access）を導入して、小規模事業の水平展開を支援している（TANGO International 2018: 41）。

（2）成果

　適応基金は、2011-17年に、28の最後発発展途上国と19の小島嶼開発途上国での事業を含む74事業、事業費総額4.7億米ドルを承認した。国内実施機関の認証数は、2013年までは15機関、承認事業件数は5カ国5件に止まっていたが、その後急速に増加し、2018年3月末時点では、28機関が国内実施機関の、6機関が地域認証機関の認証を受けた。そして国内実施機関による承認事業は15カ国22事業、事業費総額1.1億米ドルに、地域認証機関承認事業は4カ国4事業、事業費総額3420万米ドルまで増加した。

　適応基金の支援で実施された事業は、受取国政府の政策に合致し、かつ事業実施地域に開発利益をもたらす要素を含むようになった。ウルグアイとインドの事業では、適応基金の資金で、それまで国連機関等の多国間認証機関（Multilateral Implementing Entity: MIE）の支援を受けて実施してきた気候変動対策事業とは別に、政府が優先課題として掲げていた分野の事業を実施した[3]。そして地元で管理可能な気候変動対応型生産方法を導入して、農林水産業の生産性向上とその従事者の収入安定化を通じた強靭性の強化を目的としたサブプロジェクトを実施した。その過程で、地元コミュニティを含む主要な利害関係者に対する啓発活動や対話を行い、顕在化されたニーズを事業に反映している（森 2015）。

　また、コミュニティの適応能力を制度的に強化する事業も増加した。農業を対象とした適応策では、水利用組合や農業組合の設立とそれを通じた利用料の徴収、徴収した料金を管理しコミュニティの投資資金に充当する回転資金への支援が、多くの支援事業で実施されている（AFB 2017a, 2017b; Cesilini 2016; Mori and Im 2017）。さらに直接アクセス方式の事業では、中間評価を進捗管理の手段

3）ウルグアイでは、世界銀行が中規模酪農家の適応策を10年以上支援してきたが、政府は小規模酪農家対策を優先課題としていた。またインドでは、GEFやその実施機関であるUNDPが気候変動緩和を推進してきたが、政府は適応基金からの資金を活用して農林水産業を対象とした適応事業を実施した。

としてだけでなく、達成目標を現地の文脈により適したものに調整する機会として活用している[4]。

（3）成果を上げた要因

適応基金がこうした革新的アプローチを取り続けられているのは、少なくとも三つの要因が原動力になっているためと考えられる。

第1は、ガヴァナンス構造である。適応基金は国連気候変動枠組み条約の下に設置され、資金拠出国・受取国に同等の議決権を配分し、受取国の中でも多様な利害代表者に議決権を配分している。このことが、理事会に革新的なアプローチの開発や急速な政策変更を躊躇わない建設的な文化を、事務局に創造的、協調的で顧客志向の運営文化をもたらした（TANGO International in association with the Overseas Development Institute 2015）。そしてこの文化が、GEF等の既存の多国間基金では実現できなかったジェンダー政策の導入や、地元コミュニティを含む利害関係者との対話の事業承認要件化、将来の水平・垂直展開を視野に入れた知見・経験管理の義務化、南南協力プログラム等の気候変動脆弱国が最初の一歩を踏み出すのを支援するプログラムを導入する原動力となった（Adaptation Fund 2018）。また小島嶼開発途上国や最後発発展途上国代表理事の意見が資金拠出国と同等の重みを持ったことで、それらの国々への資金配分の確保する手段として国別資金配分上限が設定された。

第2は、小規模な財源とGCFの設立・運営開始である。適応基金は、GEFや気候投資基金（Climate Investment Fund: CIF）等の他の多国間基金と比較して予算規模ははるかに小さかった（図表7-2）。このため、活動の重複を回避するためにもニッチに特化した活動をせざるを得なかった。しかも京都議定書締結期間が終了し、新規のCDM事業が収益を生まなくなり、排出枠価格が低迷すると、適応基金は主要な財源を喪失した。

他方GCFは、各国政府の多額の資金拠出と民間資金により、適応基金と重複する資金支援を大規模に展開している（UNCTAD 2014）。しかも適応基金が先

4）ウルグアイの事業では酪農システムの適応能力をより如実に表す成果指標への変更が（Cesilini 2016）、ジャマイカの事業では環境紛争の長期化に伴う事業実施の困難からアウトプット及びアウトカム指標の変更が提案され、ともに理事会で承認された（AFB 2018b）。

図表 7-2　多国間環境基金への拠出約束額

(2018年9月末現在)

基金	総額	期間
地球環境ファシリティ (GEF)	178億米ドル	1994-2018年3月
グリーン気候基金 (GCF)	102億米ドル	2014-2018年6月
気候投資基金 (CIF)	87億米ドル	2008-16年
適応基金	7.5億米ドル	2010-2018年6月

出所：GCF (2018), GEF (2018), Climate Investment Funds (2017), Ethics and Finance Committee of the Adaptation Fund (2018) に基づき筆者作成。

進的に整備してきた制度、具体的には、途上国代表理事の半数議決権、直接アクセス方式及び強化直接アクセス方式、国内実施機関認証や事業提案過程での受取国政府との事前協議や合意形成の要件化、信託基準、環境社会セーフガード政策及びジェンダー政策等を導入している。さらに目的適合型認証 (Fit-for-purpose accreditation) アプローチを採用し、適応基金で国内実施機関に認証された受取国の国内機関が GCF でも円滑に認証されるようにした[5] (Palazy 2015)。そして適応基金の支援事業をスケールアップした事業を承認し、適応基金の支援事業で強化された能力と学習した知見を活用した事業を支援している (UNDP 2016)。

この結果、多国間実施機関や、適応基金が設定した1カ国あたり1000万米ドルの資金配分上限を使い切った受取国の中には、自ら、あるいは MIE を通じて GCF から資金支援を獲得して、事業の水平、垂直展開を行うものも現れている。そこで適応基金は、途上国の国内機関を主眼に置いた支援を、先進国ドナーからの批判を受けることなく実施できている。同時に、設立時には任務でも優先的分野でもなかった活動、具体的には、途上国の国内機関の適応資金へのアクセスの改善やその効果的な適応事業の組成支援、革新的な適応策・技術を組み込んだ事業への支援、効果的な適応支援や教訓等の知見への投資・蓄積・共有等を戦略的に推進し、GCF と差別化することで、生き残りを図ろうとしている (AFB

---

5) 国内機関を信託リスク別 (事業管理、無償資金配分、有償資金配分)、事業規模別 (極小、小、中、大)、事業の環境社会リスク別に分類し、カテゴリーごとに異なる認証基準を適用する (Green Climate Fund 2014) ことで、小リスク・小規模の実施機関の認証プロセスを簡素化した。

2018a; Adaptation Fund 2018c)。

　第3は、適応基金を支える独立のパートナー団体の存在である。適応基金NGOネットワークは、適応基金理事会に市民社会の意見や決定へのフィードバックを伝達し、その意思決定の効果を高める役割を果たしている（TANGO International in association with the Overseas Development Institute 2015: 43）。同時に、途上国の認証取得ないし事業組成中の国内機関に適応基金理事会の決定や知見を伝達し、プロセスの迅速化を支援している。また Climate and Development Knowledge Network（CDKN）も適応基金と協働で途上国の国内機関による認証取得や事業組成を支援している。

（4）課題

　こうした成果を挙げている半面、少なくとも二つの課題を指摘することができる。第1に、多くの支援事業で事業期間の延長が申請されている。多国間実施機関の事業では、カンボジアのように、事業が費用効率的に実施できて当初見込みよりも支出が少なくなったため、その予算を活用して対象地域を拡大して実施する目的で期間を延長したものもある。しかし国内実施機関が実施した事業では、セネガルの事業が事業実施期間と予算の過少見積もりにより（Palazy 2015）、ジャマイカの事業は受取国の環境影響評価制度の不備による環境紛争の長期化により（Pey and Associates 2016）、ウルグアイの事業は天候不順による農業危機と地元酪農団体の不在によるプログラムの周知不足のため（AFB 2018c）等、事業設計の見通しの甘さに起因するものが少なくない。

　第2に、すべての事業で社会経済インパクトの測定指標が事業申請時に設定され、達成度評価が行われているわけではない。国内実施機関が実施した事業では、セネガルの事業は、活動・目標・評価に関する詳細な指標やベースラインを設定しておらず、アウトカムの事後評価や成果に基づく管理が困難になった（Palazy 2015）。ルワンダの事業では、中間評価ではアウトプットの達成度評価しか行われなかった（Mujyanama 2016）。多国間実施機関の実施事業でも、トルクメニスタンやジョージアの事業では成果に基づいた管理は導入されず（AFB 2017a, 2017b）、カンボジアの事業でも、事業実施地域周辺で進行している森林伐採と農地転換の影響は評価の対象外とされる（Mori and Im 2017）等、必ずしも成果を改善する観点から評価を行っているわけではない。

このことは、適応基金の支援する事業、特に直接アクセス方式で実施している事業は、脆弱性の高いコミュニティの解決策に対する利用可能性、購入可能性、受容性を高めている半面、問題の早期発見と解決を可能にする事業設計やモニタリング活動に課題が残されており、成果に基づく説明責任は必ずしも十分に果たしていないことを示唆する。

これを受けて適応基金は、事業申請の際に気候変動に対する強靱性改善の観点からの個別事業の確定・設計・事前評価・実施・事後評価方法や、プログラムの管理・評価方法の記述を求めるようになった。

4　グローバル・タックスの果たした役割

以上の検討を踏まえると、Unitaidと適応基金では、グローバル・タックスは少なくとも三つの役割を果たしたと考えることができる。

第1に、市民社会組織や途上国の代表が理事会の決定に影響を有する新たな多国間基金の設立を可能にした。このことが、ミッション主導の運営文化をもたらし、既存の援助機関や多国間基金では実施が困難であったニッチで革新的な手法——医薬品の共同購入による市場ベースの解決法や直接アクセス方式によるボトムアップ型の事業形成・実施——の導入を可能にした。

第2に、より効果的な医薬品と適応策の供給を増加した。Unitaidと適応基金の運営開始時には、既にグローバル・ファンドやCDMが医薬品の供給や気候変動緩和事業を開始していた。ところが、これらの資金メカニズムが供給する解決策は、必ずしも脆弱性の高い人々のニーズに合致し、あるいは購入可能なものではなかった。航空券連帯税は、Unitaidの歳入を予見可能なものにすることで、パートナー機関との共同調達に関する提携と、製薬企業との価格交渉を有利に進めることを可能にした（World Bank and GAVI Alliance 2010）。またCDM事業収益からの歳入は、2001年のマラケッシュ合意で設立が決まったにもかかわらず資金不足で運営開始の目途が立たなかった適応基金に運営資金を供給する役割を果たした。そして気候変動緩和一辺倒であった先進国の資金拠出を、小規模ながらも気候変動適応にも振り向ける触媒の役割を果たした。

第3に、逆説的ではあるが、市場環境の変化に伴って市場取引に依拠する財源が減少したことが、基金の解決法の革新性への特化を高め、成果に基づく管理を

強化し、先進国ドナーの任意拠出を引き出した。Unitaid は、英国政府からの拠出[6]や、ビル＆メリンダ・ゲイツ財団、スペイン等新規ドナーからの複数年の資金拠出を受け入れることで、歳入を確保してきた（Atun et al. 2017）。自国企業が開発を主導する医薬品や統合的対策が WHO 承認を得て市場を創造できれば、大きな経済的便益をもたらすためである。適応基金は、主としてドイツが任意拠出を行ってきた。ドイツは多国間気候変動基金の結果指向で構造転換を促す資金を受取国が効率的に使用するための基盤として、受取国の制度能力の強化、国家気候変動戦略の策定、質の高いプログラムや事業の提案を重視し、その実現を目的とした気候変動基金準備プログラムを支援している（Federal Ministry for Economic Cooperation and Development 2013）。このプログラムは当初 GCF を対象としたものであったが、適応基金に資金を拠出するにあたり、同様のプログラムの展開を求めてきた。

　この考察は、グローバル・タックスによる税収を増加させて Unitaid や適応基金の事業規模を拡大することだけが、効果を高める手段ではないことを示唆する。小規模であれば、資金不足のために困難になっていた資金支援を充足させるための革新を促すことができる。しかし受取国の事業実施能力以上に資金規模を拡大すれば、第 2 節で提起したラストマイル問題や誤った適応策（maladaptation）を引き起こすリスクを高める。

　同時に、グローバル・タックスの増税分をグローバル・ファンドや GCF 等の既存の多国間基金の追加的財源としても、それらの活動の効果を改善するとは限らないことも示唆する。グローバル・タックスが Unitaid や適応基金の理事会の構成を変え、理事会や事務局の文化を変えることができたのは。それらが新設の組織であったためであった。既存の組織の財源にグローバル・タックスを追加しても、組織文化を変えることにはならない可能性が高い。しかも財源に市場取引に依拠するグローバル・タックスを加えれば、多国間資金メカニズムの説明責任や資金支出の透明性を低下させるリスクを持つ（Fraundorfer 2015）。市場を通じた間接税のため、政府の直接資金拠出を比較すると、多国間基金の資金管理や使途に対する関心が低く、監視手段も限定されるためである。グローバル・ファンドやゲイツ財団は、自らが重要と定義した内容に基づいて供給する医薬品の優

6）英国政府は、2011-13年に毎年5300万ポンドの拠出を確約した（Unitaid 2011）。

先度を決めており、必ずしも受取国政府や潜在的裨益者のニーズを考慮しているわけではない（Devi and Rajaie 2008）。Unitaid も、航空券連帯税からの収入割合が上昇した2014-17年には年次報告書を公表せず、理事会議事録も全てを公表しているわけではなく、公開のタイミングも遅かった。適応基金や GCF が成果に基づいた管理や評価を継続しているのは、受取国の当事者意識の向上が国際支援の基本原則となり、世界銀行や UNDP 等が従来用いてきた厳格な資金管理手法を取ることが困難となったことだけが理由ではない。国際支援の対象が効果の顕在化に長期間を要し不確実性の高い事業へと拡大する中で、資金拠出国の合意を得る上で不可欠になったためであった（Uitto 2014）。

　このことは、仮にグローバル・タックスの収入が再び増加し、地球規模課題の解決に向けての資金拠出を増加させることができるようになったとしても、現行のガヴァナンスのままではラストマイル問題の克服は困難であることを示唆する。グローバル・タックスを管理・使用する多国間基金の透明性の向上を確保し、支援の結果に対する説明責任を確保する制度を発展させつつ、受取国の既存のシステムや慣行の改善を促すことが不可欠であることを示唆する。そしてそのためにも、受取国や解決策を必要とする人々のニーズに合致させるだけでなく、その熟議や協働を通じて主体的な取り組みを促すことを可能にする解決策を数多く創出していくことが不可欠となる。

結論

　本章は、先行研究から多国間基金が成果をもたらす要件を導き出し、その要件を基準として Unitaid と適応基金の支援事業の成果のメタ分析を行った。その上で、これら多国間基金の成果をもたらす上でグローバル・タックスが果たした役割を検討した。この結果、以下の知見を得た。

　第1に、グローバル・タックス収入をこれまで支出してきた三大感染症対策と気候変動適応対策が成果を得るには、ラストマイル問題、ミクロ・マクロ間逆説、誤った適応策を克服する必要がある。具体的には、グローバル及びローカル、短期的及び長期的にも問題解決をもたらす解決法の開発と検証、脆弱性の高い人々のその解決法へのアクセス、物理的な利用可能性、購入可能性、受容性の改善が不可欠となる。

　第2に、Unitaid は、他の多国間基金や機関の活動と協力の下に、WHO 承認

薬の市場を通じた安価な供給という市場ベースの解決法を支援することで、受取国の既存の医療システムや慣行による効果の低下を回避し、より効果的な解決法の確立とアクセス、利用可能性及び購入可能性の改善に取り組んできた。しかし、受取国の既存の医療システムや慣行が、Unitaidの支援する解決法に対する人々の受容性の向上を妨げ、ラストマイル問題の克服を困難にしている。

　第3に、適応基金は、途上国の国内実施機関の説明責任を強化したうえで具体的な適応事業を実施する資金を供給することで、コミュニティの主体的な活動を促し、ラストマイル問題の克服に取り組んできた。しかし、受取国の制度能力や事業形成能力が不十分なだけでなく、成果測定が困難なために資金提供者に目に見える便益を提示できず、財源の拡大や長期的・安定的な財源の確保を困難にしている。

　第4に、グローバル・タックスは、Unitaidと適応基金の取り組みを資金的に支えるだけでなく、理事会や事務局に、市場ベースの解決法や顧客ベースの解決法という革新的な支援を推進する組織文化をもたらした。しかし、ラストマイル問題の克服に十分な長期的・安定的な財源とはなり得ていない。

　第5に、グローバル・タックスの増加が地球規模問題の解決という支出面からも納税者から受容されるには、その管理・支出の透明性の向上、結果に対する説明責任の確保、受取国の既存のシステムや慣行の改善等を通じた成果の改善が不可欠である。これを実現するためには、ラストマイル問題を克服する観点から解決法を新たに創出することが肝要で、それを可能にするグローバル・タックスのガヴァナンスが求められる。

＊本研究は、JSPS科研費26285041、環境省環境研究総合推進費S-11、及びエスペック地球環境研究・技術基金の助成を受けたものである。

参考文献

上村雄彦（2015）グローバル・タックスとグローバル・ガバナンス、上村雄彦編著『グローバル・タックスの構想と射程』、法律文化社、155-79頁。

パトマキ・ヘイッキ（2015）地球規模での批判的・再帰的自己制御―大気の私有化からグローバル・タックスおよび公共財へ、上村雄彦編著『グローバル・タックスの構想と射程』、法律文化社、119-53頁。

森晶寿（2015）「適応基金における直接アクセス方式は、気候変動による脆弱性削減要因にどのような効果をもたらしたのか？　適応基金による支援事業の事例分析」『国際開発学会第

第 7 章　グローバル・タックス収入の支出の効果

25回全国大会要旨集』

Acclimatise WB and B. Rivard（2012）Direct access to the Adaptation Fund: Lessons from accrediting NIEs in Jamaica and Senegal, *Climate & Development Knowledge Network*. http://cdkn.org/wp-content/uploads/2012/09/NIE_Jamaica-Senegal_InsideStory_final_WEB.pdf, last visited on 19 September 2018.

ACTwatch Group, S. Tougher, K. Hanson and C. Goodman（2017）What happened to anti-malarial markets after the Affordable Medicines Facility-malaria pilot? Trends in ACT availability, price and market share from five African countries under continuation of the private sector co-payment mechanism, *Malarial Journal* 16: 173.

Adaptation Fund（2011）Results Framework and Baseline Guidance - Project-level, http://www. adaptation-fund. org/wp-content/uploads/2015/01/Results%20Framework%20and%20Baseline%20Guidance%20final%20compressed.pdf, last visited on 19 September 2018.

Adaptation Fund（2018）Medium-Term Strategy of the Adaptation Fund for the years 2018-2022, https://www.adaptation-fund.org/wp-content/uploads/2018/03/Medium-Term-Strategy-2018-2022-final-03.01-1.pdf, last visited on 13 April 2018.

AFB（2012）Report on the 12th Meeting of the Adaptation Fund Board, https://www.adaptation-fund.org/document/report-on-the-12th-meeting-of-the-adaptation-fund-board, last visited on 19 September 2018.

AFB（2017a）Report of the portfolio monitoring missions to Turkmenistan and Georgia, https://www. adaptation-fund. org/document/report-portfolio-monitoring-missions-turkmenistan-georgia/, last visited on 10 April 2018.

AFB（2017b）Report of the portfolio monitoring missions in Egypt, https://www.adaptation-fund. org/wp-content/uploads/2017/10/AFB-B. 30. 9-Report-of-portfolio-monitoring-mission-to-Egypt.pdf, last visited on 13 April 2018.

AFB（2018a）Comparative advantages of the Adaptation Fund, AFB/B.31/Inf.7, https://www.adaptation-fund.org/wp-content/uploads/2018/03/AFB.B.31.Inf_.7.Comparative-advantages-of-the-Adaptation-Fund_final.pdf, last visited on 10 April 2018.

AFB（2018b）Decisions of the Thirty-first Meeting of the Adaptation Fund Board, https://www. adaptation-fund. org/document/decisions-thirty-first-meeting-adaptation-fund-board, last visited on 10 April 2018.

AFB（2018c）Request for extension of project completion date: ANII（Uruguay）, https://www.adaptation-fund.org/document/request-extension-project-completion-date-anii-uruguay, last visited on 20 September 2018.

Ashraf N., G. Fink and DN Weil（2010）Evaluating the effects of large scale health interventions in developing countries: The Zambian Malaria initiative, NBER Working Paper 16069, http://www.nber.org/papers/w160692010, last visited on 9 September 2018.

Ashraf N., EL Glaeser and GAM Ponzetto（2016）Infrastructure, Incentives, and Institutions,

American Economic Review: Papers & Proceedings 106(5): 77-82.

Atun R., S. Silva and FM Knaul (2017) Innovative financing instruments for global health 2002-15: A systematic analysis, *Lancet Global Health* 5: e720-6.

Ayers J. and S. Huq (2009) Supporting adaptation to climate change: What role for Official Development Assistance? *Development Policy Review* 27(6): 675-92.

Ayers J., M. Alam and S. Huq (2010) Global adaptation governance beyond 2012: Developing-country perspectives, in Biermann, F., P. Pattberg and F. Zelli (eds) *Global Climate Governance Beyond 2020: Architecture, Agency and Adaptation*, Cambridge University Press, 270-85.

Banek, Lalani, Staedke and Chandramohan (2014) Adherence to artemisinin-based combination therapy for the treatment of malaria: A systematic review of the evidence, *Malaria Journal* 13: 7.

Biagini, B., S. Dobardzic, L. Christiansen, R. Moore, C. Ortiz-Montemayor and D. Schinn (2012) *Financing Adaptation Action*, Washington DC: Global Environment Facility, Retrieved from http://www.thegef.org/sites/default/files/publications/GEF_FinancingAdaptation-LDCF-SCCF-Oct-31-2012-CRA_1.pdf, last visited on 24 May 2017.

Bours D., C. McGinn and P. Pringle (2014) *Twelve Reasons Why Climate Change Adaptation M&E is Challenging*, SEA Change CoP, Phnom Penh and UKCIP, Oxford.

Brown L., C. Polycarp and M. Spearman (2013) Within reach: Strengthening country ownership and accountability in accessing climate finance, *Working Paper, World Resources Institute and United Nations Environment Programme*. https://www.google.com/url?sa=t&rct=j&q=&esrc=s&source=web&cd=1&cad=rja&uact=8&ved=2ahUKEwjP7PCLwsHdAhVR6bwKHdbyBukQFjAAegQIABAC&url=https%3A%2F%2Fwww.wri.org%2Fsites%2Fdefault%2Ffiles%2Fownership_and_accountability_final_paper.pdf&usg=AOvVaw0jrK5K_lhdSlN5oxp9sRAD, last visited on 9 September 2018.

Buntaine MT (2016) *Giving Aid Effectively: The Politics of Environmental Performance and Selectivity at Multilateral Development Banks*, Oxford: Oxford University Press.

Cesilini, S. (2016) Midterm Assessment: Project "Building resilience to climate change and variability in vulnerable smallholders" AFB/NIE/Agri/2011/1, https://www.adaptation-fund.org/wp-content/uploads/2012/01/Report-midterm-assessment_Uruguay_ANII.pdf, last visited on 15 April 2018.

Climate Investment Funds (2017) Accelerating Climate Action: 2016 CIF Annual Report, https://www.climateinvestmentfunds.org/sites/default/files/images/feature/cif_report_web.pdf, last visited on 25 September 2018.

Cohen JM, I. Singh and ME O'Brien (2008) Predicting Global Fund grant disbursements for procurement of artemisinin-based combination therapies, *Malaria Journal* 7: 200.

Collier P., P. Guillaumont, S. Guillaumont and JW Gunning (1997) Redesigning conditionality, *World Development* 25(9): 1399-407.

Dalberg (2016) Unitaid end of project evaluation: Creating a private sector market for quality-assured mRDTs, Final Report, https://www.unitaid.eu/assets/20170224_mRDT-private-sector-market-Final-evaluation_FINAL.pdf, last visited on 25 September 2018.

Devi S. and B. Rajaie (2008) Misfinancing global health: a case for transparency in disbursements and decision, *The Lancet* 372.9644 (Sep 27-Oct 3, 2008): 1185–91.

Doble R. (2009) Civil Society and UNITAID: An introduction, Oxfam, https://oxfamilibrary.openrepository.com/bitstream/handle/10546/111974/rr-civil-society-unitaid-introduction-131009-en.pdf;jsessionid=1AF343FAA16D33709A8DE2CFB80C453E?sequence=1, last visited on 25 September 2018.

Easterly W. (2006) *The White Man's Burden: Why the West's Efforts to Aid the Best Have Done So Much Ill and So Little Good*, The Wylie Agency (小浜裕久・織井啓介・冨田陽子訳『傲慢な援助』東洋経済新報社).

Ethics and Finance Committee of the Adaptation Fund (2018) Adaptation Fund Trust Fund: Financial Report Prepared by the Trustee (As at 30 June 2018), AFB/EFC.23/5, https://www.adaptation-fund.org/wp-content/uploads/2018/09/AFB.EFC_.23.5-Trustee-report-as-at-30-June-2018-combined.pdf, last visited on 25 September 2018.

Fan V. (2012) Should UNITAID rethink its raison d'Être?, Global Health Policy Blog, Center for Global Development, https://www.cgdev.org/blog/should-unitaid-rethink-its-raison-d%E2%80%99%C3%AAtre, last visited on 9 June 2018.

Fazey I., M. Kesby, A. Evely, I. Latham, D. Wagatora, J-E Hagasua and M. Christie (2010) A three-tiered approach to participatory vulnerability assessment in the Solomon Islands, *Global Environmental Change* 20: 713–28.

Federal Ministry for Economic Cooperation and Development (2013) Climate Finance Readiness Programme: Early Action for Ambitious Goals, http://www.bmz.de/de/zentrales_downloadarchiv/themen_und_schwerpunkte/klimaschutz/Climate_Finance_Readiness_Programme.pdf, last visited on 21 September 2018.

Fraundorfer M. (2015) Experiments in global democracy: The cases of UNITAID and the FAO Committee on World Food Security, *Global Constitutionalism* 4(3): 328–64.

Global Environmental Facility (2018) Global Environment Facility Trust Fund: Financial Report Prepared by the Trustee, Summary of Financial Information As of March 31, 2018, https://www.thegef.org/sites/default/files/council-meeting-documents/EN_GEF.C.54.Inf_.09_GEF_TF_Financial_Report.pdf, last visited on 25 September 2018.

Grasso M. (2010) *Justice in Funding Adaptation under the International Climate Change Regime*, Heidelberg: Springer.

Green Climate Fund (2014) Decision B.08/02: Approval of the guidelines for the fit-for-purpose accreditation approach, in Green Climate Fund, Decisions of the Board - Eighth Meeting of the Board, 14-17 October 2014, https://www.greenclimate.fund/documents/20182/24946/GCF_B.08_45__Decisions_of_the_Board_-_Eighth_Meeting_of_the_Board__14-17_October_

2014.pdf/1dd5389c-5955-4243-90c97c63e810c86d, last visited on 15 April 2015.

Green Climate Fund (2018) Status of Pledges and Contributions made to the Green Climate Fund, Status Date: 8 May 2018, https://www.greenclimate.fund/documents/20182/24868/Status_of_Pledges.pdf/eef538d3-2987-4659-8c7c-5566ed6afd19, last visited on 25 September 2018.

ITAD (2012) *UNITAID 5 Year Evaluation Summary*, UNITAID/EB17/2012/6.1.1 - Attachment 1. 2, http://www.itad.com/wp-content/uploads/2013/03/5YE-Exec-Summary-UNITAID-2012-12-03-16h00.pdf, last visited on 9 June 2018.

Kamal-Yanni, MM (2012) Salt, sugar, and malaria pills: How the Affordable medicine facility-malaria endangers public health. Oxfam International, http://policy-practice.oxfam.org.uk/publications/salt-sugar-and-malariapills-how-the-affordable-medicine-facilitymalaria-endang-249615, accessed on 17 September 2018.

Keohane RO (1996) Analyzing the effectiveness of international environmental institutions, in Keohane RO and MA Levy (eds.), *Institutions for Environmental Aid*. Cambridge: The MIT Press: 3–27.

Knack S. (2001) Aid dependence and the quality of governance: Cross-country empirical tests, *Southern Economic Journal* 68(2): 310–29.

Matowe L. and O. Adeyi (2010) The quest for universal access to effective malaria treatment: how can the AMFm contribute? *Malaria Journal* 9: 274.

Mori, A. and S. Im (2017) How does access modality in multilateral climate funds affect on vulnerability reduction?, Presented paper at the 7th Congress of the East Asian Association of Environmental and Resource Economics, Singapore.

Moyo D. (2009) *Dead Aid: Why Aid is Not Working and How There is a Better Way for Africa*. Penguin (小浜裕久訳『援助じゃアフリカは発展しない』東洋経済新報社).

Mujyanama P. (2016) Rwanda Water and Forestry Authority (RWFA) Reducing Vulnerability to Climate Change in North West Rwanda through Community Based Adaptation: Final Report of Mid-term Evaluation of RV3CBA Project, https://www.adaptation-fund.org/wp-content/uploads/2013/08/Final-Midterm-Evaluation-RV3CBA-Report-4-October-2017.pdf, last visited on 25 September 2018.

Nielson DL, MJ Tierney and CE Weaver (2006) Bridging the rationalist-constructivist divide: Re-engineering the culture of the World Bank, *Journal of International Relations and Development* 9: 107–39.

Njau JD, CA Goodman, SP Kachur, J. Mulligan, JS Munkondya, N. Mchomvu and A. Mills (2008) The costs of introducing artemisinin-based combination therapy: Evidence from district-wide implementation in rural Tanzania, *Malaria Journal* 7: 4.

O'Connell, KA, H. Gatakaa, S. Poyer, J. Njogu, I. Evance, E. Munroe and D. Chavasse (2011) Got ACTs? Availability, price, market share and provider knowledge of anti-malarial medicines in public and private sector outlets in six malaria endemic countries, *Malaria Journal* 10: 326.

Odugbemi B., C. Ezeudu, A. Ekanem, M. Kolawole, I. Akanmu, A. Olawole and S. Babatunde (2018) Private sector malaria RDT initiative in Nigeria: lessons from an end-of-project stakeholder engagement meeting, *Malaria Journal* 17: 70.

OECD (2015) *National Climate Change Adaptation: Emerging Practices in Monitoring and Evaluation*, Paris: OECD.

Palazy L. (2015) Adaptation to coastal erosion in vulnerable areas: Adaptation Fund - Final Evaluation Report, https://www.adaptation-fund.org/wp-content/uploads/2011/06/AF-Project-Senegal_Final-Evaluation-Report_with-Annexes_C4ES_14-August-20151-1.pdf, last visited on 3 April 2018.

Pey and Associates (2016) Final Report - Mid-Term Evaluation Government of Jamaica/ Adaptation Fund Programme: Enhancing the Resilience of the Agriculture Sector and Coastal Areas to Protect Livelihoods and Improve Food Security, https://www.adaptation-fund.org/wp-content/uploads/2012/07/Mid-Term-Evaluation-Report.pdf, last visited on 3 April 2018.

Raviglione, M. B. Marais, K. Floyd, K. Lönnroth, H. Getahun, GB Migliori.and A. Zumla (2012) Scaling up interventions to achieve global tuberculosis control: Progress and new developments, *Lancet* 379: 1902-13.

Remling, E. and Å. Persson (2015) Who is adaptation for? Vulnerability and adaptation benefits in proposals approved by the UNFCCC Adaptation Fund, *Climate and Development* 7(1): 16-34.

Res P. (2017) Social and cultural complexities of anti-malarial drug circulation: An ethnographic investigation in three rural remote communes of Cambodia, *Malaria Journal* 16: 428.

Rüther LL, U. Müller and MP Jara (2014) Cooperation with global funds, in Rüther, LL, CA Martinez and U. Müller (eds.) *Global Funds and Networks: Narrowing the Gap between Global Policies and National Implementation*, Eschborn: Nomas, 103-25.

Selemani, M., IM Masanja, D. Kajungu, M. Amuri, M. Njozi, RA Khatib, S. Abdulla and D. de Savigny (2013) Health worker factors associated with prescribing of artemisinin combination therapy for uncomplicated malaria in rural Tanzania, *Malaria Journal* 12: 334.

Shretta R. and P. Yadav (2012) Stabilizing supply of artemisinin and artemisinin-based combination therapy in an era of wide-spread scale-up, *Malaria Journal* 11: 399.

Shretta R., B. Johnson, L. Smith, S. Doumbia, D. de Savigny, R. Anupindi and P. Yadav (2015) Costing the supply chain for delivery of ACT and RDTs in the public sector in Benin and Kenya, *Malaria Journal* 14: 57.

Talisuna AO, S. Adibaku, CN Amojah, GK Amofah, V. Auby, A. Dodoo and SJ Shija (2012) The affordable medicines facility-malaria—A success in peril, *Malaria Journal* 11: 370.

TANGO International in association with the Overseas Development Institute (2015) *First Phase Independent Evaluation of the Adaptation Fund*, Washington, D.C.: World Bank.

TANGO International (2018) *Overall Evaluation of the Adaptation Fund July 2017-June 2018*, https://www. adaptation-fund. org/wp-content/uploads/2018/05/AF_Phase2_Eval_4June. pdf, last visited on 19 September 2018.

Uitto, JI (2014) Evaluating environment in international development, in Uitto, JI (ed.) *Evaluating Environment in International Development*, Oxon: Routledge, 3-16.

UNCTAD (2014) *World Investment Report 2014—Investing in the SDGs: An Action Plan*, http: //unctad.org/en/PublicationsLibrary/wir2014_en.pdf, last visited on 24 March 2018.

UNDESA (2012) *World Economic and Social Survey 2012: In Search of New Development Finance*, New York: United Nations Department of Economic and Social Affairs.

UNDP (2011) *National Implementation by the Government of UNDP Supported Projects: Guidelines and Procedures*, New York: United Nations.

UNDP (2016) Consideration of funding proposals - Addendum I Funding proposal package for FP018. GCF/B.14/07/Add.01. 27 September 2016. Available at: http://www.greenclimate.fund /documents/20182/409835/GCF_B. 14_07_Add. 01_-_Funding_proposal_package_for_FP018. pdf/27ae9a87-ab98-4375-bf3c-5fb32128cf01

UNEP (2013) *UNEP Programme Manual*. Nairobi: UNEP.

Unitaid (2011) *Annual Report 2011: Five Years of Innovation for Better Health*, https://unitaid. eu/assets/UNITAID_AR2011_EN.pdf, last visited on 30 May 2018.

Unitaid (2012) *Annual report 2012: Results beyond Investment*, https://unitaid.eu/assets/UN ITAID_AR2012_ENG.pdf, last visited on 30 May 2018.

Unitaid (2016a) *Unitaid Audited Financial Report for the year ended 31 December 2016*, https: //unitaid.eu/assets/Unitaid-Audited-Financial-Report-for-the-year-ended-31-December-2016. pdf, last visited on 9 June 2018.

Unitaid (2016b) *Unitaid at 10: Accelerating Innovation in Global Health*, https://unitaid. eu/assets/Unitaid-at-10_brochure_ENGLISH_squared.pdf (2018年5月30日アクセス).

Unitaid (2017a) *Key Performance Indicators 2016*, https://unitaid.eu/assets/KPI-report-2016. pdf, last visited on 30 May 2018.

Unitaid (2017b) *Unitaid Strategy 2017-2021*, https://unitaid.eu/assets/Unitaid-strategy-2017- 2021_Dec-2017.pdf, last visited on 9 June 2018.

Unitaid (2018) *Factsheet: UNITAID, Accelerating innovation in global health*, https://unitaid. eu/assets/factsheet-about-unitaid-mar-2018-en.pdf, last visited on 9 June 2018.

van den Berg, RD and L. Cando-Noordhuize (2017) Action on climate change: What does it mean and where does it lead to?, in Uitto, JI et al. (eds.) *Evaluating Climate Change Action for Sustainable development*, Springer Open, 13-34.

Weaver C. (2007) The World's Bank and the Bank's World, *Global Governance* 13(4): 493-512.

WHO (2006) Guidelines for the treatment of malaria, Geneva: World Health Organization.

World Bank & GAVI Alliance (2010) Brief 18: Innovative Financing-Airline Ticket Tax, www. who. int/immunization/programmes_systems/financing/analyses/Brief_18_Airline_Ticket _Tax.pdf, last visited on 30 May 2018.

第 8 章

グローバル・タックスの政治過程
EU 金融取引税の歴史的意義の考察[1]

津田久美子

はじめに

　本章は、近年 EU（European Union: 欧州連合）で進展した金融取引税（financial transaction tax: FTT）の検討が、グローバルな徴税・再分配を構想するグローバル・タックスの議論にいかなる含意をもつのか、歴史的観点から考察する。金融取引税の起源は、1970年代に提唱された通貨取引税構想であるトービン税（Tobin tax）に遡る。トービン税から EU 金融取引税に至るまでの約40年間とは、グローバル金融に税を課すグローバル・タックス構想をめぐる紆余曲折の歴史そのものに他ならない。その歴史をひも解き、政策検討過程を分析することを通じて、本章は、本来グローバルな規模で「全面的」に実施することが望ましいとされてきたグローバル・タックス構想が、なぜ、どのようにして EU の一部諸国間で「部分的」に実施することが模索されるようになったのかを明らかにする。そうすることで、EU 金融取引税が示す新しい可能性や、実現に向けて内在する課題を浮き彫りにしたい。

　トービン税とは、1970年代にアメリカの経済学者ジェームズ・トービン（James Tobin）によって提唱された、異なる通貨間取引（為替取引）に諸国がわずかな税を課す構想である（Tobin 1978）[2]。その目的は、過剰に流動的な為

1）本章は、日本国際政治学会2017年度研究大会における分科会報告「トービン税から EU 金融取引税へ—国際「課税」統合の試みと欧州統合」を加筆したものである。また本稿は、平成30年度科学研究費助成事業（科学研究費補助金）（特別研究員奨励費）および平成29年度若手研究者海外挑戦プログラムによる研究成果の一部である。

2）トービン税の着想元となったのは、J・M・ケインズの主著『雇用・利子および貨幣の一般理論』（1936年）で展開された、株式取引への課税構想である。詳細はジュタン（2006）『トービン税入門』32頁を参照。

替市場の取引を抑制することにあった。それが1990年代には革新的な開発資金調達手段としても注目を集め、通貨取引税（currency transaction tax: CTT）という呼称で広く認識されるようになり、国際的な争点となった。しかし、通貨取引税を支持する声が高まった一方で、同時に同税の実効性や実現可能性には多くの問題点も指摘されるようにもなった。その賛否両論の論争は決着を見ず、結果として同税が実施されることはなかった。こうした経緯から、トービン税の実現可能性は極めて低いものと見なされてきた。

にもかかわらず、その定説が覆されようとする事態が近年生じた。2013年1月、フランス、ドイツを含む一部のEU諸国が、トービン税に類する金融取引税を共通の税制として導入するための検討を進めていくことに合意したのである。これが実現されれば、一部諸国間という限られた実施範囲ながらも、国境を超えて飛び交う金融資本に諸国が共同で税を課す、史上初めての取り組みとなる。

それではなぜ、金融取引税は、EUの一部諸国間で実施することが模索されているのだろうか。金融取引税の原点であるトービン税は、国境を超える為替取引に税を課す構想である以上、一国あるいは一部諸国間で導入しても税逃れや他国への資本流出が生じる恐れがあるため、それを防ぐために国際的に実施する必要があると言われてきた。そしてそれには少なくとも、アメリカやイギリスといった巨大な金融市場を擁する金融大国の参加が必須と考えられてきた。それに対し金融取引税は、現時点で、アメリカもイギリスも含まれないEUの10カ国間で導入することが目指されている。このことは、何を意味するのだろうか。それは、国境を超える金融取引への課税にグローバルな合意と実施が必要だという従来の障壁を乗り越えた、グローバル・タックスの新しい形態だと積極的に評価することができるのだろうか。

他方で、EU金融取引税は問題も抱えている。一度は導入に向けた合意が下されたものの、その後、同税の制度設計を詰める交渉は難航し、2018年12月現在もEU10カ国は最終合意に至っていない。この現状に鑑みるに、EU金融取引税の合意とは、実施範囲を狭めたとしても国境を超える金融取引に税を課すことがかくも難しいという、限界含みのものであったと見るべきなのだろうか。

そこで本章は、EU金融取引税がいかなる可能性や課題を抱えているのかについて、歴史的な見地から究明してみたい。言うなれば、歴史的な分析を通じて、グローバル金融に税を課す議論の今日的な意味を明らかにする試みである。また

第 8 章　グローバル・タックスの政治過程

その歴史を描き出すことで、トービン税／通貨取引税をめぐる過去の議論と、EU 金融取引税をめぐる近年の政策検討過程とを比較検討し、それぞれ異なる帰結に至った要因を探ることが可能となる。トービン税や通貨取引税、そして EU 金融取引税は、数あるグローバル・タックス構想のなかでも、これまで最も多くの関心を集め、広く争点となってきた構想だと言っても過言ではない。その歴史をひも解くことで、グローバル・タックスの一構想がどのようにして検討課題に上がり、いかなる壁にぶつかったのか、また困難のなかいかにして実現への道が模索されているのかという、グローバル・タックスの検討過程を具体的に見ることができる。その政治ドラマからは、グローバル・タックス全般の将来展望を見通すうえでも多くの示唆を得ることができるだろう。

　以上の問題関心のもと、本章は以下のように分析を進める。まず第 1 節では、トービン税や EU 金融取引税の先行研究を概観したうえで、分析枠組みを設定する。次に第 2 節では、トービン税が提唱された1970年代から2000年代中頃までの期間を対象に、特に1990年代末からヨーロッパで活発に議論された通貨取引税の政治過程を分析し、争点化の背景や実現に至らなかった要因を探る。続く第 3 節では、G20サミットにて金融取引税が議題となった2009年を出発点として、当初はそのグローバルな実施が模索されたが、2010年頃からそれを EU だけでも実施するために検討が進んだ過程を分析し、検討を前進させた諸要因ならびに最終合意の到達に立ちはだかる課題を明らかにする。第 4 節では、以上の分析をまとめ、結論として EU 金融取引税の取り組みがもつグローバル・タックスへの政治的含意を述べる。

1　本章の分析枠組み

(1) トービン税研究の蓄積

　トービン税や金融取引税の研究で最も蓄積が多いのは経済分野で、この税がもちうる経済効果についてはこれまで賛否両論に検討されてきた[3]。本稿ではその広範な議論に紙幅を割くことはできないが、この経済学的な論争こそが、政治的な検討を大いに左右する一因となっている点についてのみ確認しておきたい。というのも、市場における資本移動に一定の制約を課すことになる取引税構想をめぐる論争とは、根本的には、国家による市場介入や規制を是とするのか（ケイン

ズ主義的経済観)、あるいは規制緩和を促進してますます自由な市場を創造することを是とするのか(新自由主義的経済観)という、経済思想間の一大論争の一端を成す(Schulmeister 2015: 18-20)。すなわち、ケインズ主義を志向するトービン税は、新自由主義的経済観が支配的であるかぎり、政策として選択されることは非常に難しい。これこそが、国境を超える金融取引に税を課すグローバル・タックスの実現を阻む一つの要因になっていると言える。

　他方で、トービン税の国際的な実施に立ちはだかる最大の障壁は、経済的あるいは技術的な実現可能性(technical feasibility)ではなく、政治的な実現可能性(political feasibility)の問題だという指摘もある。まず、国境を超える金融移動に税を課しても税逃れや資本移転の恐れがあるという問題に対し、課税ベース等の税設計を工夫すれば技術的には克服可能だという見解が提示されてきた(Kenen 1996; Spahn 1996; 諸富 2015)。また、そういった技術的な手法を前提に、国際的な通貨取引税を政治的に実現するための具体的な構想も練られてきた。それらの構想では、同税を国際条約に基づき各国で徴税するとともに、その税収を国際的に再分配し開発や気候変動の資金として活用する新機構を設立する案が提示されている(Patomäki 2001; ジュタン2006)。しかしながら、このような具体的な構想があったとしても、通貨取引税を機能させるには国際的な導入が求められる以上、その導入を拒む諸国がいる限り、同税は実現され得ない。これがトービン税をめぐる政治的な実現可能性の問題である。

　それでは、このような問題が認識されながらも、金融取引税はなぜ具体的な導入が検討されることになったのだろうか。特に、なぜ金融取引税が一部のEU諸国間で実施する方向で検討が進んでいるのかが問題となる。この問題を究明するためには、どのような問題背景のもと、誰が、どのようにして両税構想を政治課題に押し上げ、いかなる条件下で検討を進めていったのかという、政治過程を明らかにしなければならない。

---

3) たとえば、スウェーデンがかつて単独で株式取引への課税を導入した結果、資本流出を引き起こし同国経済に大打撃を与えたことを例に取引税の悪影響を指摘する論考もあれば、一定規模の為替市場を持つ一部諸国が同時に通貨取引税を導入すれば、資本流出も税逃れも行われにくく、市場経済に与えうる影響は極めて少ないであろうと考察する論考もある。トービン税に対する賛意と批判の双方の論点を簡潔にまとめたものとして、たとえば、Eichengreen(1996)。

第 8 章　グローバル・タックスの政治過程

　通貨／金融取引税の政治過程は、さまざまな角度から分析対象となっており、先行研究から多くの示唆を得ることができる。まず通貨取引税の政治的な議論については、当時多発した通貨危機や開発資金不足という問題背景や、通貨取引税を世界的な検討課題に押し上げることに寄与した市民運動の功績、そして国連やEU、一部諸国の議会における通貨取引税の議論の様相、さらにはそのグローバルな実現を阻む経済イデオロギー上の対立が存在したことが明らかになっている（吾郷 2001; Patomäki 2001; ジュタン 2006; 金子 2006）。金融取引税についても、G20からEUへと検討の場が変遷した過程、議論の活性化に寄与した市民運動、検討を推し進めた政治家や官僚の行動、さらには交渉を難航させる金融業界の反対ロビー活動の影響が指摘されてきた（Van Vooren 2012; Wahl 2014; 諸富 2013; Schulmeister 2015; Garbor 2016; 津田 2016a; 津田 2016b; Kastner 2018）。したがって本稿の分析は、これらの先行研究の分析結果を歴史的な文脈に落とし込み、二つの税構想が異なる政治的帰結に至った過程を比較可能なかたちで浮き彫りにする試みだと言える。

　また、EU金融取引税を歴史的に位置づける研究は、多くはないものの、必ずしも新しいものではない。たとえば上村雄彦は、国際社会で検討課題となった通貨／金融取引税のほか、識者や市民活動家の発案も含めた[4]、種々のグローバル金融に税を課す諸構想の特徴を比較検討するなかで、それぞれの構想発案に至った問題背景や経緯を簡潔にまとめている（上村 2015）。それに対し本稿は、あえて構想段階のものを分析の対象から外し[5]、具体的な政策検討の対象となってきた通貨取引税とEU金融取引税に焦点を当てる。そうすることで、二つの税構想が異なる政治的帰結に至った過程を比較可能なかたちで浮き彫りにし、なぜ国際的な実施が不可欠だと考えられてきた政策が、翻ってEUの一部諸国だけでも導入しようと積極的な検討がなされるようになったのかを明らかにすることができよう。

4）たとえば、2000年に提案された、税率を極めて低く設定することで取引抑制を目的とせず、あくまで開発のための資金調達を目的とした通貨取引連帯税（currency transaction solidarity levy）がその例である。

5）ただし、通貨／金融取引税の構想の原点であるトービン税については、次節で見るように具体的な検討対象とならなかったものの、両税構想の歴史的な源流にあたるという重要性に鑑み、その提唱の背景や、検討対象とならなかった理由について考察を加える。

（2）通貨取引税と EU 金融取引税の比較検討

　分析の手法としては、二つの時代区分を比較可能なかたちで浮き彫りにするために、政策検討の発端となった問題背景や、政治過程に介在するアクターの行動やその思惑、そして検討の枠組みや方向性に影響を与えうる構造的・制度的な要因について、それぞれ特定していく[6]。約40年前に提唱された一つの税構想が、いかなる問題背景や関心の高まりから国際社会の議論の俎上にあがり、どのようにして制度化の試みがなされてきたのか。そこには誰の、どのような思惑が絡んでいたのか。またその制度化を難しくさせている要因には何が考えられるのか。これらの問いを、通貨取引税と金融取引税のそれぞれの政治過程を検証することを通じて、歴史的な潮流を描き出す。

　分析の範囲としては、主に通貨取引税が提唱、検討された1970年代から1990年代後半〜2000年前後までの時代区分を第2節で、課税対象が通貨取引以外の金融商品にも拡大された金融取引税が検討されるようになった2009年から2013年頃までの時代区分を第3節で論じる。なお第3節では、2013年以降、最終妥結に難航する EU の現況についても触れておく。なぜならその行き詰まりが、部分的には2013年までの検討過程に起因していると考えられるからである。

　なお本稿は、政治過程の動態解明を主目的にしていることから、各税構想の制度や法案の内容に関する紹介や詳細な分析は、あえて割愛することにする。政策検討を前進、あるいは停滞させる要因として考えうる場合にのみ、その具体的な内容に触れることにする。また分析のレベルとしては、基本的には国連、G7、G20、EU などの多国間フォーラムに焦点を当てるが、国内レベルの議論も必要に応じて取り上げたい。その場合は、第3節で特に EU の議論を見ることから、ヨーロッパ諸国の動向に限定する。

2　トービン税の提唱から通貨取引税の争点化へ

（1）国際金融の車輪に砂をまく

　トービン税が提唱された背景には、1970年代の国際経済・金融の大変容があっ

6）分析枠組みについては、拙稿「「車輪に砂」―EU 金融取引税の政治過程：2009〜2013年」で検討、採用したものを概ね踏襲する。第1章「分析視角の提示」を参照（津田 2016a）。

た。それまで戦後経済秩序を担ってきたブレトン・ウッズ体制は、1971年の米政権による金・ドル交換停止、いわゆる「ニクソン・ショック」によって崩壊し、固定相場制から変動相場制へと移った。戦前の反省から金融規制が敷かれ、国家の内側に留められていた資本は、国境を越えた自由移動へと解き放たれた。この国際金融システムに懸念を表明したのが、トービン税の提唱者ジェームズ・トービンであった。トービンは特に、諸国間の利子率の差を利用して利ざやを稼ぐ国際的な資本移動によって、各国の金融政策が無力化されてしまうことを問題視した。彼は、各国が自律的に自国の経済政策を実行できるようにするためには、「異なる利子率の間に楔を打ち込む」必要がある、と考えた（Tobin 1974: 89）。そこで考案されたのが、為替取引への課税であった。この税の特徴は、取引ごとに低率の税を課すことにある。低率であれば、投資に代表される長期的な取引にはさほど影響を与えないが、投機など利ざやを稼ぐことのみを目的とした短期的な取引には累積的に税が課される。そうして、市場を過度に流動化させる金融商品の売買を抑制することが可能になる。トービンはこれを、国際金融という「よく油のひかれた車輪にわずかな砂を撒く」ことだと表現した（Tobin 1978: 158）。つまり、過剰に流動的な国際金融市場にわずかな税を課すことで、投機的な取引を抑制するとともに市場の不安定化を未然に防ぐ、という構想であった。

　留意しておきたいのは、提唱者トービンの基本的な問題関心が、各国の経済政策の自律性を取り戻すことにあったことである。つまり、グローバルな税制を構想しようといった、今日のグローバル・タックスの問題意識はトービンにはなかった。「各国の政府によって、国境を越えて実施される、国際的に統一された税」として実施されるべきだと言及してはいるものの（Tobin 1978: 158）、税収のグローバルな再分配という考えやガヴァナンス構想は、当時はまだ含まれていなかったのである[7]。

---

7) 1990年代に入ると、トービンは世間の関心を受けて開発や貧困のために税収を使うことに理解を示すようになる。ただしなおもトービンは、税収が政策の第一目的なのではなく、あくまで多くの国がトービン税の実施に合意するためのインセンティブとして税収を考えるべきだと強調した（Tobin 1996）。

（2）「車輪に油」の潮流

このように提案されたトービン税は、約20年のあいだ、ほとんど注目されなかった。その最大の理由は、当時の社会経済的な思想背景にある。当時の世界各国、特に先進諸国は、「車輪に砂」の理念とは逆の方向へと突き進んでいた。特に1980年代以降は、規制緩和や「金融ビッグバン」を通じて、国際金融の「車輪」にはますますの「油」をさすことが至上命題とされていた。新自由主義思想が支配的となった当時、政府が税を通じて市場に介入する形をとるトービン税は、もっとも忌み嫌われる選択肢であったと言えよう。当時の先進諸国間のマクロ経済政策協調においても、各国が求めていたのは規制を通じた国家経済政策の自律性の取り戻しではなく、あくまで市場の効率性を加速するような政策協調であった。

当時のヨーロッパの様子も見ておこう。ヨーロッパでは、遡ること1957年に調印されたローマ条約において、共同市場や関税同盟の設立とともに、人、サービス、資本の自由移動を保障することが謳われた。ローマ条約の起草者たちの念頭には、資本の自由移動を強化するような各国税制の調和はあったものの、その移動に制限をかけるような施策は想定されていなかった。その意味で、欧州では新自由主義的な思想が既に規定のものであったと言えよう。1970年代になると、後に経済通貨同盟（EMU: Economic and Monetary Union）へと帰結する域内市場統合に関する検討が始まった。そのうち通貨統合は、80年代に入ってから具体的な検討が進んでいく。通貨統合の理論的基礎となったロバート・マンデル（Robert A. Mundell）の「最適通貨圏」と対比すれば、トービン税とはその真逆に、異なる通貨を維持しながら各国の自律的な経済政策を実現しようとする構想である。しかし、通貨統合参加国の金融政策の自主性は後に欧州中央銀行（ECB: European Central Bank）へと移譲されることになる。つまり、トービン税による国家経済政策の自律性を取り戻すという目的は、ヨーロッパの統合プロジェクトにおいてほとんど顧みられることはなかったのである。

（3）通貨取引税の争点化

1970年代に180億ドルほどであった一日当たりの通貨取引高は、1990年代半ばには約1兆3000億ドルと、約70倍にも膨れ上がった（吾郷 2002: 2）。1992年には、ヨーロッパでは欧州通貨制度（EMS: European Monetary System）が投機筋

に攻撃され通貨危機が発生する。その後も続いた一連の通貨危機——1994年メキシコ・ペソ通貨危機、1997年以降のアジア通貨危機、1999年以降のロシア、ブラジルへの危機の連鎖——を通じて、金融市場の不安定性はますます問題視されるようになった。そこでいよいよ、トービン税の「車輪に砂」の理念に注目が集まり始めた。

　他方で、別の観点から「国家の自律性」の問題が再解釈され、トービン税の新たな政策目的が提起された。それは、途上国、特に通貨危機によってますます困窮する途上国が、国際金融の覇権的支配から「自律」するために、トービン税の税収をグローバルに再分配し開発等に活用するというものであった（Patomäki 2001: 110-112）。その立役者となったのは、UNDP（United Nations Development Programme: 国連開発計画）である。UNDPは1994年に公表した『人間開発報告』において、不足する国連財源や政府開発援助に代わる「新たな資金源」として「グローバル外国為替移動への課税」を提案した（UNDP 1994: 69-70）。こうしてトービン税には、金融市場の安定化および新たな資金調達という、二つの目的が確立されることになった。なお、この頃から、取引抑制だけを目的とした元来のトービン税構想と区別する目的で、通貨取引への課税構想を「通貨取引税」と呼ぶことが多くなった。本稿もそれに倣い、以下では特段の理由がないかぎり通貨取引税と表現しておく。

　UNDPの発案を受け、通貨取引税のアイディアは世界的に広まることとなり、1990年代中盤にはさまざまな国際会議で議題に取り上げられるようになった。たとえば1995年にデンマークのコペンハーゲンで開催された国連社会開発サミットでは、フランスのフランソワ・ミッテラン（François Mitterrand）大統領が、貧困・開発問題を解決する手段として通貨取引税を国際的に導入する必要性を力説した。これを受け「通貨取引税の導入」という文言が同サミットの決議草案へ盛り込まれたものの、一部先進諸国の強い反対により削除された。また、同年カナダのハリファックスで開催されたG7サミットでも、主催国カナダを中心に通貨取引税を検討することが模索されたが、最終的には議題から落とされた（金子 2006: 243）。

　通貨取引税が反対を受けた背景には、自国の巨大な金融市場に制約をかけるような政策を嫌うアメリカやイギリスの強い抵抗があった。そこには、規制緩和を推し進める経済思想的な背景もあったが、別の事情もあった。それは、超国家的

な税への忌避感である。たとえばアメリカは、UNDPが提示した通貨取引税を「国連の税」として批判し、2000年には国連等の機関によるアメリカ国民への課税を禁じる規定を歳出法に盛り込んだ（ジュタン 2006: 217）。つまりアメリカは開発資金調達の手段としても、取引抑制の手段としても、通貨取引税に異を唱えていたのである。こうして国連やG7における通貨取引税の検討は頓挫することとなった。

　しかしながら、度重なる通貨危機によって混沌は続き、それによって困窮する途上国の財政問題が顕在化していくなかで、通貨取引税はその問題を解決しうる選択肢として多くの市民や政治家の関心事であり続けた。通貨取引税を推進する議論を下支えした一つの勢力は、当時世界的な広まりを見せた反グローバリゼーション運動であった。たとえば1998年にフランスで設立されたATTAC（Associacion pour une Taxe sur les Transactions Financières pour l'Aide aux Citonens = 市民を支援するために金融取引への課税を求めるアソシエーション）は、その名に表れているように、金融市場の安定化および途上国市民を支援するための資金調達を実現する取引税の導入を求め、運動を展開していた。結果としてATTACは、世界各国で活動拠点を設立することを通じて通貨取引税を世界的に広めることに寄与したのみならず、同税の導入を求める議員連盟の創設など、国内的な推進運動の活性化を促した。そして遂にヨーロッパでは、2001年にフランスで、2004年にベルギーで、それぞれ通貨取引税を規定する国内法が誕生した。ただし、それら国内法の施行には前提条件があった。それは、EUの全加盟国によって税が採用され次第、実施へ移されるというものである（ジュタン 2006; 210-211, 245）。それでは、当時のEUで通貨取引税はどのように議論されていたのだろうか。

（4）ヨーロッパにおける検討

　1992年にEMSへの投機攻撃を受けたEUでは、国連やG7より前に、一度通貨取引税の検討が行われていた。それは93年、EU市民の直接選挙によって選ばれる議員から成る欧州議会（European Parliament）の経済問題委員会（ECON: Committee on Economic Affairs）が開いた公聴会でのことであった。しかしEUは当時、通貨統合と単一市場を段階的に実現していくEMUの第一段階（90年7月より資本域内自由移動が開始）から第二段階（94年1月に欧州中央銀行の前身

となる欧州通貨機構が設立）へと移行しようとしていた時期で、通貨統合の実現こそが至上命題の段階にあった。したがってECONでは当時、通貨取引税は単一通貨を分断しうる施策として、単一市場の完成に向けた歩みを後退させうると否定的に評価された[8]。

数年を経て1999年3月には、再びECONで通貨取引税の審議が行われることになった。今度のECONでは、93年の公聴会よりも包括的かつ具体的に、同税の運用や税収使途について検討された。だが、ここでもまた、当時のEUにおいて、すなわち99年1月にEMUの第三段階が始動し決済用通貨としてユーロが導入されたばかりの段階において、通貨取引税を実施することは得策ではないという結論に至った[9]。

さらに2000年1月には、欧州議会本会合にて通貨取引税の審議を求める決議案が提出された。同決議案をまとめたのは、市民運動と密接なかかわりをもつ、同議会におけるトービン税の導入を求める超党派グループであった（ジュタン2006: 210）。しかしこの決議案は、6票差という僅差で否決された[10]。

この決議案を採決した際の議事録からは、賛成派と反対派が激しく応酬している様子をうかがい知ることができる[11]。たとえば反対派の中には、EUにおける行政執行機関で法案提出権をもつ欧州委員会（European Commission）で、当時税制を担当していたフリッツ・ボルケシュタイン（Frits Bolkestein）委員がいた。ボルケシュタインは2000年以降EUで論争を生んだ「EUサービス指令案」、通称「ボルケシュタイン指令案」の先導者として有名である。そのボルケシュタインは、新自由主義的な考えのもとサービス自由化を強く推し進めたのと同様に、域内市場の自由な資本移動こそが欧州の競争力を強化するのであり、それを阻害する通貨取引税はローマ条約に違反するようなものだと強く反対していた。したがって、仮に通貨取引税の検討を求める決議案が欧州議会で採択されたとしても、法案提出権をもつ欧州委員会の消極姿勢によって、結局はEUでの検討は

---

8) European Parliament, "The Feasibility of an International 'Tobin Tax'," Economic Affairs Series, ECON 107 EN (PE 168.215), March 1999.
9) Ibid.
10) Official Journal of the European Union, "B5-0089/2000 Tax on capital movements (vote)," 20 January, 2000, No. 2000/C 304/179.
11) European Parliament, "Debates on capital tax," 19 January, 2000, Strasbourg.

進まなかった可能性が高い。

先に述べたフランスにおける通貨取引税法案可決は、この欧州議会における決議案否決から約1年後のことで、一度は頓挫したEUレベルの検討を再活性化させる目的もあったと見ることができる。実際、フランスのリオネル・ジョスパン（Lionel Jospin）首相やドイツのゲアハルト・シュレーダー（Gerhard Schröder）首相が通貨取引税への支持を表明するなど、ヨーロッパの政治家には通貨取引税支持者が一定数いたこともあり、一部諸国の国内議会では引き続き同税の審議が行われた。その地道な検討から国内法の制定というかたちで結実したもう一つの国が、ベルギーであった。しかし結局、EUで検討が再度行われることはなく、両国法案ともにその他EU諸国での実施が導入条件となっていた（以下、「EU条項」とする）ために、いずれも実行に移されることはなかった（ジュタン2006: 211）。

フランスやベルギーの通貨取引税の法案に「EU条項」が挿入された背景には、通貨統合を推し進めるEUにおいて、通貨に関連する政策を単独で決定することが難しいという事情があったと推察することができる。ただし、その条項の挿入には政治的な攻防もあった。たとえばベルギー法案における「EU条項」は、議会で通貨取引税の導入に反対する勢力が強く主張していたことを受けた、妥協の産物であった[12]。このようにして、世界的な盛り上がりを見せた通貨取引税は実現の日の目を見ずに議論が沈静化することになった。

以上を整理すると、通貨取引税をめぐる政治的議論の特徴は二つあった。第一に、通貨危機という社会経済的な背景が「取引抑制」策として検討する機会の窓を開き、かつ「開発資金調達」という新たな実施根拠が合流したことにより、通貨取引税はより多くの市民から関心や支持を集め、時代の一大争点となった。まさに通貨取引税は、この時代において、市場の安定化のみを目的とする元来のトービン税から生まれ変わり、富のグローバルな再分配をも目的に包含するグローバル・タックス構想として立ち上がった。そしてその新たな目的の合流こそが、通貨取引税を検討課題に押し上げる推進力となったのである。

第二に、通貨取引税のグローバルな導入には主要な金融大国の導入意思がない

[12) ベルギー国会議員 Dirk Van Der Maelen 氏へのインタビュー。2018年4月26日、ブリュッセルにて実施。

という大きな障壁が立ちふさがった。とりわけ EU では、通貨危機を経てもなお依然として新自由主義的な金融緩和や市場統合に価値がおかれていたがために、通貨取引税のもつ「車輪に砂」の理念が最優先されることはなかった。経済的な価値観を背景に国家間の合意が醸成されなかったという点は、先行研究が指摘してきたトービン税をめぐる「政治的な実現可能性」の問題を改めて浮き彫りにしている。ただし、ベルギー議会内での攻防を見るに、通貨取引税をめぐる対立とは国家間の問題だけではなく、その根幹には国内レベルでも紛糾する価値観の衝突があった。この価値観の対立は、後の金融取引税の議論にも影を落とすことになる。

3　金融取引税の再燃

(1) 金融セクターによる「公平な貢献」

　2008年9月15日、世界的な投資銀行リーマン・ブラザーズ（Lehman Brothers）が破たんし、グローバルに連結された金融市場を通じて、金融危機は世界大に広まった。90年代と同様に、危機によって市場の不安定性が政治問題化するなか、トービン税の「車輪に砂」の理念は金融取引税として蘇り、一つの危機対策として再度浮上することとなった。

　まずはここで、金融取引税とは何かを確認しておこう。それは端的に言えば、株式、債券、デリバティブ（金融派生商品）、為替といった金融市場のあらゆる金融商品の売買に税を課す一連の構想を総称したもので、通貨取引税から課税対象が拡大したものと捉えることができる。たとえばシュテファン・シュルマイスター（Stephan Schulmeister）は、あらゆる金融商品の売買を課税対象とする「包括的金融取引税」を提唱し、その効果を詳細に分析したうえで、それが市場の安定化に貢献しうると評価している（Schulmeister 2009）。課税対象を拡大して検討することになった背景には、金融市場と危機の性質の変容がある。たとえば、デリバティブを代表とするリスク分散のための「証券化」商品が爆発的に増大したことによって、複雑で不透明な金融商品が無尽蔵に売買されたことが金融市場の不安定化の一因となった。そこで、市場の安定化のためには、為替取引だけでなく、デリバティブ取引やその原資産である株式や債券の取引にも税を課し、金融市場全体の「車輪」に「砂」を撒く必要があると認識されるようになっ

たのである。

　金融取引税が再燃した問題背景には、通貨取引税と共通して市場の不安定化という危機があったが、新たに問題視された事象もあった。それは「大きすぎて潰せない（Too Big To Fail）」問題であった。これは、金融経済システムの中枢を担う巨大な金融機関が次々と破たん危機に陥った際に、各国が危機の連鎖を食い止めるべく公的資金を注入せざるを得なくなった問題を指す。EUだけでも、2009年から11年の3年間にわたって行われた資金援助等の支援は、4兆6000億ユーロにのぼるという[13]。また同時に、ヨーロッパの主要各国では危機への対応として緊縮策が敷かれ、医療、教育、福祉などの公的サービスが削減されると、多くの国民は金融セクターへの不満を募らせた。そこで各国政府は、資金注入を受け救済された金融セクター自身が、その資金を公平に負担すべきであるという問題認識をもつに至り、その施策として「金融セクター課税」の検討を始めた。金融取引税は、その一つの政策オプションとして浮上した。つまり金融取引税は、財政危機を背景に、公的資金を補填する財源としても関心を集めたのである。

　公的資金を賄う手段は、金融取引税に限られない。実際に各国は、銀行再編基金の設立など、さまざまな手段を通じて財源確保を模索していた。それに対し金融取引税は、財源調達のみならず、「車輪に砂」の理念、すなわち取引抑制を通じて金融市場を安定化させる目的を持つ。「取引抑制」と「財源調達」という取引税の二つの政策目的は、前節で見たように、通貨取引税の争点化期に確立したものである。何が変化したかと言えば、争点化期は税収の再分配先が貧しい途上国であったことに対し、再燃期には危機に見舞われた先進諸国のための財源調達として解釈されるようになったことである。ただし、かつて一大争点となったグローバルな税収再分配という目的は、すぐ後で見るように、フランスを中心に取引税の導入目的としてあり続けた。

　金融取引税への関心の高まりを受け、いち早くその国際的な検討を求めたのは、フランスとドイツであった。フランスでは、2009年9月にニコラ・サルコジ

---

[13] European Commission, "José Manuel Durão Barroso, President of the European Commission, European renewal - State of the Union Address 2011"（SPEECH/11/607）, 28 September, 2011.

（Nicolas Sarközy）大統領が、金融取引税をグローバルに導入し市場を安定化させるとともに、その税収を貧しい国々のために活用すべきだとして、G20サミットで同税の検討することを求めた[14]。これに対しドイツのペール・シュタインブルック（Peer Steinbrück）財務大臣は、金融セクターが危機を引き起こした責任をとるとともに、国家財源へ貢献すべきとして、同様にG20で金融取引税を検討するよう求めた[15]。当初は慎重な姿勢を見せていたアンゲラ・メルケル（Angela Merkel）独首相も、後に同税への支持を表明するに至る。これ以降、ヨーロッパでは金融取引税をグローバルに導入すべきだという議論が盛んになっていった。そして、その声を反映するようにして、2009年9月のG20ピッツバーグ・サミットでは金融取引税を含む金融セクター課税が議題となった。

しかしながら、G20における議論は結局、通貨取引税の検討が国連やG7で頓挫したように、すぐに終焉することとなった。アメリカやロシア、そして日本が、同税の介入的な特性への忌避感からその検討を拒んだからである[16]。

それに対しヨーロッパでは、ギリシャ財政の粉飾決算の発覚をきっかけにユーロ危機が発生したことで、市場の安定化策はもちろんのこと、財政危機対策の財源を確保する必要に迫られていた。G20で検討が頓挫してもなお、ヨーロッパでは金融セクター課税が喫緊の検討課題としてあり続けたのである。そこで、EU諸国だけでも金融取引税を導入するという選択肢が徐々に模索されていくことになる。次第にその考えは市民から一部加盟国首脳まで広く支持されるようになり、EUにおいて法案提出権をもつ欧州委員会が真剣な検討を始めることにつながっていく。

---

14) BBC, "Sarkozy to press for 'Tobin Tax'," 19 September, 2009 〈http://news.bbc.co.uk/2/hi/8264774.stm〉. Retrieved 6 September, 2018.
15) Peer Steinbrück, "Tax trades to share the costs of the crisis," *Financial Times*, 24 September, 2009 〈https://www.ft.com/content/25afd1d4-a905-11de-b8bd-00144feabdc0〉. Retrieved 6 September 2018.
16) G20における金融取引税の議論については、拙稿「「車輪に砂」」（津田2016a）の第2章で詳述しているので、参照されたい。

(2) グローバル金融取引税から EU 金融取引税へ

　ヨーロッパにおける金融セクター課税を求める声の高まりを受け、欧州委員会は、2010年10月、グローバル金融取引税と EU 金融活動税 (financial activity tax: FAT) という2本立ての政策案を検討のたたき台として公表した[17]。金融活動税とは、当時金融取引税と並んで検討されていた金融セクター課税構想の一つで、金融機関が事業で得た利益や、高額とも目される金融セクターの役員報酬に税を課す政策である。二つの税構想から見込まれる税収については、EU 金融活動税については EU 財源として、グローバル金融取引税については、開発や環境問題等のグローバル・イシューへ使うことが望ましい、と提言された。後者の金融取引税をグローバルに徴税し再分配するという考え方は、明らかに通貨取引税の過去の議論を継承していると言えるだろう。

　しかしながら、それが一転して、翌年の2011年9月には、欧州委員会は2つの案のどちらでもない、EU 全体で金融取引税を導入する指令案を発表するに至る[18]。言うなれば、グローバル「金融取引税」と「EU」金融活動税の二つを組み合わせた案を提示したのである。なぜこのような方針転換をしたのだろうか。

　まず、欧州委員会を動かした勢力の一つに、危機後に盛んになった市民運動がある (諸富 2013: 225-226; Wahl 2014)。欧州各国の多くの市民団体は、2010年頃から連携して金融取引税を求めるキャンペーンを展開し、その税収については国際的な目的に使うほか、国内の雇用、格差問題等にも振り分けて活用することを提案していた。ここには、通貨取引税を求めるかつての市民運動から連綿と続く、「取引抑制」や「資金調達」手段としての取引税を求める姿勢が見て取れよう。また、多くの市民運動は基本的には同税をグローバルに実施することを求めていたが、G20諸国と協調することが不可能なのであれば、グローバルな実現に向けた「第一段階」として EU だけでも金融取引税を実施すべきだと提言していた。その帰結として、市民の声を代表する欧州議会も金融取引税への支持を表明し始めた。2011年3月、欧州議会は金融取引税の審議を強く求め、同税の実施は

---

17) European Commission, "Communication from the Commission to the European Parliament, the Council, the European Economic and Social Committee and the Committee of the Regions: Taxation of the Financial Sector," 7 October, 2010 (COM (2010) 549 final).
18) European Commission, "Proposal for a COUNCIL DIRECTIVE on a Common System of Financial Transaction Tax and Amending Directive 2008/7/EC" (COM (2011) 594 final).

グローバル・レベルが望ましいが、もしそれが不可能な場合にはまずEUレベルで導入すべきだと明記した決議案を採択した。また同時に、欧州議会は金融取引税を新たなEU財源として導入する可能性をも検討するよう、EU諸機関に要請した[19]。

次に、欧州委員会の選択を促した背景には「政治的なトップダウン」があった（Van Vooren 2012: 14）。それは主に二つある。第一に、仏独首脳からの強い要請があった。先に述べたように、フランスはグローバルな再分配手段、ドイツは国内財源調達手段という異なる税収使途を想定していたものの、ユーロ危機が深刻化する最中、市場の正常化と安定的な財源確保のために抜本的な財政政策が必要だという認識は一致していた[20]。むろん、仏独のトップを動かすに至った背景には、先に述べた市民の支持が両国において大きかったことも忘れてはならないだろう。第二に、欧州委員会のトップであるジョゼ・マヌエル・バローゾ（José Manuel Barroso）委員長の意向があった。バローゾは金融取引税の実施にかねてから好意的で、2010年頃には同税の検討をG20で進めていけるよう精力的に働きかけていた。そしてバローゾは、EUだけでも金融取引税を実施すべきだという議論と、同税をEU新財源として検討せよという欧州議会からの要請を受け、これらを新たなEU共通税および独自財源[21]を創設できる絶好の機会と捉えた。

こうして、欧州委員会の税制当局はさまざまな情報収集と独自の分析を開始し、G20の協力がなくともEUという巨大な市場で金融取引税を実施する実効性は十分にあるという判断を下すに至った。つまり、市民的な支持、そしてトップの意向に加え、欧州委員会は提案権をもつ組織としても積極的にEU金融取引税の検討を牽引したのである（津田 2016b: 71）。欧州委員会の租税当局で、当時事

---

19) European Parliament, "European Parliament resolution of 8 March 2011 on innovative financing at global and European level"（2011/2105（INI））.
20) Embassy of France in London, "Joint letter from Nicolas Sarkozy, President of the Republic, and Angela Merkel, Chancellor of Germany, to Herman Van Rompuy, President of the European Council," 17 August, 2011〈https://uk.ambafrance.org/French-and-German-leaders-defend〉. Retrieved 30 September 2018.
21) EU独自財源とは、EU域外からの関税と砂糖課税（伝統的な独自財源）、EU域内各国の付加価値税の一部（0.3％）、各加盟国のGNIに基づく分担拠出金から成る、EUの歳入の大部分を占めている収入源のことを指す。

務方トップとして法案作成にあたり、「ミスター金融取引税」とも呼ばれていたマンフレッド・バーグマン（Manfred Bergmann）は、以下のように証言し、EU 金融取引税の提案を決断するに至った経緯を簡潔に述べている。

〔…〕多くの経済の文献が、金融取引税はグローバル・レベルで導入するのが望ましいと述べていたことは、我々の印象に強く残った。しかし問題は、グローバル・レベルでの合意がないときだ。〔合意がなければ〕私たちは課税しないままなのだろうか？それとも、私たちが模範として先例を作るべきだろうか？[22]

このようにして、2011年6月、バローゾによって次期（2014～20年）EU 多年度財政枠組み提案のなかで新たな EU 独自財源の一つに金融取引税を導入する考えが表明され[23]、その具体的な法案が同年9月に公表されることとなったのである。

(3) グローバル・タックスから EU 共通税へ

EU 金融取引税の提案は、ある意味では、通貨取引税から引き継がれてきた取引税のいくつかの特性を切り捨てることにもつながった[24]。まず、EU の共通税政策として立ち上げる過程で、EU 金融取引税の課税対象から、トービン税／通貨取引税の核たる課税対象であるスポットの通貨取引が外されることになった。その理由は、EU で保障されている 4 つの「移動の自由」に関係する。EU では条約によって人、モノ、資本、サービスの移動の自由が謳われており、このうち資本（capital）の自由移動とは、送金や投資を含むお金の移動全般に制限を課すことを禁止する規定である。つまり、単一通貨ユーロならびにその他通貨の移動

---

22) Salman Shaheen, "EU Progresses towards FTT," *International Tax Review* (June 2012), p. 37.
23) European Commission, "Investing today for growth tomorrow," 20 June, 2011 (IP/11/799).
24) 以下、欧州委員会の法案内容をもとに検討した。European Commission, "Proposal for a COUNCIL DIRECTIVE on a Common System of Financial Transaction Tax and Amending Directive 2008/7/EC" (COM (2011) 594 final).

である通貨取引そのものへの課税はEU法に抵触するおそれがあるとして、スポットの通貨取引は非課税と規定されたのである。ただし、通貨取引を原資とするデリバティブ取引は課税対象となっている。

　また、EU金融取引税法案に税収の使い道に関する規定は一切なく、それまでグローバルな財源調達手段として見なされてきた取引税の歴史から見れば、大きな変更を伴っている。というのも、あくまでEU金融取引税法案は徴税局面の共通化を狙うものであって、税収使途については基本的にはEU加盟国間で検討すべきという手続きになっているのである。実際、欧州委員会は新しいEU独自財源提案のなかに金融取引税を組み込んだものの、同税の法案においては税収使途を特定していない。こうしてEU金融取引税の政策検討においては、税収をグローバルに再分配するという議論が後景に退くこととなった。

　それでは、EU金融取引税はどのような目的で提案されたのだろうか。ここで、法案に記されている実施根拠を確認しておこう。法案によれば、それは3つある。第一の目的は、加盟国間で異なる税制措置を共通化することで、域内市場の分断を避けること。これは同法案がEU条約113条「間接税等の調和」に基づく立法であることを示している。欧州委員会の調査によれば、金融危機以降、各国が独自に金融セクター課税を導入する例は増えており、異なる税制がEU域内で乱立すれば効率性が損なわれる。それを避けるためには、EU共通の課税枠組みが必要だという論理である。第二の目的は、危機によって生じたコストに対し、金融機関が公平かつ実質的に貢献するとともに、金融セクター以外の経済主体との公平な競争環境（level playing field）を確保すること。これは、金融取引税が争点化した「金融セクターの責任追及」という背景に加え、国境を超える金融商品の売買の多くが税を免除されている現状を改善すべきという考えが内包されている。第三の目的は、市場の効率性を阻害するような取引を抑制する措置（disincentives）を導入することで、課税以外の方法で実施されている一連の規制措置を補完すること。これは、トービン税から受け継がれる取引抑制の効果を見込んだものである。欧州委員会の説明によれば、以上3つの実施目的は重要度が高い順に並んでおり、特に導入根拠としては第一の「調和」策であることが重要だという[25]。つまり、金融取引税の立法化の過程において、同税はグローバ

25）欧州委員会の政策担当官への匿名インタビュー、2014年3月18日実施。

ル・タックスというよりは、あくまでEUの共通税制として位置づけられるようになったのである。

（4）新しい実施枠組みの承認

このように欧州委員会はEU共通の金融取引税の導入を提案したが、イギリスやスウェーデンをはじめとする一部の加盟国は、実体経済への悪影響を懸念し、かねてから同税への反対を強く表明していた。ここで問題となるのが、EUの間接税調和策を導入するためには全加盟国の同意（unanimity）が必要となるという条約上の規定である[26]。つまり、反対国が一カ国でもいるかぎり、EU共通税は実現されえない。この危機的状況に対し、フランスとドイツは検討の行き詰まりを回避する一つの戦略的な方法を模索し始めた[27]。それは、全加盟国の支持がなくとも一部の加盟国が先行的に共通政策を導入することを可能にする「強化された協力（enhanced cooperation）」手続き[28]の活用である。同手続きを適用するには、9加盟国以上の参加が必要になる。そこで仏独両国は、金融取引税を先行導入する有志連合の形成に向け迅速に行動した。そして法案発表からちょうど1年後の2012年9月には、ユーロ圏諸国のうちオーストリア、ベルギー、エストニア、ギリシャ、イタリア、ポルトガル、スロバキア、スロベニア、スペインの賛同を得て、計11カ国の参加国を集めることに成功した。これを受け、翌10月に欧州委員会は、金融取引税の導入に強化された協力手続きを活用するための法案（決定案）を発表する[29]。同法案は2012年12月に欧州議会[30]、翌月2013年1

---

[26] EUの機能に関する条約（Treaty of Functioning of the European Union: TFEU、以下EU機能条約）第113条「間接税等の調和」における規定。

[27] フランスおよびドイツには、先に指摘したとおり、かねてから金融取引税の推進派であったが、その先行導入を推し進めるに至った背景には、フランスの総選挙やドイツの連立政権内の駆け引きといった、国内的な動機付けがあった。詳細は、拙稿「「車輪に砂」第4章第3節を参照のこと（津田2016b）。

[28] EU条約（Treaty of the European Union: TEU）第20条およびEU機能条約324条から330条において規定。

[29] European Commission, "Proposal for COUNCIL DECISION authorising enhanced cooperation in the area of the creation of financial transaction tax," 23 October, 2012（COM(2012) 0631）.

[30] European Parliament, "Eleven EU countries get Parliament's all clear for a financial transaction tax," 12 December, 2012（20121207IPR04408）.

月には EU 理事会の同意を受け[31]、EU 金融取引税は一部加盟国だけで実施するための枠組みが法的に承認されるに至った。

　以上の金融取引税をめぐる EU の政治過程をまとめると、その検討が進展した要因は 2 つある。第一に、取引抑制というトービン税元来の政策目的のみならず、通貨取引税の争点化に寄与した税収のグローバルな再分配という政策目的は希薄化し、その代わりに EU の財政危機という喫緊の問題を背景に、新たに「金融セクターの財政貢献」という政策目的が付与されたことにより、金融取引税は EU の新たな共通税制として一部のアクターに強力に支持されるに至った。第二に、フランス、ドイツ、欧州委員会の牽引により、EU 共通税の法案提出および強化された協力手続きの承認にこぎ着けた。それは、G20のみならず、EU 内においても立ちはだかる合意形成の壁を乗り越え、実現可能な取引税の実施枠組みを確立するための、戦略的な選択であった。

(5) 最終合意を阻む諸要因

　強化された協力手続き法案の可決を受け、欧州委員会は11カ国のための新たな指令案を2013年 4 月に公表した[32]。同案は2014年からの運用開始を規定していたため、かれこれ 5 年以上もその審議は遅れていることになる。なぜ、それまで迅速に取り組まれてきた検討は滞っているのか。その理由の一部は、それまでの検討過程のなかにある[33]。

　第一に、EU 金融取引税の検討過程には、細かい争点の検討を先送りしてきた側面があった。G20から EU へ、EU 全加盟国から11カ国の有志連合へ、と金融取引税の実施範囲が狭められていった過程とは、その実現を可能にする枠組みを確立することそれ自体が優先されてきた結果だと見ることができる。つまり、課税対象や運用方法といった税制の詳細を詰めるのは後回しにされてきた。そして

---

31) Council of the European Union, "Financial transaction tax: Council agrees to enhanced cooperation," 22 January, 2013（5555/13 PRESSE 23）.
32) European Commission, "Proposal for COUNCIL DIRECTIVE implementing enhanced cooperation in the area of financial transaction tax," 24 February, 2013（COM（2013）71 final）.
33) 以下の分析は概ね、拙稿「「車輪に砂」」の第 4 章第 4 節にて検討したことを踏襲している（津田 2016b）。

いざ実施法の検討を始めると、税制の細則は市場への影響や見込まれる税収を大いに左右するため、参加国間では見解が異なることが露呈し、検討が難航することとなったのである。その一つの帰結として、2015年12月にはエストニアが有志連合を離脱することになった。つまりEU金融取引税の検討を進めるという政治的決定の内実とは、総論賛成・各論反対であって、そもそも内部に紛争の火種を抱えていたのである。結果として諸国は、税設計を「スクラップ・アンド・ビルド」、すなわち一から構築し直す方針を採り、交渉を進めている現状にある[34]。最新の進展としては、2016年10月に10カ国は、株式取引および一部のデリバティブ取引を第一段階の課税対象として、具体的な課税ベース等の税設計に関わる重要事項（core engine）に合意した[35]。しかし依然として、同税が及ぼしうる実体経済への悪影響や制度導入に伴うコストについて疑問視する声が内部からあがっており、最終合意には到達できていない。有志連合の内紛とも言えるこの現状は、追って指摘する金融業界による反対ロビー活動の影響や、検討が長引くあいだに多くの諸国で閣僚や政権の交代が起こり、方針転換が生じていることにも要因がある。他方で、税率や税収使途に関する検討は後の検討事項とされ、ほとんど進んでいない。

　第二に、「強化された協力」手続きそれ自体に限界がある。それは全会一致の壁を乗り越える手段として一つの政治的決定に寄与したが、手続き活用の可決がすなわちEU（一部）共通税の正統化につながるわけではない。例えばイギリスは、取引税が国境を越えて課される場合は非参加国にも影響が及ぶとして、2013年4月、欧州司法裁判所（ECJ: European Court of Justice）にその違法性を提訴した。それに対しECJは、同税の実施法案がまだ策定されていないため違法性を判断することはできないと提訴を棄却したが[36]、同様に合法性を疑問視する

---

34) EU金融取引税の実施検討に参加する一加盟国の政策担当者への匿名インタビュー、2018年6月14日実施。
35) Council of the European Union, "Enhanced cooperation in the area of Financial Transaction Tax - Proposal for a Council Directive implementing enhanced cooperation in the area of Financial Transaction Tax = State of play," 28 October, 2016（13608/16）.
36) Official Journal of the European Union, "Action brought on 18 April 2013 ― United Kingdom of Great Britain and Northern Ireland v Council of the European Union（Case C-209/13），" 15 June, 2013（2013/C 171/44）.

見解はEU内部の法務局からも上がっている[37]。ユーロ圏の金融政策をつかさどるECBもその例外ではなく[38]、ヨーロッパの中央銀行はこぞって金融取引税が国債市場に与えうる悪影響に懸念を表明してきた。それを受け、EU金融取引税の課税対象から債券やレポ取引が外されることになった（Garbor 2016）。

　第三に、2011年に金融取引税法案が公表されて以降、金融業界は反対ロビー活動を激化させており、それが有志連合諸国間の検討を著しく停滞させている。金融セクターは金融危機の直後はその責任を問われる立場であったために政治的な影響力を行使しづらかったが、混乱が落ち着くにつれ反対ロビー活動を組織的に強化してきた（Kastner 2018）。銀行、証券会社、保険会社、ヘッジファンド、またこれらの市場参加者をとりまとめる業界団体は、あまねく金融取引税の実施に強く反対し、一致団結するかたちで、共同書簡や委託研究の発表を通じて金融取引税が市場の流動性と効率性に悪影響を与えると強く主張してきた。こうしたロビー活動が展開されているのは、EUの本部があるブリュッセルだけのことではない。むしろより注力されているのが、各国首都での活動、すなわち交渉を実施している有志連合諸国の政治家や官僚に対する活動である[39]。交渉に携わっていた外交官によれば、一時は週に3、4回ほどの会合がもたれるほど頻繁に金融セクターからのアプローチがあったという[40]。その攻勢のすさまじさがうかがい知れよう。

　それに加え、2019年3月に予定されているイギリスのEU離脱が、金融取引税の交渉を遅延させる要因にもなっている。ロンドンの金融街から多くの金融産業

---

[37] Financial Times, "Europe financial transaction tax hits legal wall," 29 January, 2013 〈https://www.ft.com/content/b0a6c7a8-19fd-11e3-93e8-00144feab7de〉. Retrieved 30 September, 2018.

[38] Corporate European Observatory, "Robbing the Robin Hood Tax: the European Central Bank weighs in," 17 July, 2013 〈http://corporateeurope.org/financial-lobby/2013/07/robbing-robin-hood-tax-european-central-bank-weighs〉. Retrieved 14 September 2015.

[39] ある金融業界団体の担当者は、エストニアやリトアニアといったそれほどEU金融取引税の実施に積極的ではない小国に対し、取引税のデメリットを説明するといったロビー活動を実施したと証言した。金融サービスで同税に関わるロビー活動に従事する担当者への匿名インタビュー、2015年9月16日実施。

[40] EU金融取引税の実施検討に参加する一加盟国の政策担当者への匿名インタビュー、2018年6月14日実施。

が大陸に拠点を移転することが見込まれるために、パリやフランクフルトの金融市場はその誘致を活発化させており、EU金融取引税はその千載一遇のチャンスを台無しにするという批判が仏独で噴出している。取引税の実施にもっとも抵抗していたイギリスがEUを抜けるにもかかわらず、皮肉にもその離脱が仏独のイニシアチブを弱めるよう作用しているのである。その結果、イギリスのEU離脱が完了するまでしばらく様子見すべきだという意見が大勢を占め、2017年以降はほとんど交渉に進展がない状況となっている。

おわりに ——「部分的」グローバル・タックスの可能性と課題

　トービン税からEU金融取引税へと変遷してきた政治的議論の歴史をひも解くと、同じグローバル金融に税を課す構想ながらも、その検討の背景や各アクターの行動原理、そして政策目的それ自体に、さまざまな相違点が浮き彫りとなった。通貨取引税の政治過程とは、まさにグローバル・イシューを解決するためのグローバル・タックスとしてその導入を求める政治闘争であった。それがゆえに、グローバルな規模で実現しなければならず、そこに国際レベルの合意が得られないという壁が立ちはだかった。それに対しEU金融取引税の政治過程とは、グローバル・タックスとしての関心は少なからず寄せられていたものの、政策検討における主たる目的は金融セクターへの責任追及であって、それを実現するためにグローバルな合意が得られないという壁をいかに打破するかという闘争であった。その闘争において欧州委員会、フランス、ドイツは、EUの制度的な機会を活用するという戦略的な手法によって、新しい取引税の実施枠組みを立ち上げることに成功したのである。これは、「全面的」な導入が必要というグローバル・タックスの一つの障壁を方法論的に突き崩した点で、画期的な手法が示されたと積極的に評価することができる。

　全体として、グローバル金融に税を課すグローバル・タックスの議論の潮目は、EU金融取引税の具体化を通じて大きく変容した。特に、グローバルな富の再分配というグローバル・タックス構想の核たる要素が、通貨取引税の政治過程ではその導入目的として全面に打ち出されていたのに対し、EU金融取引税をめぐってはその議論が大幅に後退したという著しい変化が生じた。これは、グローバル・タックスの議論全体から見れば消極的な方向に向かったと言わざるを得ない。

ただし、金融取引税の税収を地球規模課題に対処するための資金源として求める声は、決して消え失せたわけではない。また、グローバルな資金調達という目的の達成が最優先ではなくなったものの、その方向に向けていくつかの可能性は開かれている。たとえばEU金融取引税の税収が参加国の国庫に入るとしても、あるいはEU財源となるにしても、その追加財源を開発や気候変動対策に振り分けるという方法が考えられる。ただし、税収使途に関する特定の目的がないままに税制が検討される場合、その税収は一般財源として算入されることが通常である。実際、EUにおいても金融取引税を特定財源化することを疑問視する声が一部で見られる[41]。つまるところ、EU金融取引税をめぐっては必然的にグローバル・タックスの税収をどのように管理、運用するかというガヴァナンスの検討が著しく欠落してきた。それは同時に、再考の余地が大いにあるという意味でもある。

通貨取引税とEU金融取引税の政策論議に共通する問題もあった。それは、常に一定の反対勢力が存在することである。市場介入的な特性をもつ取引税を疑問視する声は提唱当初からあったが、EU金融取引税の検討の具体化を受け反対ロビー活動が激化することを通じて、むしろその対抗権力の影響力の大きさが表面化することになった。危機が繰り返されてもなお、「車輪に砂」のアイディアは全世界的な支持を得られないままなのである。ここに大きな課題が残されている。

「車輪に砂」のアイディアが支持され得ないという問題は、翻ってみれば、取引税の政策目的を「取引抑制」に求めないという戦略をとれば、ある程度克服されうるようにも思える。それは、あくまでEU共通税の創設や金融セクターへの責任追及を第一義的目的においたEU金融取引税の政策検討が前進した遠因だとも考えられる。しかしながら、それで反対勢力の攻勢が緩むわけでもない。国境を超えて移動する資本に対する課税という形態である以上、取引税の議論は常にその経済的な論争の渦中にあり、自由移動を志向するグローバル資本から大きな制約を受ける。その意味で取引税をめぐる議論とは、その制約から国家の課税主権の自律性を取り戻す闘争だと言える。この文脈に照らせば、EU金融取引税と

---

41) 欧州議会議員Sirpa Pietikäinen氏へのインタビュー、2018年6月20日、ブリュッセルにて実施。

は、グローバル・タックスというよりは、主権国家が揺らぐグローバル化時代において共同で課税主権を取り戻そうとする「ポスト・ナショナル」な課税の試みといった方がより正しいのかもしれない。

　以上のことから、EU金融取引税は依然として多くの問題を抱えており、したがってその取り組みは、現時点ではまだ、その実現に向けた最低限の一歩を踏み出したにすぎない。むしろ交渉が長引くほど、金融危機から時間が経ち、金融セクター課税に対する関心は薄れていき、金融取引税の導入気運はますます減退していくことだろう。

　しかしながら、これだけ密な政策検討が積み重ねられてきたという経緯それ自体が、EU金融取引税の議論をつなぎとめていることもまた事実である。EUならびに一部加盟国の政治家や官僚が分析、法案作成、制度交渉に多大な労力を費やしてきたがゆえに、EU金融取引税はそう簡単には消え去らないほどにEUの一つの施策に埋め込まれている。また、イギリスの離脱や排他的ポピュリズムの興隆に押され、統合の価値と意義が揺らぐ近年のEUにおいて、同税は格好の統合強化策として折に触れ言及されている。2017年のその例をいくつか見てみよう。フランスのエマニュエル・マクロン（Emmanuel Macron）大統領は、あるスピーチのなかで欧州統合を強化するために採るべき施策の一つにEU金融取引税を挙げ、その税収をアフリカ諸国の開発資金として使うべきだという考えを表明した[42]。欧州委員会は、『EU財政の将来に関する考察文書』を6月に発表し、イギリスのEU離脱がEU財政にとって大きな損失になることを受け、考えうる新財源の一つに金融取引税を挙げている[43]。他方で、同月に欧州委員会税制総局が主催した「税の公正に関する会議」において、ピエール・モスコヴィシ（Pierre Moscovici）税制担当委員は、EU金融取引税導入の必要性を金融セクターが負うべき「公正な負担」から説き、かつ、その税収を開発や気候変動対策に使うべきだという考えを述べた[44]。さらに、バローゾの後任として欧州委員会委員長に就任したジャン＝クロード・ユンケル（Jean-Claude Juncker）は、9

---

42) Financial Times, "Macron's bid to reinvent the European project," 27 September, 2017 〈https://www.ft.com/content/c86bca08-a2a9-11e7-b797-b61809486fe2〉. Retrieved 6 September, 2018.

43) European Commission, *Reflection Paper on the Future of EU Finances*, 28 June, 2017（COM（2017）358）.

月の一般教書演説にて、「より強固な連合」を確立するために特定分野の施策は全会一致原則を解除して特定多数決で導入すべきだと述べ、その一つに金融取引税を挙げた[45]。

これらの主張から、EU 金融取引税の導入を求める声が今もなお少なくないことがわかるのと同時に、同税に寄せる期待や目的が一様ではないことがうかがい知れる。特に財源調達手段として取引税がもつ求心力は大きいが、その使途については見解が異なるため、妥結するには相当な時間がかかるだろう。しかし興味深いことに、いずれの主張も EU 金融取引税を、統合を推し進める施策として位置づけている。このことから EU 金融取引税は、依然として論争的ではあるものの、EU の統合を深化させる一つのプロジェクトとして表象されるに至ったと言ってよい。その意味でも、EU 金融取引税は「部分的」なグローバル・タックスの新しいあり方を提示したと評価することができるだろう。

参考文献

吾郷健二（2002）「いわゆるトービン税について」『西南学院大学経済学論集』36巻4号。

上村雄彦（2009）『グローバル・タックスの可能性—持続可能な福祉社会のガヴァナンスをめざして』ミネルヴァ書房。

上村雄彦（2015）「金融取引に対する課税に関する諸構想の比較分析」、上村雄彦編『グローバル・タックスの構想と射程』法律文化社。

金子文夫（2006）「解説　トービン税とグローバル市民社会運動」、ブリュノ・ジュタン『トービン税入門』。

ブリュノ・ジュタン（2006）（和仁道郎訳、金子文夫解説）『トービン税入門—新自由主義的グローバリゼーションに対抗するための国際戦略』社会評論社。

津田久美子（2016a）「「車輪に砂」——EU 金融取引税の政治過程：2009～2013年」（1）『北大法学論集』66巻6号。

津田久美子（2016b）「「車輪に砂」——EU 金融取引税の政治過程：2009～2013年」（2・完）『北大法学論集』67巻1号。

諸富徹（2013）「世界税制史の一里塚—21世紀の EU 金融取引税」、諸富徹『私たちはなぜ税金を納めるのか—租税の経済思想史』新潮社。

---

44) European Commission, "Speech by Commissioner Pierre Moscovici at the Commission's Tax Fairness Conference," 28 June 2017（SPEECH/17/1828）.

45) European Commission, "President Jean-Claude Juncker's State of the Union Address 2017," 13 September, 2017（SPEECH/17/3165）.

諸富徹 (2015)「EU 金融取引税の制度設計と実行可能性」、上村雄彦編『グローバル・タックスの構想と射程』。

Eichengreen, B. (1996) "The Tobin Tax: What Have Were Learned?" in M. ul Haq, I. Kaul and I. Grunberg (eds.) *The Tobin Tax: Coping with Financial Volatility*, New York: Oxford University Press.

Gabor, D. (2016) "A step too far? The European financial transactions tax on shadow banking," *Journal of European Public Policy*, Vol. 23, No. 6, pp. 925-945.

Kastner, L. (2018) "Business lobbying under salience – financial industry mobilization against the European financial transaction tax," *Journal of European Public Policy*, Vol. 25, No.11, pp.1648-1666.

Kenen, P. B. (1996) "The Feasibility of Taxing Foreign Exchange Transactions," in M. ul Haq et al (eds.) *The Tobin Tax*.

Patomäki, H. (2001) *Democratising Globalisation: The Leverage of the Tobin Tax*, London: Zed Books.

Schulmeister, S. (2009) "A General Financial Transaction Tax: A Short Cut of the Pros, the Cons and a Proposal," *WIFO Working Papers*, No. 344.

Schulmeister, S. (2015) "The struggle over the financial transactions tax: A politico-economic farce," in C. Mathieu and H. Sterdyniak (eds.) *What future for taxation in the EU?* (Revue de l'OFCE, vol. 141).

Spahn, P. B. (1996) "The Tobin tax and exchange rate stability," *Finance and Development*, Vol. 33, No. 2, pp. 26-27.

Tobin, J. (1974) *The New Economics One Decade Older*, Princeton: Princeton University Press.

Tobin, J. (1978) "A Proposal for International Monetary Reform," *Eastern Economic Journal*, Vol.4, No.3-4, pp. 153-159.

Tobin, J. (1996) "A Currency Transaction Tax, Why and How," *Open Economics Review*, Vol. 7, pp.493-499.

UNDP (1994) *Human Development Report 1994*, New York: Oxford University Press.

Van Vooren, B. (2012) "The Global Research of the Proposed EU Financial Transaction Tax Directive: Creating Momentum through Internal Legislation?" EUI Working Paper, Robert Schuman Centre for Advanced Studies (RSCAS), No.28.

Wahl, P. (2014) "The European civil society campaign on the financial transaction tax," Working Paper, No. 20, Global Labour University project 'Combating Inequality', Geneva, February, available at www. global-labour-university. org/fileadmin/GLU_Working_Papers/GLU_WP_No. 20. pdf, last visited on 30 September, 2018.

第 9 章

国際課税における多国間主義とグローバル・タックスの可能性

望月 爾

はじめに

　国際調査報道ジャーナリスト連合（ICIJ: International Consortium of Investigative Journalists）による「パナマ文書（Panama Papers）」や「パラダイス文書（Paradise Papers）」に関する最近の報道は、国際社会にタックス・ヘイブンを利用した国際的租税回避の深刻な現状を明らかにした。また、グーグルやアップル、スターバックスなど、アメリカの多国籍企業による巧妙な租税回避が、EU 各国を中心に深刻な国際問題となっている。これらの企業は、租税回避スキームを利用し、オランダやアイルランド、スイスといった国々の子会社を介し、ノウハウやブランド等の知的財産権取引を利用して、莫大な利益をタックス・ヘイブンに移転して税負担の大幅な軽減を図っている。

　経済協力開発機構（OECD: Organisation for Economic Co-operation and Development）は、このような国際的租税回避による各国の税源の浸食やタックス・ヘイブンへの利益の移転に対して、2012年6月に租税委員会（Committee on Fiscal Affairs）に、「税源の浸食と利益移転（BEPS: Base Erosion and Profit Shifting）プロジェクト」を立ち上げた。2013年7月にBEPSプロジェクトは15の行動計画（Action Plan）を提示し、それらに基づき2年間の議論を経て2015年10月に具体的な対応策を勧告した「BEPS 最終報告書（Final Reports）」（OECD 2015）を公表した。現在、OECD 加盟国にG20諸国を加えた国際的な枠組みにおいて「ポスト BEPS」として、最終報告書の提言に基づいて、多国間の枠組みによる租税回避防止のための国際課税のルールの見直しを進めている。また、OECD は、従来から税務当局間の国際協力やネットワーク化を進めてきたが、近年は金融口座情報の自動情報交換（AEOI: Automatic Exchange of Information）や国際的徴収共助のような税務行政協力の取組みを推進している。

欧州連合（EU: European Union）においても、2015年6月に欧州委員会が租税回避防止のために、公正かつ効率的な課税を目指す「法人課税に関する行動計画（Action Plan on Corporate Taxation）」を発表し、2016年1月には、多国籍企業の租税回避に対するルール強化のための措置や指針をまとめた「租税回避対策パッケージ（Anti-Tax Avoidance Package）」が提案され、同年7月12日のEU理事会において「租税回避防止指令（Anti-Tax Avoidance Directive）」が採択承認された。EUのこのような租税回避への対応策は、BEPSプロジェクトの議論を反映させながら独自の措置を講じたものである。

　一方、グローバル・タックスの導入に向けた議論の中で、最も大きな課題とされてきたのが国家主権の壁である。伝統的に課税権は国家の主権に属し、それぞれの国家が議会による民主的な統制の下、課税管轄権の範囲内において行使されてきた。そのため、国家を超えた課税権の行使は原則として許されず、グローバル・タックスのような「超国家課税（supranational taxation）」は非現実的な構想にすぎないとされてきた。しかし、国際的租税回避の巧妙化や深刻化を背景に各国の課税権が脅かされる中で、国際課税においては「多国間主義（multilateralism）」が重要視されるようになっている。そのような中で、OECDやG20、EUなどの国際的な枠組みにおいて、多国間による課税ルールの見直しや税務行政協力が大きく進展しつつある。

　本章では、まず、このような国際課税をめぐる最近の状況をふまえ、OECDのBEPSプロジェクトや「ポストBEPS」の取組みの状況を中心に、多国間の枠組みにおける国際課税のルールの見直しや税務行政協力の進展を紹介する。そのうえで、国際課税における多国間主義の意義と国家の課税管轄権を越えたグローバル・タックスの可能性について論じたいと思う。

1　国際課税をめぐる最近の状況

（1）国際的租税回避の深刻化

　1990年代以降、経済のグローバル化が急速に進む中で、多国籍企業は国際的な事業展開の中で利益の最大化を図るため、企業戦略の一環として様々な租税回避スキームにより税負担の軽減を図ってきた。とくに近年、グーグルやアップル、スターバックス、アマゾン・ドット・コム、マイクロソフトなどアメリカの多国

籍企業によるアグレッシブ・タックス・プランニング（ATP: Aggressive tax planning）が国際問題となっている（居波 2014: 382、本庄 2015: 209）。

　まず、その巧妙な租税回避スキームが問題視されるきっかけとなったのが、2012年報道によりイギリスにおいて、スターバックスが1998年に進出し、累計30億ポンド（4350億円、1ポンド＝145円で計算。以下同様）の売上高を計上したが、法人税の支払いは860万ポンド（12億4700万円）にとどまっていた事実が発覚したことである[1]。スターバックスは、アメリカ本社よりコーヒーの製法やブランド使用に関する知的財産権取引のオランダの統括会社への移転や、いわゆる「スイス・トレーデング・カンパニー（Swiss Trading Company）」という手法を利用して、コーヒー豆を原産国から輸入する際にスイスに子会社を設立し仲介させることにより大幅に税負担の圧縮を図っていたのである。その事実が報道やその後の議会の公聴会で明らかになり、イギリスではスターバックスへの不買運動につながった。そこで、スターバックスは批判をかわすため、税務当局との交渉により自主的に2000万ポンド（29億円）を納税することや欧州本社のロンドンへの移転などの対応を迫られることになった[2]。

　アメリカ本国においても、アップルによるいわゆる「ダブル・アイリッシュ・ウィズ・ア・ダッチ・サンドイッチ（Double Irish with a Dutch Sandwich）」と呼ばれる租税回避スキームが問題となった[3]。このスキームは、ブランドやノウハウ等の知的財産権のライセンス契約を利用して、文字通りアイルランドに2つの子会社を設立し、その間にオランダの導管会社を介在させることによって利益を移転し、最終的にはタックス・ヘイブンのバミューダにアイルランド法人の管理支配機能を置いて税負担の回避を図るものである。アメリカの上院の公聴会において、ティム・クック（Tim Cook）CEOは、アップルは適正に納税義務を履行していると証言したが、同社のアニュアルレポートによれば、同社が2009年から2012年に上げた740億ドル（8兆3620億円、1ドル＝113円で計算。以下同様）の利益のうち法人税額の割合はわずか2％に過ぎなかった[4]。

---

1) Starbucks 'pays £8.6m tax on £3bn sales,' *The Guardian* on 15 October 2012.
2) Starbucks HQ relocation to UK 'will generate negligible tax revenue,' *The Guardian* on 16 April 2014.
3) 'Double Irish With a Dutch Sandwich,' *The New York Times* on 28 April 2012.

欧州委員会は、このような租税回避の背景に、アップルとアイルランドの税務当局による長年の税制上の優遇措置の合意があったことを認定し、EU競争法の「国家補助（State Aid）」（EU機能条約107条1項）[5]に当たるとして、アイルランド政府に対して、最大で131億ユーロ（1兆6899億円、1ユーロ＝129円で計算。以下同様）の追加的な課税を行うよう求めることを決定した[6]。その後、アップルとアイルランド政府は、この決定を不服として欧州司法裁判所（ECJ: European Court of Justice）に提訴したが、最近の報道によればアップルは2018年9月に延滞税12億ユーロ（1548億円）も含めた143億ユーロ（1兆8447億円）を納付した。ただし、アイルランド政府は、欧州司法裁判所（ECJ）での係争中は納付を受けた税を預託口座にて管理する方針をとっている[7]。

　そのほかにも、アマゾン・ドット・コムやグーグル、マイクロソフトなど、そのノウハウやブランド等の知的財産権を収益の源泉とするアメリカの多国籍企業の巧妙な租税回避スキームが、アメリカ上院やイギリス下院の公聴会において次々と明るみにでることとなった（居波 2014: 382、本庄 2015: 288）。そのような多国籍企業の租税回避に対する先進各国の危機感が、G8やG20、そしてOECDのBEPSプロジェクトによる多国間の国際的租税回避防止の取組みにつながっていった。

（2）一般的租税回避否認規定（GAAR）の導入

　国際的租税回避の巧妙化や深刻化に対して、各国は国内法として「一般的租税回避否認規定（GAAR: General Anti-Avoidance Rule）」の導入を進めている。租税法律主義の下、多くの国々が租税回避に対して個別立法による否認を原則とするところ、GAARは税務当局に租税回避を一般的かつ包括的に否認する権限を

4）Disarming Senators, Apple Chief Eases Tax Tensions, *The New York Times* on 21 May 2013.

5）Treaty on the Functioning of European Union SEC. 2 AIDS GRANTED BY STATES Article 107(1). 欧州委員会は、この国家補助規制に基づく調査権限を、オランダやベルギー、ルクセンブルクのスターバックスやアマゾン・ドット・コムなどの多国籍企業への過剰な税制優遇について発動している。

6）Apple ordered to pay €13bn after EU rules Ireland broke state aid laws, *The Guardian* on 30 August 2016.

7）Apple pays Ireland €14bn in disputed back taxes, *Financial Times* on 18 September 2018.

与える規定をいう。ドイツ、フランス、オーストラリア、カナダ、ニュージーランドなどの国々では、従来から個別的否認規定とは別に GAAR が定められていたが、近時の租税回避スキームの巧妙化を受けて、2010年アメリカ、2013年イギリスにおいて、新たに GAAR が導入された。2012年に EU もアグレッシブ・タックス・プランニング（ATP）に対して、国内法による GAAR の導入を加盟国に勧告している（第4章も参照のこと）[8]。

アメリカでは、1935年のグレゴリー判決[9]以来、「事業目的（business purpose）の法理」や「経済実質原則（economic substance doctrine）」が租税回避に対する一般的否認の判例法理として発展してきたことから、長らく GAAR の導入はなされてこなかった。ところが、2010年に内国歳入法典7701条（o）により「経済実質原則」の判例法理を確認する規定を導入した[10]。この規定は加算税の賦課に当たり判例法理の確認規定としての性格を有するものの、アメリカにおいて GAAR が導入されたことの意義は大きいといえる[11]。

イギリスでは、伝統的に法形式を重視し、私法上有効な契約であればそれを租税回避として否認できないという立場がとられてきたが、1981年のラムゼイ事件判決[12]により、租税法規の目的的解釈により私法上有効な契約であっても否認の余地を認める解釈ルールが示された。しかし、近年この「ラムゼイ原則」の限界が指摘されるようになり、イギリス政府はグラハム・アーロンソン（Graham Aaronson）弁護士を委員長とする研究グループに、GAAR 導入の是非の検討を委託した。2011年11月同グループは GAAR 法案を含む「アーロンソン報告書（GAAR STUDY Report）」を公表した。同報告書に基づき2013年に財政法206条から215条に GAAR が規定された。この規定は租税回避をすべて対象とするのではなく、濫用的な租税回避スキームを対象とする"General Anti-Abuse Rule"であり、「二重の合理性のテスト（double reasonable test）」[13]が採用されてい

---

8) COMMISSION RECOMMENDATION of 6.12.2012 on aggressive tax planning, C（2012）8806 final.
9) Gregory v. Helvering, 293 U.S. 465（1935）.
10) Health Care and Education Reconciliation Act of 2010（H.R. 4872）§1409（Codification of economic substance doctrine and penalties）.
11) アメリカにおける GAAR の導入については、新谷（2015）ほか参照。
12) W.T. Ramsay Ltd. v. I.R.C.（1982）A.C.300.

た[14]。

　他方、アメリカやイギリス、カナダなどの各国は、租税回避スキームを利用する納税者やそのプロモーターに対する「義務的開示制度（Mandatory Disclosure Rules）」を導入して、スキームの詳細や予想される税務上の利益、顧客リスト等の税務当局への報告を義務付けている。この義務的開示制度は、罰則を伴うものであり、後述のBEPSプロジェクトの行動12においてもその導入が勧告されている。

　このように先進各国は、GAARや義務的開示制度の導入などにより租税回避への対策を進めている[15]。しかし、GAARは規定の解釈や適用の判断が難しくその効果が限定的であることや、近時の租税回避が国際課税の原則や各国の租税法規や条約の抜け穴を巧妙に利用し、タックス・ヘイブンを含む複数の国や地域にまたがった国際的なスキームによることなどから、各国の個別的対応には自ら限界がある。そこで、OECDやG20、EUなどにおいて、多国間の枠組みにおける国際課税ルールの見直しや税務行政協力の必要性が、一層認識されるようになっていったのである。

2　BEPSプロジェクトによる国際課税のルールの見直し

(1) BEPSプロジェクトの意義

　多国籍企業によるアグレッシブ・タックス・プランニング（ATP）の問題が顕在化すると、リーマン・ショック後の財政悪化や所得格差の拡大を背景に、EU諸国を中心に納税者からの強い政治的な反発が広がっていった。また、経済のグローバル化や国境を越えた電子商取引の広がりなど急速な国際的環境変化に対し、現行の国際課税ルールが追いついていない深刻な現状が明らかとなった。とくに、源泉地国でも居住地国でも課税されない「国際的二重非課税」や、本来

---

13) まず、税務上の利益を得ることが、租税取決（tax arrangement）の主たる目的またはその一つであるとすることが合理的であるかを判断する。そのうえで、当該租税取決の締結または実行が、適用される租税法規との関係において、合理的と考えることができない場合に「濫用」とみなされ否認される。
14) イギリスにおけるGAARの導入については、岡（2016: 107-140）ほか参照。
15) 先進各国の租税回避対策や日本の状況については、今村（2016: 17-46）参照。

課税されるべき経済活動が行われている国で所得計上されない「価値創造の場と納税の場の乖離」による税源の浸食や利益移転の問題が、国際的な課題として認識されるようになった。

そこで、OECD租税委員会は、巧妙化する多国籍企業による租税回避スキームに対し、多国間の枠組みにおいて国際協調の下、戦略的かつ分野横断的に問題解決を図るため、その国際的な議論の場として2012年6月BEPSプロジェクト[16]を発足させた。同プロジェクトは同年のメキシコのロスカボスでのG20サミットにおいて正式に承認された。翌2013年2月には最初の報告書として「Addressing BEPS」(OECD 2013a) を公表し、6月イギリスのロックアーンでのG8サミットの支持を受け、同年7月19日にロシアのサンクトペテルブルクで開催されたG20サミットにおいて、15項目の行動計画と各項目に関する提言を示した「BEPS行動計画 (Action Plan)」(OECD 2013b) が報告承認された。そして、行動計画の実施にあたり、OECD非加盟の中国、インド、ロシア、アルゼンチン、ブラジル、インドネシア、サウジアラビア、南アフリカのG20メンバー8カ国が、OECD加盟国と同様に意見を述べ意思決定に参加しうる枠組みとして、「OECD／G20 BEPSプロジェクト」が設置された (財務省 2015, 3-5)。

2014年9月BEPSプロジェクトは、「BEPS報告書 (Explanatory Statement 2014 Deliverables)」を公表し、2015年9月には「BEPS最終報告書 (Final Reports)」(OECD 2015) を取りまとめた。同報告書は同年10月ペルーのリマでのG20財務大臣会合、11月のトルコのアンタルヤでのG20へ提出され承認された。

BEPSプロジェクトの目的は、公正な競争条件を確保し、多国籍企業が国際的な税制の隙間や抜け穴を利用した租税回避を行うことがないよう、国際課税のルールを国際経済及び企業行動の実態に対応したものとするとともに、各国政府や多国籍企業の透明性を高めるために国際課税ルール全体を見直すことにあった。そのための「三本柱」として、以下の三つの目標が示された。

第一に、多国籍企業は払うべき（価値が創造される）ところで租税を支払うべ

---

16) BEPSプロジェクトの詳細に関しては、OECDのBase Erosion and Profit Shiftingのウェブサイト http://www.oecd.org/ctp/beps/, last visited on 3 December 2018。同サイトにおいて、プロジェクトの紹介や進捗状況、行動計画、報告書などの情報が公表されている。また、OECD租税委員会の議長であった浅川雅嗣財務官による浅川 (2016: 26-30) ほか、第5章も参照のこと。

きとの観点から、国際課税原則を再構築する。すなわち、企業が調達・生産・販売・管理等の拠点をグローバルに展開し、グループ間取引を通じた租税回避のリスクが高まる中、経済活動の実態に即した課税を重視するルールを策定する。

第二に、各国政府や多国籍企業の活動に関する透明性の向上を図る。たとえば、多国籍企業の活動・納税実態の把握のための各国間の情報共有等の協調的枠組みを構築する。

第三に、企業の不確実性の排除と予見可能性の確保である。また、租税に係る紛争について、より効果的な紛争解決手続を構築するとともに、今回のBEPSプロジェクトの迅速な実施を確保する。

従来からOECD租税委員会は、モデル租税条約の公表や「有害な租税競争」の防止など、国際課税のルールの調整や公正化に向けた取組みを行ってきた[17]。しかし、これまでは、伝統的な国際課税のルールや各国の国内法を所与のものとしてきたのに対し、今回のBEPSプロジェクトは既存の国際課税のルールを抜本的に見直し、新たなルールに合わせて各国の国内法の改正を勧告するものである。また、OECDは加盟国である先進国間での議論を優先してきたが、BEPSプロジェクトにおいては、あくまで多国間の枠組みを重視してOECD加盟国のみならず、非加盟のG20メンバー8カ国もOECD加盟国と同様に議論や意思決定に参加させている。さらに、G8やG20の国際的な政治的議論の場において、プロジェクト推進に向けて政治的な支持や支援を得たこともあり、「ポストBEPS」の取組みが進展する中で、この多国間の枠組みは2018年11月現在、途上国も含む124カ国・地域までに拡大している[18]。過去にこれほど多くの国々の参加を得た国際課税のルールの見直しの取組みが行われたことはなく、その意味でもBEPSプロジェクトは画期的なものといえる。

（2）BEPS最終報告書の概要

2015年10月5日公表された「BEPS最終報告書」は、「BEPS行動計画」の15の行動計画に沿って、以下の13の報告書から構成されていた（OECD 2015）[19]。

---

17) 鶴田（2001: 85-99）ほか参照。
18) Members of the Inclusive Framework on BEPS in November. 2018. http://www.oecd.org/tax/beps/inclusive-framework-on-beps-composition.pdf, last visited on 3 December 2018.

①行動1　デジタル経済に係る税務上の課題への対応

　デジタル経済の進展による新たなビジネスモデルがグローバル経済に与える税務上の問題点については、行動3の外国子会社合算（CFC: Controlled Foreign Corporation）税制や行動8－10の移転価格税制など他の行動計画を通じて対応することとした。したがって、最終報告書にはデジタル経済固有の問題は提言されていないが、デジタル化による直接税と間接税の租税回避とその対応のためのネクサス（nexus）やデータ、所得区分、付加価値税（VAT: Value Added Tax）の徴収といった現行税制の問題点が整理されている[20]。

②行動2　ハイブリッド・ミスマッチ・アレンジメントの効果の無効化

　ハイブリット・ミスマッチ・アレンジメント（Hybrid Mismatch Arrangements）とは、金融商品や事業体に対する複数国間における税務上の取扱いの差異を利用した税負担の軽減を図る取決をいうが、その対策としての国内法の見直しの勧告とOECDモデル租税条約の改訂案が示されている。

③行動3　外国子会社合算（CFC）税制の強化

　タックス・ヘイブンの子会社等への所得移転による租税回避を効果的に防止するため、外国子会社合算（CFC）税制に必要な適用対象となる「被支配外国子会社」の定義、その適用除外と基準要件、被支配外国子会社所得の定義、所得計算、所得の帰属、二重課税の防止及び排除の六つの基本構成要素（building block）を具体的に勧告している。

④行動4　利子損金算入その他金融取引の支払いを通じた税源浸食の制限

　支払利子が損金算入されることを利用した租税回避を防止するため、国外の関連者に支払われる過大な利子の損金算入の制限の国内制度設計上のベスト・プラクティス（Best practices）を勧告している。具体的には、特定の事業体（entity）（または同じ国の中で事業を行う事業体のグループ）による純支払利子の損金算入を、利払い、税額、減価償却控除前利益（EBITDA: Earnings before in-

---

19) OECD/G20 Base Erosion and Profit Shifting Project 2015 Final Reports Executive Summaries, http://www.oecd.org/ctp/beps-reports-2015-executive-summaries.pdf, last visited on 3 December 2018.

20) デジタル化により生じる課税問題については、後述する包摂的枠組みでの議論を経て、2020年までの課税ルールの見直しの提案に向けて、議論を継続中である。2018年3月に中間報告書が公表されている（OECD 2018）。

terest, taxes, depreciation and amortization) に特定の率を乗じて算出された金額に制限する「固定比率ルール」の導入を推奨している。

⑤行動5　有害な税制への対応

　各国の国内への外資誘致を目的とする優遇税制が有害か否かの判断において適用する、「実質性」の判断基準の定義付けを行い、さらに税務当局から個別企業に対し優遇措置を付与するタックス・ルーリング（tax ruling）についての自動的情報交換を義務付けることを勧告している[21]。

⑥行動6　租税条約の濫用の防止

　租税条約の濫用による租税回避を防止するため、OECDモデル租税条約及びモデル・コメンタリー（Model Tax Convention and Commentary）の改訂案と国内法の設計について検討している。具体的には不適切な状況での租税条約の特典付与の防止や租税条約が二重非課税の利用を意図していないこと、租税条約締結前の租税政策上の考慮事項について、それぞれ勧告を行っている。

⑦行動7　恒久的施設（PE）認定の人為的回避の防止

　多国籍企業が恒久的施設（PE: Permanent Establishment）認定を回避したうえで事業活動を遂行することに利用されるコミッショネア・アレンジメント（委託販売契約による問屋取引）や類似の取決の利用によるPE回避を防止するため、OECDモデル租税条約第5条の代理人規定や特定の活動に係る例外規定の見直しなど、PEの定義の変更を勧告している。

⑧行動8-10　移転価格税制と価値創造の一致

　OECDは、行動8無形資産に係る移転価格、行動9リスクと資本に係る移転価格、行動10他の租税回避の可能性の高い取引に係る移転価格のルールの三つの行動計画を一つの報告書にまとめ、「OECD移転価格ガイドライン（Transfer Pricing Guideline）」の第6章無形資産に対する特別の配慮や第7章グループ内役務提供に対する特別の配慮、第8章費用分担契約（Cost Contribution Arrangement）などについて、ガイドラインの改訂を提言している。

21）EUにおいては、前述の「国家補助（State Aid）」に該当するタックス・ルーリングをウェブサイトにおいて公表している。EU COMPETITION State Aid Tax rulings　http://ec.europa.eu/competition/state_aid/tax_rulings/index_en.html, last visited on 3 December 2018.

第9章　国際課税における多国間主義とグローバル・タックスの可能性

⑨行動11　BEPSの規模・経済的効果の分析方法の策定

　他の行動計画のように特定の租税回避の防止措置を内容とするのではなく、BEPSの行動評価について、BEPSの規模や範囲の測定、BEPS評価の向上に向けた推奨事項を提供している。具体的にはBEPSの分析用データの有効性やその六つの指標、測定方法の改善のための提案などを含んでいる。

⑩行動12　義務的開示制度

　多国籍企業の巧妙な租税回避スキームに対して、当該スキームの利用者である納税者とそのプロモーターに情報開示を義務付ける。行動12では義務的開示制度の報告義務者や開示対象取引、開示すべき情報、報告のタイミングなどについて具体的な選択肢を提示している。また、義務的開示制度の設計上の注意点や収集された情報の自発的情報交換の活用などにもふれている。ただし、義務的開示制度の導入については、各国の選択に委ねてミニマム・スタンダード（Minimum standards）には当たらないものとしている。

⑪行動13　多国籍企業の企業情報の文書化

　多国籍企業の移転価格に関する情報を税務当局が把握するため、各企業の国毎の所得、経済活動、納税額の配分に関する情報を、共通様式に従って報告させることを目的とする。各国が共通した移転価格文書のアプローチを適用することが必要であるとし、新たな移転価格税制の文書化ルールとして、「ローカルファイル（独立企業間価格算定のための具体的情報）」、「マスターファイル（組織・財務・事業概要など多国籍企業グループ全体の定性的情報）」、「国別報告書（各国別の所得・納税額の配分など多国籍企業グループ全体の定量的情報）」から成る三層構造の文書化の導入を提言している。

⑫行動14　相互協議の効果的実施

　BEPS防止措置によって、逆に予期せぬ二重課税の発生などが生じるおそれがあり、そのような不確実性を排除し予見可能性を確保するため、租税条約関連の紛争を解決するための相互協議手続（MAP: Mutual Agreement Procedure）の実効性と効率性を高めることを勧告している。また、相互協議の障害を除去し迅速かつ効果的な紛争解決を図ることを目的として、そのミニマム・スタンダード（Minimum standards）を明示し、さらにベスト・プラクティス（Best practices）を設けることを勧告している。

⑬行動15　多国間協定の策定

BEPS 行動計画を通じて策定される各種勧告の実施のためには、各国の二国間租税条約の改正が必要なものがあるが、世界で約3000以上ともいわれる各国間の二国間租税条約の改訂には膨大な時間を要することから、BEPS 対抗措置を効率的に実現するための多国間協定の策定を提言している。

　このような BEPS 最終報告書に含まれる勧告は、公正な競争条件の確立という理念の下、BEPS プロジェクト参加国の合意事項をまとめたものである。ただし、それぞれの勧告には法的拘束力はなく、勧告内容は各国の国内法の改正や租税条約の改訂、移転価格ガイドラインの見直し等を通じて実施されることになる。また、BEPS 最終報告書は、すべての勧告を同じレベルで行うことを求めているのではなく、ミニマム・スタンダード（Minimum standards）や共通アプローチ（Common approaches）、既存基準の改定、ベスト・プラクティス（Best practices）として参加各国の合意の程度によって、実施の内容や拘束力の度合いも異なっている（吉村 2016: 8-9; OECD 2015）。

（3）BEPS の実施及び「ポスト BEPS」の取組み

　OECD は、2015年10月の BEPS 最終報告書の公表後も、参加各国による勧告の実施のための指針の公表や勧告内容の具体的ルール化、税務当局間の情報交換に使用される XML スキーマー（Schema）[22]の提供などの取組みを着実に進めている（本庄 2018: 108-109）。また、OECD 租税委員会は「ポスト BEPS」の取組みとして G20 の要請を受けて、「包摂的枠組み（Inclusive Framework）」を立ち上げ、OECD 加盟国や G20以外の国々についても対等な立場により BEPS プロジェクトへ参加することを呼びかけた[23]。

　BEPS 包摂的枠組みは、2016年2月26日、27日に上海で行われた G20財務大臣会合で承認され、同年6月30日、7月1日に京都において第1回会議が82カ国の国・地域の代表（途上国のオブザーバー参加21カ国・地域）の参加のもと開催さ

---

[22] XML データの階層構造や出現する要素とそのデータ型などを定義する XML 形式のファイルのことをいう。XML は文書の論理構造やデータ要素の意味を、利用者の目的に応じて自由に定義することができるコンピュータ言語であり、汎用性と拡張性に富んでいる。

[23] BACKGROUND BRIEF Inclusive Framework on BEPS のウェブサイト　http://www.oecd.org/tax/beps/background-brief-inclusive-framework-for-beps-implementation.pdf, last visited on 3 December 2018.

れた。2017年1月26日、27日には、パリで第2回会議が94カ国・地域の参加により開かれた。そして、BEPS の参加各国による合意事項の実施状況のモニタリングについても、この BEPS 包摂的枠組みの下、各作業部会において、さらなる基準や指針の提案やデジタル化への対応、途上国支援など BEPS の残された課題とともに議論されている（OECD 2017）。

一方、EU は BEPS 最終報告書を受けて、前述のように2016年1月租税回避防止指令（Anti-Tax Avoidance Directive）と条約の濫用や PE に関する租税条約の問題の提案、移転価格税制の「国別報告書」の作成や一般的開示などに向けた現行指令の改正案、効果的な課税のための域外戦略の四項目からなる「租税回避対策パッケージ（Anti-Tax Avoidance Package）」を提案した。そして、租税回避防止指令は、同年7月12日の EU 理事会において承認され、EU 加盟国では2018年12月までに GAAR の導入を含む指令に対応した国内法の整備が求められている[24]。

なお、日本においても BEPS の勧告内容の実施に向けた適切な対応を図るため、平成27年度税制改正では外国子会社配当益金不算入の見直しや国外転出時課税制度（出国税）の導入、平成28年度税制改正では移転価格税制の新たな文書化制度の導入、平成29年度税制改正では外国子会社合算税制の見直し、平成30年度税制改正では PE 認定の人為的回避防止措置が導入されるなど、着実に国内法の整備が進んでいる[25]。

3 多国間税務行政協力の進展

(1) 多国間税務行政協力の意義

多国籍企業による租税回避の巧妙化や深刻化に対して、OECD の BEPS プロジェクトを中心に、多国間の枠組みによる国際課税のルールの見直しが進む一方、執行面での税務当局間の国際的な連携や協力も近年急速に進展している。た

---

24) EU Anti-Tax Avoidance Package のウェブサイト　https://ec.europa.eu/taxation_customs/business/company-tax/anti-tax-avoidance-package_en, last visited on 3 December 2018.

25) 税制改正の概要　https://www.mof.go.jp/tax_policy/tax_reform/index.html, last visited on 3 December 2018.

とえば、OECDの「税の透明性及び税務目的の情報交換に関するグローバル・フォーラム（Global Forum on Transparency and Exchange of Information for Tax Purposes）」では、2000年代から各国の税務当局の税の透明性の向上や情報交換の推進に取り組んできた[26]。また、アジア税務長官会合（SGATAR: Study Group on Asian Tax Administration and Research）のような、税務行政の国際的な地域協力も進みつつある。そこで、次に最近の多国間の税務行政協力の取組みを紹介したい。

（2）税務行政執行共助条約

まず、税務行政執行共助条約は、正式名称「租税に関する相互行政支援に関する条約（Convention on Mutual Administrative Assistance in Tax Matters）」といい、もともとスカンジナビア4カ国とアイスランドの税務行政協力のための多国間条約であった。ところが、1977年にOECD租税委員会は、経済のグローバル化の進展に伴い、多国間の税務行政協力のネットワークの必要性からモデル条約ではなく、加盟国間の条約として条約案を起草し、1988年に欧州評議会及びOECD加盟国の署名のため公表された。その後2010年に改正議定書により欧州評議会及びOECD加盟国以外の国々も署名締結することが可能となった。日本も国境を越えた取引や国際的租税回避に対応するため、同年11月4日のフランスのカンヌで開催されたG20サミットにおいて署名締結し、2013年10月1日から発効している。

税務行政執行共助条約は、①締約国間において租税に関する情報を相互に交換する「情報交換」や、②租税の滞納者の資産が他の締約国にある場合他の締約国にその租税の徴収を依頼する「徴収共助」、③租税に関する文書の名宛人が他の締約国にいる場合他の締約国にその文書の送達を依頼することができる「送達共助」ほか、税務当局間の税務行政協力を相互に行うための多国間条約である。

2018年10月現在、締約国126カ国・地域、発効済み108カ国・地域に広がっている[27]。主な締約国はアメリカ、イギリス、フランス、ドイツ、フランス、カナ

---

26) Global Forum on Transparency and Exchange of Information for Tax Purposes のウェブサイト　http://www.oecd.org/tax/transparency/, last visited on 3 December 2018。なお、現在154カ国が参加している。

ダ、オーストラリア、韓国、中国などである。また、条約の適用される税目は、所得税、法人税、相続税・贈与税、付加価値税、酒税、たばこ税などに及ぶが、徴収共助は所得税、法人税、相続税・贈与税、付加価値税などに限定されている。

　このような税務当局間の税務行政協力は、従来、二国間の租税条約に基づき行われていたが、税務行政執行共助条約が多国間条約として国際的な共通ルールを提示し、締約国のネットワークが拡大していることは大変重要である。

(3) 自動的情報交換制度

　2010年3月アメリカにおいて「外国口座税務コンプライアンス法（FATCA: Foreign Account Tax Compliance Act）」が成立し、2013年1月から施行された。このFATCAは、アメリカ市民による外国金融機関の口座を利用した脱税を防止するため、外国金融機関に対しアメリカ市民の保有口座情報を内国歳入庁（IRS: Internal Revenue Service）に提供するように求めたものである。具体的には外国金融機関は口座保有者の氏名、住所、社会保障番号、口座番号、口座残高に係る情報を報告しなければならないことになった[28]。

　OECD租税委員会は、このようなアメリカのFATCA導入を契機に、税務当局間で非居住者の金融口座情報を自動的に交換するための国際基準の策定作業を進め、2014年2月「共通報告基準（CRS: Common Reporting Standard）」を公表した。このCRSは、2014年9月のG20財務大臣・中央銀行総裁会議及び同年11月のG20サミットにより承認され、必要な法改正と手続の整備を条件として、2017年あるいは2018年末までにこの基準に基づいた自動的情報交換を開始することが合意された。2018年11月現在、日本を含む108カ国・地域が、2020年末までに金融口座情報の自動的情報交換を開始する予定である[29]。

　OECDの自動的情報交換制度（AEOI: Automatic Exchange of Information）は、CRSに基づき、税務当局が自国に所在する金融機関から非居住者（個人・

---

27) OECDの税務行政執行共助条約（Convention on Mutual Administrative Assistance in Tax Matters）のウェブサイト　http://www.oecd.org/ctp/exchange-of-tax-information/convention-on-mutual-administrative-assistance-in-tax-matters.htm, last visited on 3 December 2018.

28) IRS Foreign Account Tax Compliance Actのウェブサイト　https://www.irs.gov/businesses/corporations/foreign-account-tax-compliance-act-fatca, last visited on 3 December 2018.

法人等)に係る金融口座情報の報告を受け、これを租税条約等の情報交換規定に基づき、各国税務当局と自動的に交換する制度である。日本でも平成27年度税制改正により2017年1月1日より適用され、同日以後新たに金融機関に口座開設等を行う者は、金融機関へ居住地国名等を記載した届出書の提出が必要となった。また、国内の金融機関は、2018年以降、毎年4月30日までに特定の非居住者の金融口座情報を所轄税務署長に報告することが義務づけられた[30]。

　従来、租税条約に基づき外国の税務当局に情報交換を要請する場合、金融口座情報を入手するには、金融機関の支店名や口座名義などの特定が必要であった。ところが、自動情報交換制度によれば、金融口座の特定をすることなく、自動的かつ網羅的に口座情報を入手できる。また、このような各国の税務当局間の情報共有は、税務行政の国際化や国際的な資金の流れの把握につながり、タックス・ヘイブンへの利益移転の追跡や多国籍企業による巧妙な租税回避の解明の可能性もある。ただし、自動情報交換制度には、共有される情報の管理や利用のルールや納税者のプライバシー保護の問題があることに留意する必要がある。

(4) BEPS防止措置実施条約

　2017年6月7日、パリのOECD本部において、BEPS防止措置実施条約、正式名称「税源浸食及び利益移転を防止するための租税条約関連措置を実施するための多国間条約(MLI: Multilateral Convention to Implement Tax Treaty Related Measures to Prevent BEPS)」が、日本を含む67カ国・地域の出席により署名された。

　BEPS防止措置実施条約は、BEPSプロジェクトにおいて策定された税源浸食や利益移転を防止するための措置のうち、租税条約関連部分を多数の既存の租税条約に同時かつ効率的に導入するための多国間租税条約であり、BEPS最終報告

---

[29] OECD Automatic Exchange of Information のウェブサイト　http://www.oecd.org/tax/transparency/automaticexchangeofinformation.htm, last visited on 3 December 2018. 108カ国・地域のうち49カ国・地域が2017年、日本を含む52カ国が2018年までに導入、7カ国・地域が2020年末までに導入予定である。

[30] 「平成27年度税制改正の解説」国際課税関係の改正624-671頁。 https://www.mof.go.jp/tax_policy/tax_reform/outline/fy2015/explanation/index.html, last visited on 3 December 2018.

書の行動15多国間協定の策定の勧告に基づいている。

　BEPS 防止措置実施条約によって既存の租税条約に導入される BEPS 関連措置は、「租税条約の濫用等を通じた租税回避行為の防止に関する措置」、「二重課税の排除等納税者にとっての不確実性排除に関連する措置」となっている。具体的には、BEPS プロジェクトの行動 2 ハイブリッド・ミスマッチ・アレンジメントの効果の無効化や行動 6 租税条約の濫用防止、行動 7 PE 認定の人為的回避の防止、行動14相互協議の効果的実施の四つの行動に関する最終報告書が勧告する租税条約関連の措置が含まれる（Lang et al. 2018: 89-109）。

　BEPS 防止措置実施条約の目的は、文字通り BEPS 防止措置の実施のため条約の規定を締約国の既存の租税条約に導入することにある。しかし、締約国の既存の租税条約の規定を変更するものではなく、既存の条約とは別の条約として併存し、本条約が既存の条約に適用される場合には本条約の規定が既存の条約の同様な規定にかえて適用され、それがない場合は本条約の規定が既存の条約に加えて適用される。また、本条約を締結しても締約国の既存の条約のすべてについて適用されるのではなく、いずれの規定を適用するのかについて、所定の要件のもと選択することができる。さらに、BEPS 防止措置実施条約の締約国は、自国の本条約の適用対象となる租税条約の一覧や本条約の規定のうち適用するものの一覧を、署名時または批准承認時に寄託者である OECD 事務総長に通告しなければならない（Lang et al. 2018: 111-137）。

　BEPS 防止措置実施条約の構成は、前文と本文39カ条及び末文から成る。本文は、第 1 部本条約の適用範囲及び用語の解釈（ 1 ～ 2 条）、第 2 部ハイブリッド・ミスマッチ・アレンジメント（ 3 ～ 5 条）、第 3 部租税条約の濫用防止（ 6 ～11条）、第 4 部 PE 認定の人為的回避防止（12～15条）、第 5 部紛争解決の改善（16～17条）、第 6 部仲裁（18～26条）、第 7 部最終規定（27～39条）の 7 部構成である。2018年 9 月現在、82カ国・地域が BEPS 防止措置実施条約に署名しており、日本を含む15カ国・地域が批准書等を寄託している[31]。

　OECD では1977年のモデル租税条約改訂時に多国間協定の可能性が検討され

---

31) Multilateral Convention to Implement Tax Treaty Related Measures to Prevent BEPS http://www.oecd.org/tax/treaties/multilateral-convention-to-implement-tax-treaty-related-measures-to-prevent-beps.htm, last visited on 3 December 2018.

たものの、現行の OECD モデル租税条約は、多国間での合意や調整の困難性を理由に多国間主義をとらず、それ以来二国間主義を堅持してきた。ところが今回は二国間条約との併存と選択適用という形ではあるが、モデル条約を提示してあとは締約国間の合意形成に委ねるのではなく、OECD が主導して多国間の包括的な枠組みの中で本条約が成立したことは、後述するグローバル・タックスの導入の可能性との関係で大きな意味があるといえよう。

　しかし、世界で3,000以上といわれ、日本でも70を超える二国間の租税条約を個別に改訂する手間や煩雑さに比べれば負担は小さいものの、既存の二国間条約と併存したうえで締約国に条約の規定の適用の選択について広い裁量を認めたことから、条約の適用関係がきわめて複雑でわかりにくいものとなってしまった。さらに、本条約を機能させるには、締約国が二国間の租税条約を締結していることや、既存の条約の規定を修正するという意思の一致があることなどの前提を満たさなければならず、完全な意味での多国間の租税条約とは言い難いという問題点もある（上谷田 2018: 15）。

4　多国間主義の意義とグローバル・タックスの可能性

(1) 国家主権と課税管轄権

　冒頭でも述べたように、グローバル・タックスの導入に当たっての一番大きな課題は、国家主権の壁である（本庄 2018: 109-113）。国家には、その活動に必要な資金を国民から徴収する課税権がある。これは国家主権に属し、課税管轄権の制約の範囲内で行使しなければならない。国家の枠組みを越えるグローバル・タックスの導入を考える場合、まず課税管轄権が国家の領域を越えてどこまで及ぶかが問題となる。国際法は、国外における公権力の行使を原則禁止しているが、国内法の効果を国外の事実に結びつけることまでを禁止しているわけではない。

　課税管轄権は、一般的には立法管轄権と執行管轄権、司法管轄権の三つに分類される。これは国家における立法・行政（執行）・司法の三権それぞれの及ぶ範囲を意味している。まず、立法管轄権についてみると、国家が課税権を行使できるのは、国籍や居住地あるいは取引行為や資産の保有などとの結びつきが存在することが要件となる。逆にいえば、そうした一定の結びつきがあれば、その国家の領域を越えて課税を行うルールとして法律を定めることは可能である。それに

対し、執行管轄権については、国家は他国の領域内での公権力の行使、たとえば、犯罪の捜査や犯罪者の逮捕、財産の差し押さえ等を行うことは許されない。この点は課税権の行使においても同様なことが言え、他国内での税務調査や強制力を伴う租税の賦課徴収を行うことはできない。それが認められるのは、国家間で前述の税務行政執行共助条約や二国間の租税条約上条項を置いている場合や特別な許可が与えられている場合に限られる（中里 2009: 6-9）。

　グローバル・タックスの導入に当たっては、立法管轄権に基づいて、一定の結びつきを根拠に国家を越えた課税のルールを定めることはできるが、それを実際に執行する権限には限界があるという点をよく理解しておく必要がある。ただし、この限界を背景として、最近の多国間の税務行政協力の進展があることも重要である。

(2) 国際課税における多国間主義の意義

　これまで述べてきたように、近年、スターバックスやアップル、グーグルなどの多国籍企業によるアグレッシブ・タックス・プランニング（ATP）に起因する税源の浸食や利益移転の深刻化を背景に、OECDやG20、EUなどの国際機関が多国間の枠組みでの国際課税ルールの見直しや税務行政協力に積極的に取組んでいる。もちろん、現状の国際課税のルールとして、国家を超越した課税権を有する国際機関は存在しないが、これまで国家間の課税権の調整を第一と考えてきたこれらの機関が、国際的な合意を前提としつつも、モデルやガイドラインではない具体的なルールづくりや多国間の税務行政協力に取組んだことは注目に値する。

　従来から国際課税への対応には、各国の国内法の改正のような単独な（unilateral）ものと、租税条約や情報交換のような二国間（bilateral）のもの、そしてOECDのモデル租税条約や移転価格ガイドライン、税務行政執行共助条約のような多国間（multilateral）によるものの三つのアプローチ方法がある。そのうち直接的な拘束力や執行力があるのは、前者の二つであり、多国間のアプローチはあくまで国際的なモデルや基準、ガイドラインを提示するに過ぎなかった（荒木 2017: 24-28）。

　ところが、BEPSプロジェクトや最近の多国間の税務行政協力、EUの租税回避対策パッケージなどは、制限付きとはいえ参加各国に対し課税管轄権を越えて

一定の拘束力を有している。その意味では、参加各国が共通の行動規範に基づき協力関係を構築する「多国間主義（multilateralism）」の進展と評価できる[32]。

このような国際課税における多国間主義と課税主権の問題をとりあげた最新の研究として、イスラエルのバル・イラン大学のティシリー・ダガン（Tsilly Dagan）の「国際租税市場（International Tax Market）」における競争と協調の視点からの、国際的な租税政策の現状や今後のあり方を分析検討した研究がある（Dagan 2018）。

ダガンは、グローバル経済における租税政策のジレンマについて、租税競争により主権国家が国際租税市場の主体としての不安定な立場に置かれることによって、課税主権が重大な脅威にさらされている現状を明らかにしている（Dagan 2018: 12-42；Weber 2017: 37-38）。そのうえで、主権国家が課税主権の回復のために、BEPSプロジェクトのような多国間協力に取り組むが、租税競争の現実において課税主権は現実的には「神話（myth）」に過ぎないとする。そのような状況下では、主権国家の役割は、国際的な二重課税や脱税・租税回避、租税裁定（tax arbitrage）のような不公平かつ不公正な問題を排除することにより、国際租税市場を改善することにあるとしている。ただし、そのためには国家が主権の一部を放棄して、いずれかの多国間制度の下に入ることが必要であることを指摘している。そして、その場合の二つのアプローチとして、福祉国家を維持するに十分な租税を徴収するために競争を縮減させるべく、多国間の制度に協力する「集権化アプローチ（centralized approach）」と反対に租税競争を保証してその利益を国際社会において最大化させる「分権化アプローチ（decentralized approach）」を提示している。そして、この二つのアプローチのいずれもが、実質的には多国間主義を必要とし、必要な範囲での租税競争への多国間介入の選択を迫られることになるとする。そのうえで、ダガンは「分権化アプローチ」がより現実的であると主張している（Dagan 2018: 185-212; Weber 2017: 40-41; 谷口 2018: 15）。

また、ダガンは国家が正義と正統性を維持するためには課税主権のかなりの部

---

[32] ジョン・ラギー（John Ruggie）は、国際関係における「多国間主義（multilateralism）」について「３カ国以上の国家間において一般化された行動規範に基づいて協力する関係を構築する制度的な形態」と定義づけている（Ruggie 1993: 8).

分を多国間制度に委譲すべきとし、多国間協力の必要性を繰り返し強調している。さらに、多国間協力による国際租税制度は、それ自体を正統なものにするために富裕国から貧困国への支出移転を必要とし、協力国のすべての構成員に対して公正な取扱いを保証すべきものでなければならないとする（Dagan 2018: 120-141; Weber: 42-44; 谷口2018: 16）。

しかし、それは非現実的であり、市場の失敗の縮減措置を条件に分権化されたより競争的な国際租税制度を推奨し、効率的な租税競争への各国の参加によって、国際租税市場の効率性を向上させるべきことを主張している。その効率性向上の方策としてダガンは、国際課税の基本的構成要素の統制及びその執行の簡易化によって国際租税制度を合理化すべく、租税競争を規制する「調和（harmonization）」ではなく、「標準化（standardization）」を進めるべきとしている。すなわち、ダガンは国際租税市場が分権化された構造をもつ不完全競争市場であることを認めたうえで、協調的な国際的努力によりその競争をより効率的かつ公正なものにする必要があることを説いている。それをふまえて、国際課税の歴史からの教訓として、多国間協力が一種のカルテル的行動に終わった過去を指摘し、標準化された国際租税制度における多国間協定は、租税競争に反対する国々のカルテル的行動の危険を回避するため、国家間の競争を監視する「多国間反トラスト機関（Antitrust Agency）」の創設のような大胆な措置を伴う必要があると結論づけている（Dagan 2018: 229-245; Weber 2017: 45-46; 谷口 2018: 16）。

このようにダガンが、国家の課税主権の一部放棄や委譲と国際租税制度における多国間主義の必要性に繰り返しふれつつも、租税競争を「調和」させるのではなく「標準化」により国際租税制度の合理化や国際租税市場の効率性の向上を図るという主張をしたことは、一見矛盾するようにも思えるが、国際課税の過去の歴史や現状をふまえたより現実的な見解と評価できる。そして、国際課税における多国間主義が国家の課税主権の制限となる点については、次に述べるグローバル・タックスの導入の可能性の議論との関係で大変興味深い。

（3）租税条約による国際的合意の形成

グローバル・タックスの導入の可能性を論じるに当たって、もっとも重要なのが課税ルールについての国際的な合意をどのように形成していくかである。その一つのアイデアとして、BEPSプロジェクトのように国際的なルールを多国間条

約という形で定め、それに賛成する各国が条約を批准承認する形で国際的な合意を広げていくという方法が考えられる。

たとえば、ヘイッキ・パトマキ（Heikki Patomäki）は、2002年1月の世界社会フォーラムにおいて、リーベン・デニス（Lieven Deny）と連名で5編29カ条からなる「グローバル通貨取引税条約草案（Draft Treaty on Global Currency Transaction Tax）」を公表した。この条約草案は、通貨取引に対して税率は通常取引0.025％（ないし0.1％）変動幅を超えた投機的取引には80％とし、徴収は各国の徴収機関が中央銀行と協力しながら行い、国連のような理事会と事務局、総会から成る「通貨取引税機関（CTO: Currency Transaction Organization）」を創設して税収の管理を行うことを提言していた。また、条約草案を30カ国が批准し、かつ条約批准国が世界通貨市場の20％以上を占めることが確認された時点で発効するという条項を規定していた（Patomäki and Denys 2002）。パトマキとデニスのこの条約草案は、通貨取引税の導入の国際的な共通ルールを定め、条約の批准承認という形式で合意形成を図り、さらにそれを条約発効の要件としている点でグローバル・タックスのルールづくりの先駆的な構想といえる。

また、デニスは、2011年にもブリュノ・ジュタン（Bruno Jetin）やロドニー・シュミット（Rodney Schmidt）らと5編28条の「多国間金融取引税条約（M-FTT：International Treaty on a Multilateral and Multi-jurisdictional Tax on Financial Transaction）」の構想を公表し、金融取引税においても条約による国際的なルールの合意形成とその導入に向けた枠組みを提案し、EUの指令による金融取引税の導入の動きにも影響を与えている（Denis 2011）。

このような条約による国際的合意形成の構想に対しては、租税条約が本来二国間条約を基本とし、その拘束力は締約国間のみに限られるべきという批判がある。しかし、前述のBEPSプロジェクトのように、多国間の枠組みにおいて国際的に合意形成したルールを多国間条約として批准承認を求める税務行政執行共助条約やBEPS防止措置実施条約のような例もある。その意味でグローバル・タックスの導入に当たり、多国間の租税条約により国際的な合意を形成していくという方法は、その可能性を考える上で、有力な選択肢の一つになるものと思われる。

（4）国内立法による導入

　グローバル・タックスの導入に向けて、このような条約による国際的な合意形成は大変重要であるが、条約はあくまで国際的なルールに過ぎず、そのままでは国内における効力も認められない。そこで、各国が実際に課税を行うためには、国内において具体的な立法を行う必要がある。なぜなら、第4章でもふれられているように、租税法律主義の原則のもと、国家が新たに租税を課し、または従来からの租税負担を変更するには、法律に基づかなければならないからである。この原則は、もともと1215年に定められたマグナカルタ（大憲章）まで遡る「代表なければ課税なし」の考え方に由来している。すなわち、国民代表である議会の制定する法律に根拠がなければ、国家は国民に対し課税ができないという原則である。したがって、租税条約を直接の課税上の法的根拠とすることはできず、グローバル・タックスは、最終的に各国の議会における立法によって導入しなければならないことになる。

　このような各国議会の立法による動きの例として、たとえば、2001年12月にフランスでは、一般租税法典（Code Général des Impôts）を修正して、通貨取引税を導入する2002年予算法が成立した。この法律には、通貨取引税として外国為替取引に対して0.1％（上限）の税率により課税を行うことが定められていた。しかし、EU全加盟国の通貨取引税に関する国内法の整備が条件となっていたため、結局実際の導入には至らなかった。同様に、2004年11月にベルギーでは、全13条からなる法律として「トービン・シュパーン法」が制定された。この法律は、外国為替取引に対し通常の取引には0.02％、定められた変動幅を超える取引には最大80％の税率で課税し、税収の一部はEUが管理する基金に払い込まれ開発協力などに活用するとされていた。その意味では、グローバル・タックスの一類型ともいえるものであったが、EU通貨同盟の全加盟国が同様な立法を行うまで効力を発しないとされていたため、結局、発効することはなかった（山口2013: 39、その政治的な背景については、第8章を参照のこと）。

　しかし、近年のEUにおける金融取引税の導入の動きに先駆けて、2012年フランスでは第1次補正予算法によって、通貨取引税を規定する一般租税法典が改定されて、2012年8月から時価総額10億ユーロ上場株式等（国外取引も含む）を課税対象とする金融取引税が導入された。また、同様に、イタリアでも2013年3月からイタリア企業の株式取得、同年7月からはそれに係るエクイティ・デリバテ

ィブを課税対象とする金融取引税が課税されている（小立・井上 2013: 190-192）。このフランスとイタリアの金融取引税は、EU で導入が計画されている金融取引税とは、課税の対象や方法などは異なるが、その趣旨や目的をふまえて、先行して国内法により導入したものであり、グローバル・タックスを国内立法により導入した先例といえる。さらに、BEPS プロジェクトによる国際的な合意事項を、各国が積極的に国内立法により実現している現状をみれば、合意された多国間の租税条約の内容に基づき、国内立法によりグローバル・タックスを導入することも十分可能といえよう。

（5）国際課税のガヴァナンス機関の創設

　グローバル・タックスの導入に当たって、次に大きな課題となるのがガヴァナンスの主体である。グローバル・タックスのガヴァナンスについては、従来から「ハード・ガヴァナンス」[33]の主体として、前述のパトマキのグローバル通貨取引税の「通貨取引税機関（CTO）」や、元 IMF の財務局長のヴィト・タンジ（Vito Tanzi）の「世界租税機関（WTO: World Tax Organization）」、「開発資金に関するハイレベル・パネル（High-Level Panel on Financing for Development）」の「国際租税機関（International Tax Organization）」などが提唱されてきた（上村 2009：315-337）。

　近時の議論でも、前述のようにダガンは、国際課税における多国間協力に関連して、国際租税市場における国家間の租税競争を監督する「多国間反トラスト機関」の創設を提案している。同機関の機能として、国内の反トラスト機関のノウハウや経験を活かして、公共財やサービスばかりでなく自主的な税率の設定に影響を与えるような協調を禁じ、市場支配や納税者が課税管轄間で住所や経済活動を移動する能力の障壁の濫用を防止することを期待している（Dagan 2018: 242-243）。

　また、タンジはこれまで述べてきたような近年の多国籍企業による国際的租税回避の問題や国際課税における OECD や EU の最近の動向をふまえ、改めて「世界租税機関（World Tax Authority）」の主な目的とその役割について論じて

---

33) グローバルなレベルにおいて、一定の法的拘束力や権力をもった組織やレジームによる統制をいう（上村 2009: 215）。

いる (Tanzi 2016: 251-264)。まず、その目的は不公正な租税競争や「世界的課税基盤（world tax base）」からの不正な搾取を減らし、国際的脱税や租税回避の問題の拡大を抑制することにあるとする。そのうえで、「世界租税機関」の九つの具体的な役割を示している。すなわち、①国際課税における主な傾向や問題を定期的に明らかにすること、②できるだけ多くの国々に対し入手可能な租税に関する情報や統計を収集作成すること、③「世界租税開発報告書（World Tax Development Report）」を定期的に公表し、国際課税において生じる傾向や問題に対するベスト・プラクティスを明らかにし対応策を提示すること、④各国の租税政策から生じる国境を越えた「負の外部性（negative externalities）」[34]の創出を最小限にするための基本原則や行動基準の開発、⑤異なる国々を代表する政策立案者や専門家が中立的な立場から一堂に会し課税問題全般について、意見やアイデアを交換できる「国際租税フォーラム（International Tax Forum）」の創設、⑥特定の租税政策がある国家や国家のグループに重大な負の影響を及ぼす場合の非公式な仲裁（arbitration）や議論のための国際フォーラムの設置、⑦国家間の納税者情報の交換のための限界を明らかにし具体的なルールを推進すること、⑧グローバルな課税問題を扱う専門家により示された様々な対応策を研究すること、⑨各国の租税政策上の動向を常時監視するシステムの新設の九つである（Tanzi 2016: 259-263）。

　タンジのあげたこれらの「世界租税機関」の役割は、従来から主張されてきたものも含まれるが、その内容をよくみれば、近年のOECDのBEPSプロジェクトや「ポストBEPS」の包摂的な枠組みによる国際的課税ルールの見直しや税務行政協力など多国間の取組みの果たしている役割と共通するものを多く含んでいる。また、このような国際課税における多国間主義が、将来的には国際機関に発展する可能性を指摘する見解もある（Matthew 2014）。ただし、あくまで現状は既存の国際課税のルールの見直しや各国の税務当局間の行政協力にとどまるものであり、グローバル・タックスのような国家を越えた新たな課税のガヴァナンス機関を構想するものではないことに留意する必要がある。

34）経済主体の意思決定が、他の経済主体の意思決定に負の影響を及ぼすことをいう。

おわりに

　本章では、まず国際課税をめぐる最近の状況として、近年の多国籍企業による租税回避の巧妙化や深刻化と、それに対する各国の一般的租税回避否認規定（GAAR）や義務的開示制度の導入など、国内法による個別的な対応にふれた。しかし、それらには自ら限界があり、多国籍企業の租税回避に対する先進各国の危機感が OECD の BEPS プロジェクトや EU による多国間の国際的租税回避防止の取組みにつながっていったことを述べた。

　次に、BEPS プロジェクトについて、その目的や意義、創設の経緯、「BEPS 最終報告書」の概要、BEPS の実施及び「ポスト BEPS」の取組みについて紹介した。そのうえで、BEPS プロジェクトが、既存の国際課税のルールを抜本的に見直し、新たなルールに合わせて各国の国内法の改正を勧告するものであったことや、OECD の枠組みを越えたこれまでにない規模での国際的な議論の場であったことを指摘した。また、執行面での税務当局間の多国間の協力の進展についても、税務行政執行共助条約や自動的情報交換制度（AEOI）、BEPS 防止措置実施条約といった最近の多国間の税務行政協力の取組みを紹介した。

　それらをふまえ、国際課税における多国間主義の意義とグローバル・タックスの導入の可能性について、国家主権と課税管轄権の問題や国際課税における多国間主義について、ダガンの課税主権と多国間主義に関する最新の研究の紹介なども交えながら論じた。そのうえで、国際課税における多国間主義が国家の課税主権の制限となりうることに言及した。

　そのような国際課税における最近の多国間主義の進展をふまえ、グローバル・タックスの可能性を考えれば、多国間の租税条約により国際的な合意を形成しつつ、各国が国内立法を行うという方法は、その導入に向けた有力な選択肢の一つになることを主張した。さらに、「世界租税機関（World Tax Authority）」のような、国際課税のガヴァナンス機関の創設についてふれたが、現状の構想はグローバル・タックスのガヴァナンスを目的とするものではなく、あくまで既存の国際課税の枠組みの維持とその修正にすぎないことを指摘した。

　いずれにせよ、ダガンの国際租税市場の分析のように、グローバル経済の大きな変化の中で、国家の課税主権が動揺している現状があり、今後も OECD や G20、EU 等を中心に国際課税における多国間主義が進展することが予想される。それがグローバル・タックスの導入につながるかどうかについては、現在注目を

集めているデジタル課税の問題などと併せてさらに検討すべき課題が残るが、それらは別の機会に論じたいと思う。

参考文献

浅川雅嗣（2016）「BEPS プロジェクトの軌跡と展望」『国際税務』36巻1号、26-30頁。
荒木知（2017）『国際課税の規範実現に係るグローバル枠組み』法令出版。
居波邦泰（2014）『国際的な課税権の確保と税源浸食への対応―国際的二重非課税に係る国際課税原則の再考』中央経済社。
今村隆（2016）「租税回避の意義と G8各国の対応」『フィナンシャル・レビュー』126号、17-46頁。
上村雄彦（2009）『グローバル・タックスの可能性―持続可能な福祉社会のガヴァナンスをめざして』ミネルヴァ書房。
上村雄彦編（2015）『グローバル・タックスの構想と射程』法律文化社。
上村雄彦（2016）『不平等をめぐる戦争―グローバル税制は可能か？』集英社。
岡直樹（2016）「英国のアーロンソン報告書と GAAR」『フィナンシャル・レビュー』126号、107-140頁。
小立敬・井上武（2013）「欧州の金融取引税の導入に向けた進展」『野村資本市場クォータリー』2013 Spring、140-142頁。
ガブリエル・ズックマン（2015）『失われた国家の富―タックス・ヘイブンの経済学』（林昌弘訳）NTT出版。
兼平裕子（2019）『英国司法審査と EU 法』成文堂。
上谷田卓（2018）「多国籍企業等による税源浸食と利益移転の防止―BEPS 防止措置実施条約の概要と主な論点」『立法と調査』399号、3-16頁。
財務省（2015）「BEPS プロジェクトの取組みと概要」『ファイナンス』600号、2-9頁。
志賀櫻（2013）『タックス・ヘイブン―逃げていく税金』岩波書店。
志賀櫻（2014）『タックス・イーター―消えていく税金』岩波書店。
新谷幹雄（2015）『米国の一般否認規定の法定化とその意義に関する研究』中央大学出版部。
谷口勢津夫（2018）「国際課税の最近の動向について―『グローバル超国家税法』の展望」『ジュリスト』1516号、14-19頁。
鶴田廣巳（2001）「有害な租税競争と国際租税協調」『会計検査研究』No.23、85-99頁。
トマ・ピケティ（2014）『21世紀の資本』（山形浩生・守岡桜・森本正史訳）みすず書房。
中里実（2009）「課税管轄権からの離脱をはかる行為について」『フィナンシャル・レビュー』94号、6-9頁。
中里実（2015）「BEPS プロジェクトはどこまで実現されるか」『ジュリスト』1483号、25-30頁。
中里実・太田洋・伊藤剛志（2017）『BEPS とグローバル経済活動―国際課税の最先端を探る』有斐閣。

渕圭吾・北村導人・藤谷武史編（2017）『現代租税法講座第4巻 国際課税』日本評論社。
本庄資（2015）『国際課税における重要な課税原則の再検討（上巻）』日本租税研究協会。
本庄資（2016）『国際課税における重要な課税原則の再検討（中巻）』日本租税研究協会。
本庄資（2017a）『国際課税における重要な課税原則の再検討（下巻）』日本租税研究協会。
本庄資（2017b）「ポストBEPS: 多国籍企業をめぐる新しい国際課税原則（第1回）税の競争：法人税率引下げ競争の現状と英米二大国の問題点」『租税研究』816号、142-196頁。
本庄資編（2017c）『国際課税ルールの新しい理論と実務―ポストBEPSの重要課題』中央経済社。
本庄資（2018）「国際課税 ポストBEPS: 多国籍企業をめぐる新しい国際課税原則（第2回）課税主権の尊重と国際協調による世界共通の課税ルールの確立（リンキングルールの導入）の問題」『租税研究』819号、103-147頁。
望月爾（2009）「グローバル化と税制―グローバル・タックス構想を中心に」中島茂樹・中谷義和編『グローバル化と国家の変容』155-183頁、御茶の水書房。
望月爾（2014）「国際連帯税の展開とその法的課題―EU金融取引税を中心に」『租税法研究』42号、51-73頁。
森信茂樹（2016）「BEPSと租税回避への対応――一般的否認規定（GAAR）の整備を」『フィナンシャル・レビュー』126号、5-16頁。
諸富徹（2013）『私たちはなぜ税金を納めるのか―租税の経済思想史』新潮社。
山口和之（2013）「トービン税をめぐる内外の動向」『レファレンス』745号、29-58頁。
吉村政穂（2015）「BEPSとは何か」『ジュリスト』1483号、25-30頁。
吉村政穂（2016）「BEPSによって何が変わったか」『租税研究』799号、205-218頁。
吉村政穂（2018）「経済の電子化と租税制度―ヨーロッパの焦燥」『ジュリスト』1516号、38-43頁。

Dagan, T.（2018） *International Tax Policy*, UK: Cambridge University Press.
Denis, L.（2011） "How can we implement today a Multilateral and Multi-jurisdictional Tax on Financial Transactions?" *International Expert Report*, Leading Group on Innovation financing for Development.
Gilleard, M.（2014） "World Tax Authority: Taking Harmonisation to the next Level," *International Tax Review* 25, pp.12-15.
Lang, M. et al.（2018） *The OECD Multilateral Instrument for Tax Treaties Analysis and Effect*, The Netherlands: Wolters Kluwer.
OECD（2013a） *Addressing Base Erosion and Profit Shifting*, OECD Publishing.
OECD（2013b） *Action Plan on Base Erosion and Profit Shifting*, OECD Publishing.
OECD（2014） BEPS 2014 Deliverables Explanatory Statement, OECD Publishing.
OECD（2015） *BEPS 2015 Final Reports*, OECD Publishing.
OECD（2017） *Inclusive Framework on BEPS Progress report July 2016-June 2017*, OECD Publishing.

OECD (2018) Tax Challenges Arising from Digitalisation - Interim Report 2018, OECD Publishing.
Patomäki, H. and L. Denys (2002) "Draft Treaty on Global Currency Transaction Tax," NIGD Discussion Paper, 1/2002r.
Pogge, T. and K. Mehta eds. (2016) *Global Tax Fairness*, New York: Oxford University Press.
Rocha, S. A. and C. Allison eds. (2016) *Tax Sovereignty in the BEPS Era*, The Netherlands: Wolters Kluwer.
Ruggie, J. G. (1993) Multilateralism Matters: the Theory and Praxis of an Institutional Form, New York: Columbia University Press.
Tanzi, V. (2016) "Lakes, Oceans, and Taxes: Why the World Needs a World Tax Authority," *Global Tax Fairness*, pp.251-264.
Weber, Dennis ed. (2017) *EU Law and Building of Global Supranational Tax Law: EU BEPS and State Aid*, The Netherlands: IBFD.

第10章

グローバル・タックスと世界政府論構想

上村雄彦

はじめに

　ここまで本書は、地球温暖化、格差・貧困、テロ・紛争など、大きな困難に対する処方箋としてグローバル・タックスを提示し、その定義や実践を論じつつ、哲学、経済学、法学の観点から理論的基礎づけを行ってきた。また、BEPS、多国籍企業税、感染症対策や気候変動などの事例から、その現実への応用と課題を検討してきた。さらには、金融取引税とポストBEPSについて、これらを現実化するための政治プロセスや多国間枠組も考察した。

　これらを踏まえた上で、本章で検討したいのは、グローバル・タックスが持つさらなる可能性である。それは、グローバル・タックスの第三の柱である、現在の不透明で、非民主的で、説明責任を果たしていないグローバル・ガヴァナンスの変革にかかわるものである。また、これは国際政治学からのグローバル・タックスの理論的基礎づけと置き換えることもできよう。すなわち、グローバル・タックスが持つ可能性を突き詰めていくと、実は世界政府構想にまで辿り着くのである。そして、そのような構想は現代世界が抱えるさまざまな危機を乗り越えるために必要な構想の一つと思われるのである。

　そこで、本章では、まずなぜ世界政府論のような構想が必要なのかということを検討する。次に、世界政府論とは何かということについて、先行研究を踏まえてさまざまな構想を整理する。その上で、世界政府論に対する批判を考察し、それに基づきあるべき世界政府論の方向性を吟味する。そして、ここがグローバル・タックスと一番関連する点であるが、いかにして世界政府を実現させることができるのかという課題について、グローバル・タックスの発展と絡めながら考察を行う。最後に、世界政府論の課題を浮き彫りにし、今後の研究の方向性を探求したい。

1 なぜいま世界政府論なのか

　繰り返し述べているように、世界はさまざまな地球規模課題に直面している。その解決のためには、従来のレベルとは次元の異なる「異次元の」国際協力が必要である。しかし、現実は、2017年6月のドナルド・トランプ（Donald Trump）大統領による米国のパリ協定からの離脱表明や、中国との「貿易戦争」、ロシアとの「新冷戦」など、国際協力とはまったく逆のベクトルに向かっている事例は枚挙にいとまがない。それどころか、2016年4月の「パナマ文書」に続き、2017年10月に公表された「パラダイス文書」が暴露したタックス・ヘイブンの深淵な闇などは、本書でも触れたとおり、そもそも「国際」協力レベルでは対応することが困難な構造的な問題を浮き彫りにしている（上村 2016a; 2016b; 奥山 2017）。

　「はじめに」ですでに指摘したとおり、この状況を一口に言うならば、世界政府がない中で、主権国家が国際秩序を形成、維持してきたウエストファリア体制の限界である。また、グローバル化が進む経済、金融、情報、サイバースペース、企業、人の移動などに対して、政治や制度が十分にグローバル化していないということもできよう。

　その「限界」を突破すべく、とりわけ1990年ごろから、NGO、労働組合、アカデミア、企業など、国家以外のアクターが国家と並んで国際場裏に登場し、さまざまな政策形成、意思決定、政策の実施などに参画し始めた。つまり、あくまでも主権国家が主役であるウエストファリア体制から、国家以外のさまざまなアクターも参画した共治としての「グローバル・ガヴァナンス」の登場である（上村 2009）。

　もちろん、グローバル・ガヴァナンスとはいえ、国家は主役の座から降りたわけではない。しかし、いまや国内外を問わず、政府代表以外の多様な団体がさまざまな舞台に参加して議論が行われ、時には政策が形成され、意思決定が行われる「マルチ・ステークホルダー」ダイアログが、「マルチレベル」で行われることが、当たり前になってきている[1]。

　その成果のいくつかを挙げるならば、1999年に対人地雷禁止条約を有志国とと

1）その限界や課題については、Angè et.al.（2015）を参照。

もに成立させた対人地雷禁止キャンペーン（ICBL: International Campaign to Ban Landmines）、2003年に国際刑事裁判所を創設させたICCを求めるNGO連合（CICC: Coalition for the International Criminal Court）、2008年に採択されたクラスター爆弾禁止条約に大きく貢献したクラスター爆弾連合（CMC: Cluster Munition Coalition）、もっとも最近では、核兵器禁止条約成立の立役者となり、ノーベル平和賞を受賞した核兵器廃絶国際キャンペーン（ICAN: International Campaign to Abolish Nuclear Weapons）などが挙げられる。

　これらの成果は大いに評価すべきではあるが、結果として対人地雷、クラスター爆弾、核兵器が完全になくなったわけではない。国際刑事裁判所もその実行力の弱さが指摘されている。その最大の理由は、アメリカ、ロシア、中国などの大国がこれらの条約を批准していないからであり、国際刑事裁判所にはこれらの大国が加盟していないからである。

　つまり、グローバル・ガヴァナンスの作動により、地球規模課題に対する取組みが従来と比べて大きく前進した一方、多くの場合、大国の不参加などにより、たとえ条約化されたり、組織が創設されても、必ずしも実質的な効果を伴ってこなかったのである。その意味で、グローバル・ガヴァナンスが進展したからと言って、それが地球規模問題の解決に直結するとは言えないのである。ここに、グローバル・ガヴァナンスの限界があると言わざるを得ない。

　とするならば、ウエストファリア体制とグローバル・ガヴァナンスの双方の限界を乗り越える発想が必要となろう。その一つの構想が、世界政府論ないし世界国家論である[2]。

2　世界政府論とは何か

(1) 世界政府論の歴史

　「世界政府論」などというと、あまりにもユートピア的で、学問的に議論する価値さえないと思われるかもしれない。しかし、実は第二次世界大戦前後からし

---

2) 厳密にいうならば、世界「政府」論と世界「国家」論は異なるはずであるが、先行研究を見る限り、その違いは明らかではない場合が多い。本書でも、両者は同義と仮定して論を進める。

ばらくの間、かなり積極的かつ現実的な議論が行われていた（Craig 2008; Weiss 2009: 260; Cabrera 2010; 2011; Leinen and Bummel 2018）。実際に、現実主義の泰斗であるハンス・モーゲンソー（Hans Morgenthau）でさえ、かの有名な *Politics among Nations* の中で、1章を割いて議論し、「世界国家なくして、国際平和は永続しない。しかし、世界国家は現代世界における道徳的、社会的、政治的状況では設立されえないのである」と論じている（Morgenthau 1985: 536; Tinnevelt 2012: 222）。

世界政府論の歴史は古く、14世紀のダンテ（Dante Alighieri）の *Monarchia* に始まり、国際法の父と呼ばれるフーゴー・グロティウス（Hugo Grotius）が1625年に執筆した『戦争と平和の法』、イマヌエル・カント（Immanuel Kant）の『永遠平和のために』も世界政府論に触れている（Weiss 2009: 259）。その後も、歴史家のアーノルド・トインビー（Arnold Toynbee）、哲学者のベルトランド・ラッセル（Bertrand Russel）、国連食糧農業機関の初代事務局長で、1949年にノーベル平和賞を受賞したジョン・ボイド・オール（John Boyd Orr）なども世界政府論を構想した（Weiss 2009: 261）。

世界政府の実現に向けての具体的な動きも見られた。1937年に「世界政府のためのキャンペーン（CWG: Campaign for World Government）」が創設され、1947年に立ち上がった世界連邦連合（UWF: United World Federalists）は、5万人の会員を擁し、アルバート・アインシュタイン（Albert Einstein）も支持するなど（Weiss 2009: 260）、一大潮流となった。実は、アメリカ議会も終戦直後は世界連邦創設、ないし国連を世界連邦に変革するよう大統領に求める決議を何度も可決するなど、世界政府論に積極的だったのである（Cabrera 2010: 512; 2011: 5）。

しかしながら、1950年代に入ると、冷戦とジョセフ・マッカーシー（Joseph McCarthy）のレッド・パージによって、世界政府論は影を潜めるようになった。右派からは、世界政府論者は共産主義者とみなされ、左派からは、世界政府論はディストピアにおける上からの専制と考えられたのである。ヨーロッパにおいては、世界政府論は、ヨーロッパにおける統合に限定されていった（Weiss 2009: 261）。

その後、グローバリゼーションが加速し、地球規模課題が深刻化する中で、グローバル・「ガヴァナンス」論が理論的にも、実際的にも台頭してきた。同時に、

第10章　グローバル・タックスと世界政府論構想

　停滞していた世界政府論の議論は、とりわけコンストラヴィクティズム（構成主義）の泰斗であるアレキサンダー・ウェント（Alexander Wendt）が、2003年に「なぜ世界国家は不可避なのか」を発表したことが一つの契機となり、再活性し始めた。ウェントは、国際社会をマクロレベルのアナーキーなシステムと、人々が本性として、承認されることを求めて闘争するミクロレベルから捉え、アナーキーなシステムは安定を求めてシステムの最終状態である世界国家に向かい、すべての人々が承認されるためには最終的には世界国家が必要となることから、「世界国家は不可避」と論じた（Wendt 2003）。
　別の観点からトーマス・ワイス（Thomas Weiss）は、これほどまでに深刻な問題の数々を、分散した主権国家と企業や市民社会の努力を束ねるだけで解決できるのかと疑問を呈し（Weiss 2009: 264）、「ガヴァナンス」は、あくまでも「ガヴァメント」を補完するものであって、そこに「ガヴァメント」が存在して初めて意味を成すものだと論じている（Weiss 2009: 257-258）。
　さらに、宇宙物理学の世界的権威であったスティーブン・ホーキング（Stephen Hawking）も、AI（Artificial Intelligence、人工知能）の急激な進展を踏まえ、「世界政府のようなものがなければ、技術が私たちを滅ぼすであろう」と述べている[3]。

（2）世界政府論とは何か

　それでは、世界政府とは何なのか。実は、これにはさまざまな構想があり、一括りに論じるのはむずかしい。ジェームズ・ユンカー（James Yunker）も、世界政府論には、既存の国連改革の議論から「全知全能型（中央政府型）」世界政府論まで幅があることを指摘している（Yunker 2011）。世界政府はどの程度主権を持つべきか（つまりどの程度国家主権は世界政府に移譲されるべきなのか）、世界にかかわるすべてのイシューを扱うべきなのか（Maximalism）、限定的なイシューのみを扱うべきなのか（Minimalism）、軍隊はどのように扱われるべきなのか、世界議会の議員をどのようにして選出するのかなどによっても構想が異な

---

3) *Independent*, on 8 March 2017, https://www.independent.co.uk/life-style/gadgets-and-tech/news/stephen-hawking-world-government-stop-technology-destroy-humankind-th-a7618021.html（2018年4月28日閲覧）。

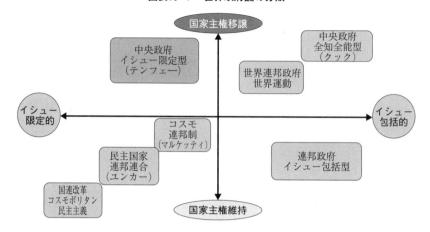

図表10-1　世界政府論の分類

ってくる。

　ここでは、ひとまず世界政府論構想の全体像を捉えるために、上述の主権の度合いを縦軸に、扱うイシューの幅を横軸に整理してみよう（図表10-1）。

　そうすると、①中央政府イシュー包括型、②中央政府イシュー限定型、③連邦政府イシュー包括型、④連邦政府イシュー限定型に大まかに分類することができる。もちろん構想によっては、初期の段階では④だが、長期的に①に移行するなど、機械的に分類しきれないことも多々あるので、そのことを前提にしつつ、本節では、まず最初の二つの中央政府型について簡潔に考察してみよう。

①中央政府イシュー包括型

　トーマス・クック（Thomas Cook）は、1950年に発表した「世界政府の理論的土台」の中で、世界政府を以下のように定義している。「世界政府とは、世界のための、世界全体の政府である。（中略）それは世界全体にわたって、つまり世界すべての領土と人々にわたって究極的な権威を持つ秩序あるいは制度である。」その上で、「（1）世界全体におよぶ管轄権において、機能的な義務に合わせた法律を作り強制する権力。（2）必要なサービスのために人員を雇用し、人々に必要な忠誠と支持をアピールし、この権力を効果的に実施するのに必要な資金を調達する権利。（3）これらの仕事を行うのに適した政府と行政組織の創

設」を、そのような政府は持つと論じている（Cook 1950: 20）。

これは、世界が一つの国家であり、国家である以上一つの中央政府が存在することを念頭において、考えられた構想だと思われる。

次に、1947年に世界連邦政府世界運動が開催した第1回世界連邦政府世界運動世界会議で発表された宣言を見てみよう。

1）普遍的メンバーシップ。世界連邦政府はすべての人々と国々に開かれていなければならない。
2）国家主権の制限、ならびに国際関係に関連する立法的、執行的、法的権力の世界連邦政府への移譲。
3）世界連邦政府の管轄権において、人々が誰であれ、またどこにいようと直接世界法が強制されること。人々の権利の保障、連邦政府の安全に対するすべての企てに対する抑圧。
4）世界連邦政府と加盟国の安全を保障する能力を持つ超国家軍の創設。国内の警察力のレベルまで加盟国の軍事力を縮小する。
5）核開発、ならびに大量破壊につながる科学的な発見に関する世界連邦政府による所有とコントロール。
6）国家税の直接的、かつ独立的に十分な税収を上げる権力。

(Yunker 2011: 422)

以上は、世界「連邦」政府と銘打っているものの、かなり中央集権的な理念とイシュー包括的な性格を持つので、実際は中央政府型イシュー包括型に分類すべきだと考えられる。

②中央政府イシュー限定型

中央政府イシュー限定型の代表的な世界政府論として、哲学者であるトゥルビョーン・テンフェー（Torbjörn Tännsjö）の議論がある。2008年に出版した『グローバル・デモクラシー――世界政府の事例』で、彼は急進的ポピュリズム民主主義（Radical populist democracy）の立場に立ち、平和、グローバル正義、地球環境の問題を解決するためには、世界の人々によって選ばれた議員からなる世界議会と、世界議会が選出した主権を持った世界政府が必要であると論じている。世界政府ができれば、軍の独占により、国家間の戦争は根絶される。またその他

の紛争に関しては世界政府軍が対処し、平和な領域を拡大することで、そもそも各国が軍隊を持つ必要をなくしていく。さらに、グローバルからローカルまで民主主義を拡大して平和の条件を創っていく。また、世界政府は世界の貧しい人々がエンパワーされ、自らの力で状況を改善していくことを可能にするグローバルな法を制定する。そして地球環境問題に関しては、世界政府の創設により、その根幹にある「共有地の悲劇（Tragedies of Commons）」をなくし、問題を解決する（Tännsjö 2008）。

　以上がテンフェー構想の骨子であるが、さらに彼は、世界政府創設までのロードマップも提示している。最初のステップは、国連改革であり、現在の国連総会を各国代表から構成される「上院」とし、世界の人々の直接選挙によって選ばれた代表からなるグローバル人民議会（Global People's Assembly）を創設して「下院」とする（Tännsjö 2008: 96）。下院は、世界の人口構成をそのまま反映させ、たとえば定員を、現在の世界人口が73億7000万人であることに鑑み737人とすると、中国139人、インド132人、アメリカ36人、インドネシア26人、ブラジル21人となる[4]。人口の少ない国々は、人口大国の枠からあてがわれて、一人は代表を出せるようにする。

　世界政府は、上院と下院によって選ばれた代表によって構成されるが、国際政治力学の現実を考慮して、中国、インド、ロシア、EU、アメリカは常任理事国とすることも考えられる。長期的には、上院は廃止され、下院が主権を持つ（Tännsjö 2008: 97-99）。

　ここで、テンフェーの議論を「イシュー限定型」としたのは、彼が世界政府や世界議会が扱うイシューは、世界の問題に限定され、その他の問題は下位レベルに委ねられるとしているからである。他方、それでは何が「その他の問題」かを決定するのは、あくまでも世界議会であるので（Tännsjö 2008: 125）、その意味でも彼の構想は「中央政府型」とみなすことができよう。

4）世界の人口ランキング、http://ecodb.net/ranking/imf_lp.html を参照（2018年5月5日閲覧）。

3　世界政府論に対する批判とそこから導かれる方向性

(1) 世界政府論批判

　これらの「中央政府型」世界政府論構想に対して、カントは、『永遠平和のために』の中で、世界政府ができると結果的に、一大強国のために、諸国家が溶解することになる。また、法律は統治範囲が拡大するにつれて威力を失い、結果として「魂のない専制政治（Soulless despotism）」に陥るので、世界政府ではなく、「国家間連合」が望ましいと主張した（Kant 1983: 259; Tännsjö 2008: 127）。

　政治哲学者のジョン・ロールズ（John Rawls）は、カントを引き合いにしながら、世界政府は「グローバルな専制」に陥るか、度重なる市民の争いによって引き裂かれた脆弱な帝国による支配に終わるだろうとコメントしている（Rawls1999: 36; Tännsjö 2008: 42）。

　ロールズの弟子であるトーマス・ポッゲ（Thomas Pogge）も、「集権的世界国家は、外部を持たないので、圧政が起こった時に、そこから逃れられない」と世界政府を批判し、国家主権を垂直的に分散させ、人々はさまざまな政治単位を通じて自らを統治すべきと論じている（Pogge 2008）。

　テンフェーに対しても、多くの批判が考えられる。たとえば、彼の構想では、国家主権をすべて世界政府に移譲することになっているが、国連総会が上院に改組され、新しく下院としてグローバル人民議会が創設され、そしてこれらが世界政府を選出するという筋道があるだけで、国家は主権を放棄するだろうか。そして、そもそもグローバル人民議会を創設するという十分な動機とエネルギーが国際社会にあるだろうか。また、たとえそれが創設されたとしても、彼の構想のとおり、グローバル人民議会（下院）のメンバーを単純に人口比に反映させて選出すると、中国とインドだけで全体の三分の一近くを占めることになる。これは、一方で中国やインドにグローバル人民会議創設に前向きな誘因を与えるかもしれないが、他方とりわけ現在の先進国からの反発は避けられないと考えられ、その実現は困難であろう。

　最後に、具体的な現実に目を転じると、唯一国家主権を部分的に超えた統合を成し遂げている欧州連合（EU: European Union）もイギリスの離脱で危機が叫ばれている。たとえ国家主権を超えずとも、一国内の統治でも異なる民族や地域間の統合に苦悩している事例は後を断たない。カタロニア問題に悩まされるスペイ

ン、独立志向のスコットランドを抱えるイギリス、いまは沈静化しているものの、かつてはケベック州の独立に揺れたカナダなどである。

まさに、モーゲンソーが主張したとおり、たとえ世界平和の永続のためには世界国家が必要だとしても、現在の道徳的、社会的、政治的状況の中では簡単には創設できないのである。この世界政府の実現不可能性こそが、世界政府論の最大の弱点であると言えよう。

（2）世界政府の方向性
①連邦制と補完性の原則

これらの批判を受けて、まず世界政府論が深く考慮しなければならないのは、いかにしてローカル、ナショナル、リージョナルなアイデンティティ、権利、自治、自律を尊重、保障しつつ、全体の統合を図っていくかという困難な課題である。そうすると、前節で示した中央政府型ではなく、連邦政府型の世界政府像と、EUも実践している補完性の原則（Subsidiary principle）の重要性が浮かび上がる（図表10-1）。

ここでいう連邦政府型とは、各国は主権の一部を世界連邦政府に移譲しつつも、基本的に各国が主権を維持することを認める政治制度である。補完性の原則とは、世界連邦政府を構成する一番下部に位置する、最も人々に近いローカルレベルの自治や権限を重視し、そこでは対処できない問題については、より上位にあるナショナルレベルが、ナショナルレベルで対処できない場合は、その上のリージョナルレベルが、それでも対処できない問題はグローバルレベルで扱うという原理である。

この連邦制と補完性の原則を作動させることで、世界政府が「魂のない専制政治」や「引き裂かれた脆弱な帝国による支配」に陥ることを防ぎ、ポッゲの言う「国家主権を垂直的に分散させ、人々はさまざまな政治単位を通じて自らを統治」するという理念を現実化することが可能となる。また、国家主権の存在を認めつつ、サブナショナルな単位の自治や権限を重視することで、世界連邦政府を構成する各国や、各国内のサブナショナルな政治単位の分離傾向を抑えることができる。その結果、現在の国際政治秩序をラディカルに変えることなく世界政府樹立に向けての出発点とすることができるので、その実現性を高めることとなる。

このような連邦制と補完性の原則をベースにした世界政府構想には、ルイス・

カブレラ（Luis Cabrera）の重層的な立憲システムとしての世界連邦政府（Cabrera 2004）、ジェームズ・ユンカーの「民主国家連邦連合（FUDN: Federal Union of Democratic Nations）」（Yunker 2011）、ラファエル・マルケッティ（Raffaele Marchetti）の「コスモ連邦制構想（Cosmo-federalism）」（Marchetti 2006; 2008）などがある。ここでは、先のテンフェーの世界政府論との比較の観点からマルケッティの構想をより深く考察しよう。

②マルケッティのコスモ連邦制構想

マルケッティは、コスモポリタン民主主義、とりわけ帰結主義の立場から、人々の選択の自由の拡大こそが人々の良き生を増大させると説き、そのためにはあらゆる人々があらゆるレベルで政治的意思決定と枠組設定に参加できることの重要性を論じている。その観点から現状を分析し、とりわけグローバルなレベルでは、人々が政治参加から排除されていると論じ、その参加を制度的に可能にするコスモ連邦制構想を提唱するのである。

コスモ連邦制とは、一言でいうと国連改革を出発点にして、各国の主権を温存しつつ、グローバルで、多層的で、人々の包摂的政治参加を可能にする制度—世界連邦政府である。世界連邦政府はグローバルな課題について構成国の主権の一部を移譲させ、全面的な権限を有する一方で、構成国の主権を認め、各国内の課題については各国内で対処する。具体的には、まず現在の国連総会を、各国において直接民主選挙で選出された議員からなる世界議会に改革し、そこでの決定は法的拘束力を有するものとする。決定事項は補完性の原則に則って世界連邦政府、国家、自治体などによって実施される（Marchetti 2006: 302）。

多様な機能と権限を世界連邦政府とそれを構成する国家間で、いかにして配分するかということについては、国際法の強化ないし世界憲法の制定、世界法廷の創設とともに、世界議会が決定する（Marchetti 2006: 303; 2008: 219）。

それでは、この構想の核となる世界議会の議員はどのようにして選出されるのだろうか。すべての国家が一名は議員を選出することを前提に、人口の大きさ、国連分担額、その分担金をどの程度納めているかなど多様な要素によって、国家枠を設定する。その上で、各国は直接民主選挙を実施し、議員を選出すると論じている（Marchetti 2006: 303）。

この提案は、テンフェーの提案する単純な人口比例方式で議員枠を決定するよ

りも現実的である一方、(これはテンフェーにも共通することだが) 非民主主義国で、直接民主選挙が行われない場合はどうするのかという疑問が残る。これに対してマルケッティは、各国が世界連邦政府に参加するかどうかは各国の自由意志、自発性に委ねるべきだと論じる。その上で、直接民主選挙を受け入れた国だけに、世界議会への参加を認めるとしている (Marchetti 2006: 304)。

テンフェーとマルケッティの議論はかなりの部分で共通点を持つ。その一番の違いは、テンフェーが国家主権をすべて世界政府に移譲することを説いているのに対し、マルケッティはあくまでも、世界政府に主権を移譲するのは一部であって、基本的に構成国は主権を維持するというところにある。

マルケッティの構想は、世界政府論批判に対して、より優れた答えを用意しているように思われる。しかし、実現可能性という点ではその批判は免れ得ない。つまり、テンフェーに対しても指摘したとおり、一番最初の出発点である国連総会を世界議会に変革するというインセンティブとエネルギーが国際社会に存在するのかという疑問である。

ここに至って、ようやく本書の主題であるグローバル・タックスと、世界政府の実現可能性が結びつくのである。

4　世界政府の実現に向けて

いかにして世界政府実現に向けての一歩を踏み出すか。この点が世界政府論の最も弱い理論的・実践的欠点であり、だからこそ世界政府など非現実的で、いつまでたっても叶わない学者の空想に過ぎないとみなされてきたのであろう。

上述のとおり、世界政府の実現に向けて国連改革を出発点にする論者は多いが (たとえば Leinen and Bummel 2018)、その実現には疑問符がつく。別の論者は、EU のような地域機構を拡大させるヴィジョンを描くが、EU でさえ拡大どころか、イギリスの離脱に直面している現実に鑑みると、到底現実的な経路とは思えない。

そこで、本節では、世界政府の実現性について、まったく新たな経路を検討する。そして、そこにこそ、グローバル・タックスの進展が密接にかかわるのである。

第10章　グローバル・タックスと世界政府論構想

（1）グローバル・タックスが世界政府の実現につながるロジック

　第1章でみたとおり、グローバル・タックスには三本の柱がある。その第三の柱が、現在の非民主的で、不透明で、説明責任を果たさないグローバル・ガヴァナンスの変革であった。

　なぜグローバル・タックスがこれらの変革を可能にするのであろうか。

　現在の国際社会は、大雑把に言えば、国益の最大化を図る主権国家、主権国家の拠出金によって成り立つ国際機関、利益の最大化を原則とする企業、国益でも、私益でもなく、地球公共益のために活動しているNGOやアカデミアなどの市民社会組織、などから構成されている。

　グローバル・タックスを導入すると、まずは国際機関が変容を迫られる。第1章ですでに述べたとおり、本来国際機関は、国益や私益を超えて地球公共益のために存在しているはずであるが、各国の拠出金によって運営されるため、実際の権限は拠出金を支出している加盟国にある。加盟国は自らの国益の最大化を基本に動くので、それが純粋に地球公共益と一致するとは限らない。特に同じ加盟国でも、より大きな資金を拠出している大国の声が大きく反映される傾向があるため、地球公共益はさらに歪められることになる。

　一方、グローバル・タックスを財源とする超国家機関はその制約を乗り越える潜在性を持つ。なぜなら、拠出金を財源としないので、加盟国の国益に拘泥されず、純粋に地球公共益を追求できるからである。

　また、桁違いに多数で多様な納税者に説明責任を果たすためには、税収がどれくらい機関の財源になり、それが実際にどのように使われたのかなどの情報の透明性ばかりでなく、税収の使途の決定に際しては高い民主性が求められる。それでは、どのように使途を決定すればよいのだろうか。一番の理想は、すべての納税者が一堂に会し、熟議を通じて使途を決定することかもしれないが、それは現実的には不可能である。そこで、次善の策として、それぞれのセクターの代表からなる多様な利害関係者による運営と意思決定（マルチ・ステークホルダー・ガヴァナンス）が鍵となる。

　拠出金を出している加盟国代表のみが、意思決定機関である理事会の理事となり、意思決定をしている既存の国際機関に対して、先に見た航空券連帯税を財源としているUnitaidは、加盟国代表に加えて、市民社会、財団、国際機関も理事になり、意思決定に市民社会や現場の想いなど、多様な意見を反映させ、国益を

超えた利益のための決定を試みていることは、すでに第1章で触れたとおりである（Uemura 2007; 2012; 上村 2009; 2016a; 上村編 2015; Fraudorfer 2015）。また、市民社会理事は、Unitaid が専門分野とする三大感染症（HIV/エイズ、マラリア、結核）で活動している NGO の間で選挙を行って選出し、民主制を確保している（上村 2009; 上村編 2015）。

「CDM 税」を財源とする適応基金の理事会は、政府代表のみで構成されているので、Unitaid よりも民主性は弱いが、他の国際機関と異なり、先進国理事よりも、途上国理事の数の方を多くすることで、国際社会で弱い立場にある途上国の声をより反映させようとしている。また、ジャーマン・ウォッチなど九つの NGO が「適応基金 NGO ネットワーク」を創設し、理事会のメンバーと年 3 回の対話の機会を持って NGO の声を届けている（上村 2014c; 上村・池田 2014）。

また、第 7 章で考察したとおり、現地でのプロジェクトでは、適応基金は現地の NGO を含めた国別実施主体（National Implementing Entities）にプロジェクトの実施を委ね、モニタリングも現地の NGO が中心になって行っている。その成果もあって、適応基金は気候資金関係の国際機関の中で、最も透明性が高いとの評価を受けている[5]。

さらに、別の観点からグローバル・タックスを財源とする国際機関の革新性を指摘することができる。第 1 章で指摘したとおり、各国からの拠出金に依存する従来の国際機関は、純粋に地球公共益を追求できないのみならず、財政面でも各国、特に大国に依存しており、政策面でもこれらの国々に配慮せざるを得ず、さらに地球公共益の追及が歪められるという二重の制約に拘泥されている（上村 2013; 上村編2015: 172）。

これに対して、グローバル・タックスを財源とする国際機関は、拠出金に頼らず財政的にも自立した運営ができるので、各国の国益に縛られず、純粋に地球公共益の実現に向かって政策を策定し、活動を展開することができる（上村 2013: 251; 上村編 2015: 172-173）。

したがって、これも第 1 章で述べたとおり、さまざまなグローバル・タックス

5）適応基金の Ms. Dima Shocair Reda（Operations Officer）、Mr. Daouda Ben Oumar Ndiaye（Adaptation Officer）、Mr. Daniel Gallagher（Adaptation Associate）へのインタヴュー（2013年 3 月16日, 於：適応基金）。

が導入され、それに伴って次々と独自の財源と多様なステークホルダーによる意思決定を備えた超国家機関が創設されることになれば、現在の強国・強者主導のグローバル・ガヴァナンスは、全体として大きく変革を迫られることになるのである（上村 2013: 251; 2016a: 126; 上村編 2015: 173）。

しかし、それだけでは、グローバル・ガヴァナンス全体の民主化、透明化、説明責任の向上にはならない。また、世界政府の創設にも直結しない。そのためには、さらなる長期的な展望を見なければならない。

（２）グローバル租税機関、グローバル議会、そしてグローバル政府の創設へ

長期的な展望とは以下のとおりである。今後さまざまなグローバル・タックスが実施され、それを管理する国際機関が多数創設された場合、長期的にこれらの機関がどこかの時点で一つに収斂して「グローバル租税機関（GTO: Global Tax Organization）」とも呼べる機関が設立される可能性が生まれる。さらに、その機関を民主的に統制するために「グローバル議会」とも呼べる組織が創設される段階、すなわち世界連邦や世界政府の実現に近づく可能性さえ考えられる（上村 2009: 334-335; 2016a: 205）。

一国内の租税と組織のあり方を見てみると、国によって事情は異なるものの、地方税や特定財源を除いて、税金の大半は基本的に財務省や国税庁に一括して納税され、一元的に管理されている。環境税は環境省へ納税され、環境省によって管理されるわけではない。租税のタイプは異なっても、それらは大部分が財務省や国税庁によって管理され、政府によって一元的に運用されている。

同様に、長期的に見て、個別に運営されていたグローバル・タックスを財源とする機関が、一つの機関（国内レベルの財務省のような機関―グローバル租税機関（GTO））に統合され、その機関がすべての税を管理する可能性を、ここでは指摘しているのである。そして、財力と権力を持ったGTOが常に透明性を持って民主的な運営とアカウンタビリティを果たすことを確実にするために、「グローバル議会」ないし「世界議会」が設立される必要がある（上村 2009: 334-335; 2016a: 205; 上村編 2015: 174、図表10-2参照）。

世界議会はグローバル租税機関の透明性、民主的運営、アカウンタビリティに責任を持つのみならず、一国内で議会がそうしているように、グローバル・タックスによって得られた税収の使途を議論し、決定し、実施国や実施機関、さまざ

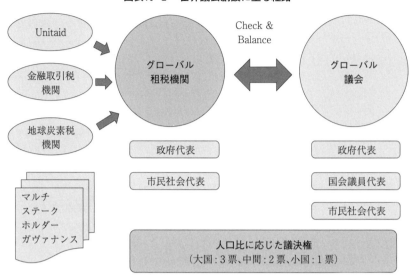

図表10-2　世界議会創設に至る経路

まなプログラムやプロジェクトに資金を供給することになるだろう（上村 2009: 335: 2016a: 205）。

そして、世界議会は議会で決定されたことを実施するために世界政府を創設する。その際、既述の議論を踏まえて、マルケッティ型の世界連邦政府とし、グローバルな課題については全権を持つ一方、それ以外のナショナルレベル以下の課題については、補完性の原則に則って、各レベルで政策が実施される。

また、既存の国連機関を活かすべく、世界議会は国連総会をベースにするばかりではなく、世界連邦政府についても、機能主義に基づき、開発問題であれば国連開発計画や世界銀行など、それに関連する国際機関を統合した「世界開発省」、環境問題であれば、国連環境計画や他の機関の環境問題を扱う部局を統合した「世界環境省」など、現存するインフラを最大限に活用しながら組織改革を進める。ちなみに、グローバル租税機関は、「世界財務省」に変革される（図表10-3）。

さらに、それぞれの省には世界議会が選出した大臣がトップにおり、その大臣の下に統一した組織が創られ、一貫性のある政策形成、実施が行われる。そして、それがうまくいかない場合は、世界連邦政府の代表、ないし世界議会によっ

図表10-3　世界政府のイメージ

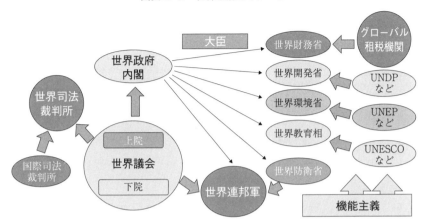

て罷免される。

　核となる世界議会の選出方法であるが、マルケッティにしたがい、全体の国別割当てを決定した上で、各国ごとの直接民主選挙によって議員が選ばれる。ここで、彼の提案と異なるところは、グローバル・タックスという財源を基に、直接民主選挙を行う国々には相当の改革支援金を与えることができる点であり、それにより多くの国々が直接民主選挙を実施するインセンティブを与えることになろう。これは、加盟国による拠出金ではなく、グローバル・タックスをベースとする資金であるからこそ可能となるのである。

むすびにかえて―世界政府論の課題

　本章は、地球規模課題を解決するためには、ウエストファリア体制でもなく、グローバル・ガヴァナンスでもなく、世界政府を創設することが必要であるとの観点から、世界政府論の歴史を振り返り、その全体像を整理した上で、世界政府論に対する批判を紹介した。その批判を受けて、連邦制と補完性の原則の重要性を浮き彫りにし、これらに基づく世界連邦政府像を提示した。

　そして、世界政府論の最大の課題である実現性に対して、グローバル・タックスの導入とともに創設されるマルチ・ステークホルダー・ガヴァナンスと自主財源を備えた国際機関の創設、ならびにこれらが長期的に統合されてグローバル租税機関とグローバル議会ができる論理を考察した。その上で、上述の世界政府論

の分析に基づき、あるべき世界政府像を論じた。

　世界政府論は壮大な構想であるだけに、当然ながら多くの課題を抱えている。たとえば、世界連邦政府を可能にするためには、国家から一部主権を移譲させる必要があるが、それがいかにして可能となるのか。主権と同様に国家にとって重要な要素として軍隊の存在があるが、世界連邦政府ではそれをどのように扱うべきなのか。世界議会、ならびに世界連邦政府の代表をどのようにして選ぶのか。ホーキング博士が指摘するとおり、AIの発展などは人類にとって脅威となりうる一方、ブロックチェーンなどは将来的に世界レベルでの選挙に応用できるかもしれないが（Austin 2017）、具体的にはどのようにすればそのようなことが可能になるか、などである。

　しかし、最大の課題は、結局のところ、グローバル・タックスをいかに現実化させることができるかというところにある。なぜなら本章で展開してきたように、グローバル・タックスの実現なくして、世界政府の実現はないと考えるからである。

　結局は、税制がなければ国家もないように、グローバル・タックスなくしては、グローバル・ガヴァメントも存在しえないのである。したがって、どうすればグローバル・タックスを実現させることができるかをいう課題はとても大きな課題であることが理解できる。この点については、別の機会に展開したい。

参考文献

伊藤恭彦（2017）「グローバル化と政府」、菊池理夫、有賀誠、田上孝一編著『政府の政治理論—思想と実践』晃洋書房。
上村雄彦（2009）『グローバル・タックスの可能性—持続可能な福祉社会のガヴァナンスをめざして』ミネルヴァ書房。
上村雄彦（2016a）『不平等をめぐる戦争』集英社。
上村雄彦編著（2015）『グローバル・タックスの構想と射程』法律文化社。
加藤俊作（2003）「運動としての世界連邦論」『平和研究』第28号、3-19頁。
田畑茂二郎（1994）「世界政府論の提起するもの」『世界法年報』第14号、67-78頁。
深井慈子（2005）『持続可能な世界論』ナカニシヤ出版。
松井芳郎（2011）「グローバリゼーション時代における『世界政府の思想』」『世界法年報』第30号、109-147頁。

Angè, H., Dellmuth, L. M., and J. Tallberg (2015) "Does stakeholder involvement foster democratic legitimacy in international organizations?: An empirical assessment of a normative theory," *The Review of International Organizations*, Volume 10, Issue 4, pp 465-488.

Austin, J. L. (2017) "Towards an International Political Ergonomics," unpublished paper.

Cabrera, L. (2004) *Political Theory of Global Justice*, London, New York: Routledge.

Cabrera, L. (2010) "World government: Renewed debate, persistent challenges," *European Journal of International Relations*, 16(3), pp. 511-530.

Cabrera, L. (2011) *Global Governance, Global Government: Institutional Visions for an Evolving World System*, Albany: State University of New York Press.

Cabrera, L. (2015) "Global Government and the Sources of Globoscepticism," *Millennium: Journal of International Studies*, Vol. 43(2), 471-491.

Cook, T. (1950) "Theoretical Foundations of World Government," *The Review of Politics*, Vol. 12, Issue 1, pp. 20-55.

Craig, C. (2008) "The Resurgent Idea of World Government," *Ethics & International Affairs*, Vol. 22, Issue 2, pp. 133-142.

Held, D. (1995) *Democracy and the Global Order: From the Modern State to Cosmopolitan Governance*, Cambridge, Malden: Polity Press.

Kuyper, J. (2015) "Transformative pathways to world government: a historical institutionalist critique," *Cambridge Review of International Affairs*, Vol. 28, No. 4, pp. 657-679.

Leinen, Jo and Bummel, A. (2018) *A World Parliament: Governance and Democracy in the 21st Century*, Berlin: Democracy Without Borders.

Marchetti, R. (2006) "Global governance or world federalism?: A cosmopolitan dispute on institutional models," *Global Society*, 20: 3, pp. 287-305.

Marchetti, R. (2008) "A matter of drawing boundaries: global democracy and international exclusion," *Review of International Studies*, 34. pp. 207-224.

Moshirian, F. (2008) "The significance of a world government in the process of globalization in the 21st century," *Journal of Banking & Finance*, No. 32, pp. 1432-1439.

Patomäki, H. (2001) *Democratising Globalisation: The Leverage of the Tobin Tax*, London・New York: Zed Books.

Patomäki, H. (2008) "Rethinking Global Parliament: Beyond the Indeterminacy of International Law," Korkman, P. and Virpi M. eds. *Universalism in International Law and Political Philosophy*, Helsinki: Helsinki Collegium for Advanced Studies.

Pogge, T. (1988) *World Poverty and Human Rights: Cosmopolitan Responsibilities and Reform*, Cambridge, Malden: Polity Press.

Shaw, M. (2000) *Theory of the Global State: Globality as an Unfinished Revolution*, Cambridge, New York: Cambridge University Press.

Tännsjö, T. (2008) *Global Democracy: The Case for a World Government*, Edinburgh: Edinburgh University Press.

Tinnevelt, R. (2012) "Federal world government: The road to peace and justice?", *Cooperation and Conflict*, 47(2), pp. 220-238.

Uemura, T. (2007) "Exploring Potential of Global Tax: As a Cutting-Edge-Measure for Democratizing Global Governance," *International Journal of Public Affairs*, Vo. 3, pp. 112-129.

Uemura, T. (2012) "From Tobin to a Global Solidarity Levy: Potentials and Challenges for Taxing Financial Transaction towards an improved Global Governance," *Économie Appliquée*, tome LXV, No. 3, pp. 59-94.

Weiss, T. G. (2009) "What Happened to the Idea of World Governement," *International Studies Quarterly*, 53, pp. 253-271.

Yunker, J. A. (2011) "Recent Consideration of World Government in the IR Literature: A Critical Appraisal," *World Futures*, 67: 6, pp. 409-436.

おわりに

　2018年10月、気候変動に関する政府間パネル（IPCC: Intergovernmental Panel on Climate Change）は、衝撃的な報告書を発表した。早ければ2030年にも世界の気温が産業革命前に比べて1.5度上昇すると警告したのである（IPCC 2018: 6）。言い換えれば、気候変動の悪影響を最小限にし、人類が何とか生存できるようにするために残された時間は、あと11年しかないとのレッドカードを国際社会に突きつけたのだ。

　もう手をこまねいている場合ではない。今こそ地球規模で効果的な政策を打たねば、取り返しがつかないことになりかねない。本書が研究対象としているグローバル・タックスは、まさにそのような政策の一つである。

　グローバル・タックスは地球規模課題を解決するために必要な巨額の資金を創出し、税の政策効果によって、グローバルな活動の負の影響を抑制し、現在の民主性も、透明性も、アカウンタビリティも欠いたグローバル・ガヴァナンスを変革する。また、その実施により、「国際金融の大中心地にして汚濁の最深部である」（Chavagneus and Palan 2006: 3）タックス・ヘイブンが漸進的に撤廃され、地球規模で負の影響を与えつつ巨万の富を得ている多国籍企業が適切に課税され、これらの税収は地球規模課題の解決に充当されうる（第5章）。

　ここまで大きな可能性を秘めた構想や政策は、管見のかぎり、グローバル・タックス以外に考えつかない。学問的にも、第2章で論じられているとおり、倫理学、政治哲学の立場から、現代の市場社会の中で生きる人間の尊厳を確保し、グローバルな正義を実現するために、グローバル・タックスは必要不可欠であることが明らかになっている。

　とはいえ、グローバル・タックスは多くの課題も抱えている。学問的には、経済学の視点からは、「グローバル公共財のために、グローバル・タックスが必要である」と単純に論じられる訳ではないことが指摘されている（第3章）。また、法学的には、グローバル・タックスが国境を越えた課税であるがゆえに、租税法律主義（「代表なければ課税なし」）と抵触するという問題をどう乗り越えたらよ

いのかという課題がある（第4章）。

さらに、実践的には、感染症対策にせよ、気候変動の適応にせよ、税収が現場で効果的に使われるためには、ただグローバルに税を課税・徴税し、マルチ・ステークホルダーで使途を検討するだけでは十分ではないことも、第7章で指摘されている。

しかし、最大の課題は、第6章、第8章、第9章が浮き彫りにしているとおり、グローバル・タックスを実現する困難さであろう。第10章で構想している世界政府は、そもそもグローバル・タックスが具現化しなければ、その実現もないと論じている。すなわち、どうすればグローバル・タックスを実現することができるのかという課題は、最も困難かつ最大の課題なのである。本書ではその糸口までは展開できたと思われるが、今後さらに詳細な研究が求められている。

他方、希望がまったくないわけではない。グローバル・タックスの第1の柱である世界の税務当局が課税に関する口座や金融情報を共有することは、第5章、第9章で論じられているとおり、自動情報交換、BEPSという形で具現化されており、着実に前進している。

また、第2の柱である国境を越えた革新的な税を実施することについても、すでに航空券連帯税は10カ国で導入されている。また、現在はクリーン開発メカニズム（CDM: Clean Development Mechanism）の中断と炭素価格低迷のため、作動はしていないが、「CDM税」も今後の気候変動に関するCOP（Conference of Parties）の進展で、CDMが再開されれば、再び動き出す可能性もある。金融取引税についても、欧州10カ国の金融取引税は現在ブレクジット（Brexit）で様子見の状態だが、フランス、イタリア、ブラジルなどは単独で金融取引税を実施し、フランスの場合はその税収の一部を国際開発や気候変動に充当している。ブレクジットが落ち着いた時点で、フランスの金融取引税をベースに、再び交渉が加速する可能性だってある。

そして、日本である。実は、日本では2019年1月から国際観光旅客税が実施されることとなった。これは日本を出国するすべての人（日本人、外国人を問わず）に1,000円課税するというもので、航空券連帯税と同様の仕組みを使って徴税する新しい税制である（航空券に加え、船舶の乗客にも課税される）。ところが、問題は、その税収が地球規模課題には一切使われず、日本の観光業界にのみ充当されるということである。これは、グローバル・タックスの仕組みを「盗ん

で」税金を取りながら、肝心の税収は日本の特定の業界に還元させる悪質な制度にほかならない。今後は、税収の一部を地球公共財に充当するよう、制度設計を変更することが望まれる。

　他方、河野太郎外務大臣は、2018年5月に開催されたG20（20カ国・地域）外相会合で国際連帯税の検討を呼びかけ、同年6月の国際連帯税創設を求める議員連盟総会で、「来年のG20などの国際会議の機会をとらえて、国際連帯税導入に向けた、一層の環境整備を図っていきたい」と述べている。また、同年10月の「P4G（Partnering for Green Growth and the Global Goals 2030）コペンハーゲン・サミット2018」では[1]、SDGsを達成するためには年間2兆5000億ドルの資金が不足していること、ODA（Official Development Assistance、政府開発援助）では不足分を賄いきれないことを指摘した上で、「グローバリゼーションの恩恵を受けている人たちから税金を徴収して、人道支援を行う国際機関に直接渡す『国際連帯税』は長期的な解決策の1つだ。為替取引に税をかければ非常に低い税率でも資金調達のギャップをたやすく埋めることができる」と述べ、「国際連帯税」の導入を国際社会として検討すべきだと訴えている[2]。

　さらに、同年12月には、G20サミットのエンゲージメント・グループの一つであるT20（Think 20）で[3]、以下のようなあいさつをしている。

　　国際社会は、2030年までにSDGsを達成するために埋めなければならない年間2.5兆ドルの資金ギャップへの対策を真剣に考える必要があります。官民連携の力を借りたとしても、政府開発援助を通じてこのギャップに対応する

1）P4Gは、環境に優しい経済成長とSDGs実現のため、官民連携強化を目的として2018年に設立されたネットワーク。今回のサミットには、P4Gメンバー国であるデンマーク、オランダ、ベトナム、韓国、バングラデシュ、エチオピアの他、世界経済フォーラム（WEF: World Economy Forum）等経済界の要人が出席した。
2）NHK第一テレビ、2018年10月20日、https://www3.nhk.or.jp/news/html/20181020/k10011679471000.html?utm_int = news-new_contents_list-items_012, last visited on 30 October 2018.
3）エンゲージメント・グループとは、G20に合わせて政府以外のステークホルダーにより形成された団体で、経済団体（B20）、市民社会（C20）、労働組合（L20）、科学者（S20）、シンクタンク（T20）、都市（U20）、女性（W20）、ユース（Y20）などがあり、G20で議論される各関連分野で、提言などを行っている。

ことは容易ではありません。我々は、グローバリゼーションの恩恵を享受している人々に何かを還元するよう要請してもいいかもしれません。為替取引に対し広く薄く課税し、国際機関による人道支援に充てられる国際連帯税の導入は、実現可能な長期的解決策の一つの案です。私は、国連総会やAPECなど最近の国際会議において、地球規模課題の推進への取組に必要な資金を確保するため、人道支援のための革新的な資金調達の重要性を強調してきました。これに対し、複数の参加者から前向きな反応を得ています。日本は、革新的な資金調達に関する国際的な議論に向け貢献し、機運を高めていく考えです。T20を含め世界の専門家の意見を求めていきたいと考えています[4]。

そして、これらの言葉を裏付けるように、2018年12月25日に、日本は革新的開発資金に関するリーディング・グループの議長国に就任した。日本が議長国になるのは2010年に続いて2度目であるが、これは日本がグローバル・タックスを実現させたいという意思表示の現れと読み取ることも可能であろう。

日本が初めてグローバル・タックスの原点ともいえるトービン税を公式に議論したのが、1995年の衆議院決算委員会であったことから（山口 2013）、すでに24年が経過していることになる。もちろん、グローバル・タックスは課税対象となる業界や関連省庁の利権に抵触し、究極的には主権国家体制のあり方に変更を迫る性格を持っているがゆえに、簡単に実現する類のものではない。それでも、第1の柱は進展し、第2の柱も萌芽的なものは一部現実化し、より本格的な税制も議論だけでなく、交渉まで行われている。言うなれば、当初は一滴の雨粒のような存在だったグローバル・タックスが、徐々に小さな河川となり、いずれは大河（メイン・ストリーム）になるよう、近い将来実現することを願いつつ、これからも執筆者一同一層研究を深めていく所存である。

本書は、平成26年～30年度科学研究費助成事業「基盤研究（B）」（課題番号：26285041；研究課題名：グローバル・タックスの効果に関する研究―気候変動ガ

4）外務省、https://www.mofa.go.jp/mofaj/files/000425458.pdf, last visited on 12 December 2018.

おわりに

ヴァナンスを中心に）の成果を世に問うものである。これは、本書を執筆したメンバーに加え、今回は執筆に参加できなかったが同じくメンバーである京都大学の諸富徹先生、そしてご病気でプロジェクトから身を引かざるを得なくなった京都大学の植田和弘先生とともに、5年間かけて研究を積み重ねてきた結晶である。

5年の間、定例研究会で切磋琢磨の議論を交わし、合宿では知的な親交を深めてきた。執筆メンバーはもちろんのこと、多忙な中、研究会や合宿の幹事を務めてくださった方々には、特に感謝したい。そして、植田先生のご回復を心から祈るばかりである。

また、期間中に、サバティカル（在外研究）の機会を与えてくれた横浜市立大学、ホストを務めてくださったジュネーブ国際関係・開発研究高等研究所（Institut de Hautes Études Internationales et du Développment）のトーマス・ビールステカー（Thomas Biersteker）教授、ならびにヘルシンキ大学のヘイッキ・パトマキ（Heikki Patomäki）教授にも心から感謝の意を表したい。おかげさまで、これまで十分時間を割けなかった世界政府論の研究を一気に進めることができたのみならず、両先生から貴重なコメントをいただいたおかげで、本書の第10章として形にすることができた。

本書の出版が可能となったのは、横浜学術教育振興財団が出版助成を出してくれたからである。出版助成申請に当たっては、横浜市立大学国際都市学系長の小野寺淳先生に推薦書を書いていただいた。この場を借りてお礼を申し上げたい。

今回、本書を日本評論社から出版することになったのは、同社第2編集部の道中真紀さんのおかげである。前回の科学研究費助成事業の成果である上村雄彦編著（2015）『グローバル・タックスの構想と射程』法律文化社が、国際開発研究・大来賞の候補に選ばれながら、結果的に賞を取れなかった際、彼女が「今度は大来賞を取りましょう！」と言ってくださったことが同社での企画の始まりであった。その後、本プロジェクトは、同編集部第2編集部長の斎藤博さんに引き継がれた。

斎藤さんは原稿を一つひとつ丁寧にチェックし、また折にふれ適切なアドバイスをくださったからこそ、こうして刊行まで漕ぎ着けることができた。道中さんと斎藤さんには心からお礼を申し上げたい。言うまでもなく、本書にもし誤りや不適切な部分があったとしたら、それはすべて編者の責任である。

実は、もう一つ日本評論社にはちょっとした思いがある。それは、恩師である故馬場伸也先生が最後に出版された『現代国際関係の新次元』が、同社から出版されていたのである（馬場編1990）[5]。これまでいろんな出版社にお世話になってきたが、日本評論社からは一冊も本を刊行したことがなかった。だからこそ、恩師が最後に出版した出版社から本書を刊行できたことは、なんとも嬉しいかぎりである。本書を馬場先生のご霊前に捧げたいと思う。

　本書で繰り返し述べてきたとおり、地球規模課題は本当に待ったなしである。今こそ、グローバル・タックスを実現させ、持続可能な地球社会の方向に大きく舵を切る時に来ている。本書が、たとえ僅かであっても、その一助になれば、執筆者一同望外の喜びである。

2019年冬　春の気配を感じ始めた研究室にて

上村雄彦

参考文献

馬場伸也編（1988）『ミドルパワーの外交―自立と従属の葛藤』日本評論社。
馬場伸也編（1990）『現代国際関係の新次元』日本評論社。
山口和之（2013）「トービン税をめぐる内外の動向」『レファレンス』2月号、3-58頁。
Chavagneux, Christian and Ronan Palan（2006）*Les paradis fiscaux*, Paris: La Découverte（クリスチアン・シャヴァニュー、ロナン・パラン（2007）『タックス・ヘイブン―グローバル経済を動かす闇のシステム』（杉村昌昭訳）作品社。
IPCC（2018）"Summary for Policymakers," *Global Warming of 1.5℃*, Switzerland: Intergovernmental Panel on Climate Change, available at: https://www.ipcc.ch/site/assets/uploads/sites/2/2018/07/SR15_SPM_High_Res.pdf, last visited on 12 January 2019.

5）それ以外にも、馬場伸也編（1988）『ミドルパワーの外交―自立と従属の葛藤』が日本評論社から出版されている。

索　引

欧　字

AEOI（Automatic Exchange of Information）　ix, 3, 111, 199, 213, 224
BEPS（Base Erosion and Profit Shifting、税源浸食と利益移転）　viii, 3, 14, 58, 84, 97-102, 110-114, 229
　――行動計画（Action Plan）　90, 205-206
　――最終報告書（Final Reports）（OECD 2015）　205-206, 210, 224
　――プロジェクト　87, 199, 205
　――防止措置実施条約（MLI）　58-59, 214-215, 220, 224
　ポスト――　200, 206, 210, 224
Dharmapala　100
EU（European Union: 欧州連合）　171, 180-183, 185, 187-190, 193, 200
　――金融取引税　171-173, 175, 187-189, 191-197
　――財源　186-187, 195
G20　97, 100, 110, 187, 191
GAAR　91-92, 202
GAVI アライアンス（GAVI Alliance）　150
GCF（グリーン気候基金）　146, 158, 162
GEF（地球環境ファシリティ）　145, 155
GFI　106, 113
ICIJ　vi, 97, 199
ICRICT　113
ICTD　102, 113
IMF　102, 106
ITEP　103, 113
Levy（付加的な定額税）　77, 92-93
OECD　97, 99-102, 109-110, 112, 199
　――移転価格ガイドライン（Transfer Pricing Guideline）　208
　――モデル租税条約　81, 90
　――モデル租税条約及びモデル・コメンタリー（Model Tax Convention and Commentary）　208
OXFAM　107, 112
Riedel　100
SDGs　iv, 8, 36, 39
TJN　112-113
UNCTAD　102
Unitaid（国際医薬品購入ファシリティ）　ix, 7, 11, 55, 146, 149, 161-163, 241-242
UNU-WIDER　103
VAT　58, 63-65

あ　行

アームストロング, C.　39
アカウンタビリティ　79
アグレッシブ・タックス・プランニング（ATP: Aggressive tax planning）　110-111, 201, 203-204, 217
旭川国保条例事件　82, 84, 86
アップル　104, 110
アマゾン　110
一般的租税回避否認規定（GAAR: General Anti-Avoidance Rule）　91-92, 202
移転価格税制の文書化ルール　209
伊藤公哉　113
ウエストファリア体制　245
クリスチャン・エイド　100
欧州金融取引税　9
大島訴訟　76, 82-83, 91

255

か 行

外国口座税務コンプライアンス法（FATCA: Foreign Account Tax Compliance Act） 213

外国子会社合算（CFC: Controlled Foreign Corporation）税制 207

革新的開発資金に関するリーディング・グループ（Leading Group on Innovative Financing for Development） 16

革新的資金調達 55-56

課税管轄権 71, 73, 83, 216

課税要件法定主義 83, 85-86, 88

ガヴァナンス 145, 156, 163

──構造 145, 158

カント, I. 31-32, 34, 36-37

気候変動資金に関するハイレベル・アドバイザリーグループ（AGF: Advisory Group on Climate Change Financing） 120

義務的開示制度（Mandatory Disclosure Rules） 204, 209

強化直接アクセス方式（enhanced direct access） 157

狭義のグローバル化 77, 81-82

共通だが差異ある責任及び各国の能力（CBDR: common but differentiated responsibilities and respective capabilities） 122

共通報告基準（CRS: Common Reporting Standard） 213

規律密度 82

金融危機 183, 193

金融口座情報の自動情報交換（AEOI: Automatic Exchange of Information） 111, 199

金融セクター課税 184, 186

金融取引税 3, 9, 11, 14, 16-19, 41, 57, 60, 171, 174-175, 183-186, 188, 190, 229

グーグル 110

──税 59

クラブ財 51, 60, 63, 67

クリーン開発メカニズム（CDM: Clean Development Mechanism） 120

グリーン気候基金（GCF: Green Climate Fund:） 146, 158, 162

クリヴェッリ 106

グローバル

──・ガヴァナンス x, 1, 7, 10-12, 17, 43, 78, 80, 229-232, 241, 243, 245

──・タックス v, vii- x, 1-8, 10-14, 16-19, 73, 229, 241-243, 245-246

──・ファンド 150, 152-153, 162

──金融取引税 186

──公共財 49-54, 74, 77, 80

──租税機関 245

──炭素税 56

──通貨取引税条約草案（Draft Treaty on Global Currency Transaction Tax） 220

──な資本課税 59

──な正義（global justice） 38-39, 43

健康影響基金（The Health Impact Fund） 42

恒久的施設（PE: Permanent Establishment） 58, 208

航空機燃料税 57

航空券税 16

航空券連帯税 ix, 7-8, 11, 16, 17, 40, 42-43, 55, 71, 76-77, 80, 93, 241

公法抵触法的解決 78-79

国際医薬品購入ファシリティ（Unitaid） 146, 149, 161-163

国際海運会議所（ICS: International Chamber of Shipping） 136

国際海事機関（IMO: International Maritime Organization） 125

国際航空運送協会（IATA: International Air

Transport Association) 136
国際航空のためのカーボン・オフセットと削減制度 (CORSIA: Carbon Offsetting and Reduction Scheme for International Aviation) 138
国際人道税 77
——構想 73-74, 90
国際租税機関 (International Tax Organization) 222
国際租税市場 (International Tax Market) 218-219, 222, 224
国際調査報道ジャーナリスト連合 (ICIJ: International Consortium of Investigative Journalists) vi, 97, 199
国際民間航空機関 (ICAO: International Civil Aviation Organization) 125
国際民間航空条約 (シカゴ条約) 138
国際レジーム 53
国際連帯税 16, 18
国際連盟 108-109
国内公法 77
——学 72
国連気候変動枠組条約 (UNFCCC: United Nations Framework Convention on Climate Change) 119
国家補助 (State Aid) (EU機能条約107条1項) 202
コブハム, A. 102

さ 行

サイモンズ, H. 34
搾取 33
サッツ, D. 33
サンデル, M. 32
資源税 39
市場社会 24-30, 32-33, 35, 37
持続可能な開発目標 (SDGs: Sustainable Development Goals) iv, 8, 36, 39

執行管轄権 89
「自動」情報交換 (AEOI: Automatic Exchange of Information) ix, 3, 213, 224
仕向地課税 65
——原則 64, 66
社会契約論 33, 41
社会正義 93
主権国家 71
——体制 v, vii, x
ジュタン, B. 220
出国税 89
シュパーン, P. B. 14
シュミット, R. 220
垂直的公平 23-24
水平的公平 23-24
スターバックス 110
ズックマン 113
スティグリッツ, J. 113
スミス, A. 23, 25, 29
正義 23-24, 29-30, 38
税源浸食と利益移転 (BEPS: Base Erosion and Profit Shifting) viii, 3, 14, 58, 84, 87, 97-102, 110-114, 199, 205, 229
税制の公平の限界 83
正統性 79
税の透明性及び税務目的の情報交換に関するグローバル・フォーラム (Global Forum on Transparency and Exchange of Information for Tax Purposes) 212
税務行政執行共助条約 212
世界エイズ・結核・マラリア対策基金 (グローバル・ファンド) 150, 152-153, 162
世界議会 233, 235, 239, 243-244, 246
世界正義論 72, 92
世界政府 x, 4-5, 10, 37-39, 42, 229-236, 238, 240, 243-245
世界租税機関 (WTO: World Tax Authority;

257

World Tax Organization) 222, 224
世界連邦 232
──政府 235, 238-239, 244-246
世代間の公平 72, 91
説明責任 145, 147, 149, 152, 162-164
船主協会 135
相互協議手続（MAP: Mutual Agreement Procedure） 209
送出地（ないし原産地国）課税の原則 64
租税回避 41
──対策パッケージ（Anti-Tax Avoidance Package） 200, 211
──防止指令（Anti-Tax Avoidance Directive） 200, 211
租税条約 89-90
租税法律主義 72, 83, 85-86, 88, 90

た 行

ダガン, T. 218
多国間金融取引税条約（M-FTT: International Treaty on a Multilateral and Multi-jurisdictional Tax on Financial Transaction） 220
多国間主義（multilateralism） 200, 218
多国間反トラスト機関（Antitrust Agency） 219, 222
多国籍企業税 16
タックス・ジャスティス・ネットワーク（TJN: Tax Justice Network） 99
タックス・ヘイブン（Tax Haven） v-vi, viii, 1-3, 6, 9, 13-14, 19, 230
ダブル・アイリッシュ・ウィズ・ア・ダッチ・サンドイッチ（Double Irish with a Dutch Sandwich） 201
タンジ, V. 222
炭素税 9
地球環境ファシリティ（GEF: Global Environmental Facility） 145, 155

地球規模課題 iii-v, vii, x, 1, 4, 11, 13, 230-232, 245
──解決 4
地球資源の配当 39
地球炭素税 11
直接アクセス方式（direct access modality） 155-157
通貨危機 175, 179-180, 182
通貨取引税 9, 14-17, 171-175, 179-183, 188, 194-195
──機関（CTO: Currency Transaction Organization） 220
定期航空協会 135
底辺への競争 62
適応基金（Adaptation Fund） ix, 18, 159, 161, 242
デジタル・エコノミー（デジタル経済） 58, 65-66
デジタル単一市場 64-65
デニス, L. 220
電子商取引 58, 64
トービン・シュパーン法 221
トービン, J. 12, 171, 177
トービン税 12-14, 57, 171-174, 176-179, 183, 188-189, 191
透明性 145, 162-164
独自財源 187
独立企業方式 109, 112, 114

な 行

逃げていく税金 91
人間の尊厳 31-36, 38-42
ヌスバウム, M. 33, 37
ネーゲル, T. 27-29
ノジック, R. 26

は行

ハード・ガヴァナンス　222
ハイブリット・ミスマッチ・アレンジメント（Hybrid Mismatch Arrangements）207
覇権国　51, 53
バッファチー, V.　40
パトマキ, H.　17, 220
パナマ文書（Panama Papers）　vi, 199, 230
パラダイス文書（Paradise Papers）　vi, 199, 230
パリ協定　119
ピケティ, T.　13, 108, 113
ヒューム, D.　27
ヒューレット・パッカード　110
貧困　30, 32, 36, 39, 42
付加価値税（VAT: Value Added Tax）58, 63-65, 73, 93
負の外部性（negative externalities）　223
分配的正義　27, 93
分配の公平　89, 91
分配の正義　71
ベビア, M.　43
ヘルド, D.　43
包摂的枠組み（Inclusive Framework）210
法律による行政の原理　84-85
法律の留保　84, 86
補完性の原則（Subsidiary principle, 補完性の原理）　238, 244-245
ポッゲ, T.　39

ま行

マーフィー, L.　27-29
マーフィー, R.　98, 100、113-114
マイクロソフト　110
マウェ, T.　40
マグナ・カルタ　72, 84
マルクス, K.　32
マルチ・ステークホルダー・ガヴァナンス　241, 245
マルポール条約改定　126
ミラー, R.　33
ミレニアム開発目標（MDGs: Millennium Development Goals）　36

や行

ヤンスキ, P.　102
ユニタリー方式　109, 112-114
予測可能性　87
――原則　85

ら行

ラストマイル問題　149, 162-164
リーディング・グループ　16
リバタリアン　26-27
ルール・オブ・ロー　84
連邦制　238, 245
連邦政府　238
ロールズ, J.　26-27, 29, 34-35
労働搾取工場（Sweatshop）　33
ロック, J.　26
ロック＝ノジック　27
ロドリック, D.　115

わ行

ワンストップ・ショップ（OSS）　65

■執筆者一覧（執筆順）

上村雄彦（うえむら・たけひこ）（編者、はじめに、第1、10章、おわりに）
横浜市立大学国際教養学部教授

望月 爾（もちづき・ちか）（はじめに、第1、9章）
立命館大学法学部教授

津田久美子（つだ・くみこ）（はじめに、第1、8章）
北海道大学法学研究科博士課程

伊藤恭彦（いとう・やすひこ）（第2章）
名古屋市立大学大学院人間文化研究科教授

和仁道郎（わに・みちろう）（第3章）
横浜市立大学国際教養学部准教授

兼平裕子（かねひら・ひろこ）（第4章）
愛媛大学法文学部人文社会学科教授

金子文夫（かねこ・ふみお）（第5章）
中央学院大学現代教養学部教授

田村堅太郎（たむら・けんたろう）（第6章）
公益財団法人地球環境戦略研究機関上席研究員

清水規子（しみず・のりこ）（第6章）
公益財団法人地球環境戦略研究機関プログラムマネージャー

森 晶寿（もり・あきひさ）（第7章）
京都大学大学院地球環境学堂准教授

●編著者紹介

上村雄彦（うえむら・たけひこ）

横浜市立大学国際教養学部教授。
大阪大学大学院法学研究科博士前期課程、カールトン大学大学院国際関係研究科修士課程修了。博士（学術、千葉大学）。カナダ国際教育局カナダ・日本関係担当官、国連食糧農業機関住民参加・環境担当官、千葉大学大学院人文社会科学研究科准教授などを経て、現職。著書：『グローバル・タックスの可能性——持続可能な福祉社会のガヴァナンスをめざして』（ミネルヴァ書房、2009年）、『不平等をめぐる戦争——グローバル税制は可能か』（集英社、2016年）、『グローバル・タックスの構想と射程』（編著、法律文化社、2015年）など。

グローバル・タックスの理論と実践
主権国家体制の限界を超えて

2019年3月30日　第1版第1刷発行

編著者──上村雄彦
発行所──株式会社日本評論社
　　　　〒170-8474　東京都豊島区南大塚3-12-4　電話　03-3987-8621（販売）、8595（編集）
　　　　振替　00100-3-16
　　　　https://www.nippyo.co.jp/
印　刷──精文堂印刷株式会社
製　本──井上製本所
装　幀──林健造
検印省略　© T. Uemura, 2019
Printed in Japan
ISBN978-4-535-55921-9

JCOPY〈(社)出版者著作権管理機構　委託出版物〉
本書の無断複写は著作権法上での例外を除き禁じられています。複写される場合は、そのつど事前に、(社)出版者著作権管理機構（電話 03-5244-5088、FAX 03-5244-5089、e-mail: info@jcopy.or.jp）の許諾を得てください。また、本書を代行業者等の第三者に依頼してスキャニング等の行為によりデジタル化することは、個人の家庭内の利用であっても、一切認められておりません。